SAATKORN
EDITION

FREDERICK PELSER / SYLVIA RENZ

Babylons Erben

KYROS – DER STARKE MANN AUS DEM OSTEN

SAATKORN EDITION

Redaktion: Gabriele Lange
Unter Berücksichtigung der neuen Rechtschreibregeln
Umschlaggestaltung: Studio A Design, Hamburg
Titelfoto: Archiv Studio A Design, Hamburg

2. Auflage 1998

Lüner Rennbahn 16, D-21339 Lüneburg
Satz: rimi-grafik, Nienhagen
Druck und Bindung: Clausen & Bosse, Leck

ISBN 3-8150-1538-3

Für meinen Bruder Jan

Heimreise

Merab erwachte, als draußen auf der Straße ein Pferd wieherte. „Kyros!“, dachte sie und sprang aus dem Bett. Sie lief hinüber zum Wasserkrug und goss etwas in die Waschschüssel, sprengte sich das Wasser ins Gesicht und trocknete sich mit dem rauen Leinentuch ab. Ihr Vater, der jüdische König Jojachin, galt immer noch als Kriegsgefangener, deshalb musste die Familie auf manches verzichten, was in anderen Königshäusern wie selbstverständlich zum Komfort gehörte. Merab hatte keine Zofe, keine Dienerin. Sie zog ihr Reisekleid an, das sie vor ein paar Wochen selbst geschneidert hatte, ohne zu ahnen, wie schnell sie es benötigen würde. Sie hatte es einfach „auf Verdacht“ genäht, weil sie von fernen Ländern träumte, von prächtigen Städten – dabei war sie bisher noch nicht einmal aus Babylon und den umliegenden Feldern herausgekommen.

Im Garten schmetterte die Amsel ihr Morgenlied. Die Sonne tastete sich gerade über die Mauern von Babylon und schickte einen Strahl in Merabs Spiegel. Die Prinzessin schloss für einen Augenblick geblendet die Augen und lachte. Dann fuhr sie mit kräftigen Bürstenstrichen über ihr schwarzbraunes, langes Haar, das ihr wie ein Schleier über den Rücken hing. Ihre Aussteuertruhe, ihr Reisekorb, ihr Bündel für unterwegs, alles stand schon seit zwei Tagen fertig gepackt neben der Tür.

Dann hörte sie Schritte im Flur und die Stimme, in die sie sich von Anfang an verliebt hatte. Es klopfte leise: „Merab, meine sanfte Taube, bist du schon auf?“ Ihr Herz klopfte einen schnellen Wirbel, als sie ihm öffnete.

Kyros, der Kronprinz von Anschan und Persien, trug an diesem Tag seine Nationaltracht. Unter der bestickten Tunika schauten Hosenbeine hervor, über die Schultern hatte er einen weiten Kapuzenmantel geworfen, der bis zu den Knöcheln reichte. Sein Kupferhelm glänzte und blitzte. Sie machte große Augen.

„Das ist meine Galauniform“, lächelte Kyros und zog sie in die Arme. „Gefalle ich dir?“

Sie legte ihren Kopf in seine Halsbeuge und flüsterte: „Mein schöner Krieger ...“

Seine braunen Augen wurden weich, er strich ihr über das Haar und sagte:

„Meine Leute warten vor dem Haus. Wir müssen aufbrechen.“

Merab nickte. Inzwischen trappelten viele Füße durch den Flur. Merab ließ einen letzten Blick über ihr Zimmer schweifen. Wann würde sie es wieder sehen? Sie strich noch einmal mit der Hand über ihr Bett, dann straffte sie die Schultern und ging hinaus.

Königin Ephah schluchzte auf, und König Jojachin wischte sich mit dem Handrücken über die Augen, als Merab an der Hand von Kyros vor sie trat und bat: „Vater, Mutter, gebt uns euren Segen zum Abschied.“

„Aber Kinder! Ohne Essen wollt ihr fort? Der Tisch ist gedeckt!“ Kyros zögerte, aber Merab schüttelte den Kopf. „Ich könnte jetzt keinen Bissen hinunterbringen. Sei mir nicht böse, Mutter.“

Die Eltern umarmten ihre Tochter ein letztes Mal, dann waren die Körbe und Kisten in der offenen Kutsche verladen. Kusine Nalusch, die darauf bestanden hatte, als Anstandsdame und Begleiterin nach Persien mitzureisen – „... das arme Kind! Ganz allein zu fremden Leuten!“ –, raffte ihre Röcke und kletterte ächzend auf die Sitzbank. Kyros hob seine Merab mit einem Schwung hinauf. Kisalu, sein Bursche und Freund, nahm die Zügel und schnalzte mit der Zunge. Die beiden Kutschpferde zogen an. Merab winkte, so lange sie ihre Eltern auf der Straße sehen konnte. Danach blieb sie eine Weile still und in sich gekehrt. Kyros bemerkte es nicht; er war viel zu sehr damit beschäftigt, sein Reitpferd zu zügeln, das endlich davonpreschen wollte.

Aber die Straßen hatten sich schon gefüllt. Händler schoben ihre Karren, Besucher aus anderen Ländern schlenderten an den Palästen vorüber, machten Halt an den weißen Straßenaltären und bewunderten die geschmückten Statuen. Die kleine Reisegruppe kam an der Esagila vorüber, dem Tempel des Stadtgottes Marduk, dessen Tempelturm Etemenanki 90 Meter hoch aufragte. Man musste den Kopf in den Nacken legen, um den blauen Hochzeitstempel zu sehen, der wie ein Edelstein in der Sonne funkelte und beinahe die Wolken küsste.

Weiter ging es durch die Prozessionsstraße. Die lebensgroßen Löwen, mit denen die blau glasierte Mauer verziert war, schienen neben ihnen herzuschreiten, und dann waren sie am Ischtartor. Merab seufzte, als sie unter dem breiten Torbogen durchkamen. Sie liebte dieses Kunstwerk, das vom großen Nebukadnezar erdacht worden war. In drei Etagen übereinander waren Fabelwesen abgebildet – die Babylonier nannten sie „Sirrusch" oder „Schlangengreif" und erhofften sich von ihnen Schutz für ihre Stadt. Oben und unten am Tor hatte Nebukadnezar eine Zierleiste von Margeriten anbringen lassen, und Merab staunte wie immer über diesen König, Architekten und Feldherrn, der sich nicht zu erhaben war, bescheidene Blumen abzubilden. Vor einer Woche hatte sie Nebukadnezar zum ersten Mal aus der Nähe gesehen, war zur Audienz befohlen worden. Nebukadnezar hatte ihrer Heirat mit Kyros zugestimmt und ihnen alles Gute gewünscht. Und jetzt waren sie schon unterwegs auf ihrer ersten großen Reise.

Ihr Vater erzählte oft von Jerusalem. In seiner Erinnerung war seine Heimatstadt noch immer voller Glanz, vor allem der Marmortempel Salomos, der mit seinen goldenen Dachzinnen die Sonnenstrahlen zurückwarf, sodass ein großes Leuchten über dem Tempelplatz lag. Merab wusste aber, dass dieser Platz schon seit vielen Jahren verwüstet war, von verkohlten Steinen übersät. Nebukadnezar hatte die Stadt geschleift, weil der damalige König Zedekia seinen Treueid gebrochen und gegen Babylon Krieg geführt hatte. Nur ein Drittel der Bürger Jerusalems hatten die Belagerung überlebt, die anderen waren in der Schlacht gefallen oder vom Hunger oder von der Pest dahingerafft worden. Nebukadnezar hatte die Überlebenden nach Babylon umgesiedelt. Dort hatten sie eine neue Heimat gefunden, aber viele dachten noch genauso sehnsüchtig an Jerusalem wie ihr Vater. Ob ihr Volk eine Zukunft hatte?

Merab zuckte die Achseln. Jetzt wollte sie an ihre eigene Zukunft denken. Jeden Tag mit Kyros erwachen, mit ihm sprechen, mit ihm ausreiten, das war ihr ein Fest! Sie jammerte nicht über die Sonne, die ihr nun schon stundenlang auf den Kopf brannte. Sie klagte nicht über das Gerüttel in der Reisekutsche, wenn Kyros besorgt nachfragte. Sie war glücklich, und dieses schöne Glück wollte sie sich nicht von den kleinen Widrigkeiten einer Reise rauben lassen. Ihre gute Laune steckte sogar Nalusch an, die mit hochrotem Gesicht neben ihr auf der Bank hockte und schnaufte, weil ihr heiß war.

Am fünften Tag nach ihrer Abreise stießen sie auf eine breite Straße, die vom Norden herkam und an dieser Stelle nach Osten abbog.

„Das ist die berühmte Königsstraße", erklärte Kyros. „Sie beginnt in Elam in der Stadt Susa und führt durch Mesopotamien und Kleinasien bis zu der Stadt Sardis, etwa 60 Tagesreisen von hier entfernt. Auf dieser Straße galoppieren unsere Kuriere hin und her. Diese Straße ist der Lebensnerv der Kultur und des Handels."

„Warum führt sie dann nicht direkt nach Babylon?"

Er lachte und setzte ein Schulmeistergesicht auf: „Kindchen, diese Königsstraße ist unendlich viel älter als Babylon. Sie will nichts mit dieser aufgeputzten, neureichen Stadt zu tun haben."

„Aber Kyros!", protestierte Merab. „An Babylon kommt man nicht vorbei, wenn man Kultur und Kunst sucht. Wie kann man das große Babylon einfach links liegen lassen?"

„Erzähl mir nicht, dass du dein Herz an Babylon verloren hast", sagte er und hob die Hände, als wollte er sie beschwichtigen. „Ich weiß, ich weiß, Babylon hält sich für den Nabel der Welt mit seinen Tempeln und Palästen und den Hängenden Gärten. Vor hundert Jahren sprach keiner über diese Stadt, und wer weiß, was morgen ist?" Er zuckte die Achseln. „Städte werden groß und berühmt, und ein paar Jahrzehnte später sind sie nur noch Ziegelhaufen. So wie Jerusalem."

Merab biss sich auf die Unterlippe und senkte den Kopf. Dann atmete sie tief ein und lächelte: „Du hast Recht. Ich weiß noch so wenig von der Welt. Du musst mir alles erklären."

Kyros rückte die Schultern gerade und hob das Kinn. „Aber natürlich, mein Täubchen. Sieh mal, dort drüben – eine Herberge, eine von vielen. Genau gesagt: eine von 111 Poststationen. Hier werden wir rasten. Kisalu, ich glaube, wir sollten den Frauen vom Wagen helfen, damit sie sich die Beine vertreten können."

„Das mach ich schon!", grinste Kisalu vergnügt und hängte die Zügel über einen Pfahl. Er war immer fröhlich und hilfsbereit. Nalusch hatte ihn bereits fest in ihr mütterliches Herz geschlossen.

Kyros ritt inzwischen hinüber zu einem Haus mit einem flachen Dach, saß ab und ging über den Hof, der von fünf Bäumen beschattet wurde. Der Wirt kam ihm entgegen. Die beiden redeten eine Weile, dann nickte der Wirt und rief nach seinen Knechten. Kisalu half den Frauen vom Wagen herunter, während ein Knecht die Pferde ausschirrte.

Kisalu erklärte: „Wir bekommen neue Pferde. Unsere sind schon müde. Kommt ins Haus, da können wir uns erfrischen."

Sie rasteten zwei Stunden, dann mahnte Kyros zum Aufbruch. Merab fragte ihn:

„Wechselt man in jeder Herberge die Pferde?"

„Wenn man es eilig hat, dann schon", erklärte Kyros. „Wir sparen Zeit und schonen die Pferde. Das ist vor allem für die Kuriere wichtig. Sie schaffen die ganze Strecke in einer Woche."

„Aber dein Reitpferd hast du nicht ausgetauscht ...", murmelte Merab.

„Natürlich nicht." Kyros legte ihr die Hand auf den Arm. „Mein Pferd und meine Frau werde ich niemals austauschen. Darauf kannst du dich verlassen!"

Merab schoss es heiß in die Wangen. Aber sie hielt seinem Blick stand und sagte: „Ich bin froh, dass du so bist."

„Wie – so?", neckte Kyros.

„Treu. Verlässlich. Bei dir fühle ich mich geborgen", sagte Merab, und ihre Röte vertiefte sich.

Drei Reisetage später zog Kyros ein geheimnisvolles Gesicht. „Ich habe eine Überraschung für dich, meine sanfte Taube. Bald kommen wir an einen See." Ein See! Bislang kannte Merab nur den Euphrat mit seinen Kanälen. Sie konnte den Anblick kaum erwarten und bat Kisalu, die Pferde anzutreiben. Der Junge war für jeden Spaß zu haben und schnalzte und lockte und feuerte die beiden Gäule an, bis sie sich ordentlich in die Seile legten und die Hufe einen munteren Marsch auf die Straße hämmerten. Die Wagenräder kreischten, sie flogen über die Königsstraße, bis die Flanken der Pferde vor Schweiß troffen. Nalusch klammerte sich mit beiden Händen an die Wagenseiten und keuchte: „Nicht so schnell! Meine armen Knochen!" Kyros galoppierte lachend voraus.

Und dann waren sie am See angekommen. Kisalu zügelte die Pferde und sprang vom Kutschbock. Er nahm etwas Heu aus dem Futtersack und rieb damit die Pferde trocken. Inzwischen hatte Kyros seine Braut vom Wagen gehoben und reichte der rundlichen Kusine die Hand. Nalusch kletterte unter Ächzen und Stöhnen herab. Aber dann konnte sie sich nicht satt sehen an der glatten, blauen Fläche, die sich rechts von der Straße erstreckte, so weit das Auge reichte. Merab flüsterte: „Wie schön! Hier möchte ich bleiben!"

Kyros legte ihr den Arm um die Schultern. „Dort steht eine Herberge am Ufer, und wir können den ganzen Tag rasten, wenn du willst."

„Den ganzen Tag? Haben wir so viel Zeit? Ich dachte, du musst so schnell wie möglich nach Hause?"

Kyros lächelte. „Nicht so schnell, als dass wir diese Reise nicht genießen könnten. Wenn du dich etwas ausgeruht hast, gehen wir am Ufer spazieren. Oder wir leihen uns ein Ruderboot oder eine kleine Barke!"

Aber dann saßen sie doch lieber nur am Ufer und beobachteten einen Fischer, der seinen Käscher durchs knietiefe Wasser zog. Kisalu sammelte flache Steine und ließ sie über das Wasser hüpfen, völlig versunken in sein Spiel. Nalusch hatte sich unter einem schattigen Baum niedergelassen, nah genug, um die beiden noch im Auge behalten zu können, doch gerade so weit weg, dass das junge Paar ungestört blieb.

Kyros wickelte sich eine von Merabs seidigen Haarsträhnen um den Finger und murmelte:

„Ich denke gerade an unseren Ausflug am Euphrat. Damals waren die Feigen reif geworden, weißt du noch?"

Sie nickte, als wollte sie sagen: „Wie könnte ich das vergessen?"

„Ich glaube, es war dort, wo ich mich endgültig in dich verliebte."

„Wirklich?", sagte sie atemlos.

„Wir schauten einem Händler nach, der in seinem Boot an uns vorüberruderte. Du warst sehr nachdenklich. Du sagtest: ‚Schau dir seine Augen an. Sie sehen aus wie die Augen eines Bettlers, der am Stadttor kauert und schon so viele tausend Füße vorbeigehen sah, dass er sie nicht mehr sieht und nicht mehr hört.' Ja, das hast du gesagt."

Merab betrachtete ihre Fingernägel. „Aber das ist doch nichts Besonderes?"

„O doch, meine Taube. Dieser Spaziergang war mir unvergesslich. Andere Mädchen, mit denen ich zusammenkomme, machen sich Gedanken über ihr Aussehen, ihre Frisur. Sie ziehen ihre schönsten Kleider an und putzen sich auf. Sie wollen Eindruck machen. Aber du – du bist ganz anders. Du warst von Anfang an du selbst, ohne Pose, ohne Verstellung. Und du hattest auch noch Mitgefühl für einen fremden alten Mann. Wenn ich an die Prinzessinnen in Ekbatana denke – die hätten ihn überhaupt nicht wahrgenommen. Für diese Mädchen sind einfache Menschen Luft, verstehst du? In ihren Augen existieren sie nicht."

„Vielleicht kommt das daher, dass sie in einem Schloss leben und das normale Leben gar nicht kennen", sagte Merab und warf einen Stein ins Wasser, beobachtete die Kreise, die er zog. „Sie können nichts dafür, dass sie so geworden sind. Ich bin unter anderen Umständen aufgewachsen. Meine Eltern sind arm, wir hatten kein Geld für Diener. Deshalb habe ich arbeiten gelernt. Ich weiß, wie man kocht und Kleider näht und ein Haus sauber hält. Für mich ist jeder Mensch gleich viel wert, ob er aus einem einfachen Haus stammt oder aus einem Palast ..." Sie zupfte einen Grashalm aus und zerpflückte ihn. Zwischen ihren Brauen hatte sich eine kleine Furche eingegraben. „Sag mir, bist du eigentlich mit – vielen Mädchen zusammen gewesen?"

Kyros verbiss sich ein Lächeln und sagte: „Nein, Merab. Ich kannte viele Mädchen, aber wirklich interessiert hat mich nur eine, bevor ich dich kennen lernte. Das war – Aspersi."

Ihr Kopf schoss in die Höhe. „Die Prinzessin von Medien, Lieblingsnichte der Königin!"

„Ja", nickte er. „Wir waren gute Freunde. Fast zwei Jahre lang."

„Gute Freunde?"

„Ja. Vielleicht wäre mehr daraus geworden, wenn ich dich nicht getroffen hätte."

„Aber dann – muss Aspersi wütend auf mich sein."

Er seufzte und bewegte die Schultern, als müsste er einen Druck im Nacken loswerden. „Aspersi ist niemals wütend. Vielleicht ein bisschen enttäuscht, ja, das mag sein. Aber weißt du, sie war ja noch ein halbes Kind. Knapp siebzehn – da geht es nicht so tief."

Merab schüttelte den Kopf. „Das glaube ich nicht", sagte sie leise. „Je jünger man ist, umso tiefer kann es gehen."

„Hast du mit ihr auch – Mitgefühl?"

„Ich bin so glücklich, aber es gefällt mir nicht, dass ich es auf ihre Kosten bin", sagte Merab, und ihre Augen verschleierten sich.

Kyros sprang auf. „Das darf dich nicht belasten. Ich habe mich für dich entschieden, weil ich weiß, dass es so besser ist. Ich liebe dich, Merab! Alles andere zählt nicht!"

Sie sah ihn lange an, dann wurden ihre Augen weich und zärtlich.

In Susa

Am nächsten Morgen waren sie wieder unterwegs. Links räkelte sich der Tigris in seinem Bett und trug Boote und Handelsschiffe auf dem Rücken. Händler und Boten kamen in beiden Richtungen an der kleinen Reisegruppe vorüber. Meist hatten sie genügend Zeit für ein paar Worte, erzählten den neuesten Klatsch vom Hof und fühlten sich geschmeichelt, wenn ihnen der persische Kronprinz aufmerksam zuhörte. Kyros war kein Snob. Standesunterschiede galten ihm nichts. Merabs Herz wurde warm, als sie diesen Zug an ihrem Bräutigam entdeckte. Sie sagte zu ihrer Kusine:
„Nalusch, ich bin so glücklich. Ich wusste vom ersten Augenblick an, dass Kyros ein guter Mensch ist! Schau, jetzt ist er wieder vom Pferd gestiegen, damit sich der Kurier nicht den Hals ausrecken muss, wenn er mit ihm redet. Er ist kein bisschen von oben herab. Das gefällt mir so an ihm."
Und Nalusch vergaß für einen Moment ihren lahmen Rücken und die geschwollenen Gelenke und drückte Merabs Hand. „Du hast Glück gehabt! Er wird dich gut behandeln", sagte sie.

Sie kamen an eine Furt und ließen sich von dem Fährboot ans andere Ufer des Koaspes bringen. Schon bald ragten die Mauern einer Stadt vor ihnen auf.

„Das ist Susa", erklärte Kyros. „Susa ist eine Miniaturausgabe von Babylon. Allerdings ist hier alles aus Stein erbaut, nicht aus Ziegeln."

Sie fanden eine Herberge in einem vornehmen Wohnviertel, wo viele Paläste und Villen standen. Das Haus hatte früher einmal einem hohen Beamten namens Temti-Wartasch gehört. Merab staunte über das Deckengewölbe der riesigen Empfangshalle, das auf vier Pfeilern ruhte, und zeigte auf den breiten Wandkamin.

„In diesem Haus muss wohl keiner frieren ...", sagte sie nachdenklich.

Die Wirtin nickte stolz. „Fast jedes Haus in Susa hat einen solchen Kamin. Das ist eine alte Tradition. Hier wird gekocht, und im Winter heizen wir damit das ganze Haus", erklärte die Wirtin, „und auf der Bank kann man sitzen und sich wärmen. Ich zeige euch jetzt eure Räume." Sie führte die Prinzessin über einen gefliesten Innenhof. Und wenn Ihr ein dringendes Bedürfnis habt, Hoheit, dann braucht Ihr nicht in den Garten hinauszugehen. Wir haben hier einen Raum –", sie öffnete verschämt ein Türchen, hinter dem sich ein Hockabort verbarg. Die Badestube wurde von einer großen Terrakottawanne regiert. Breite Rohre führten das Abwasser nach unten und verschwanden im Boden. „Wir haben natürlich ein unterirdisches Kanalsystem", sagte die Wirtin stolz. „Ja, wir Susianer wissen, was sich gehört!"

Später, als sich Merab etwas ausgeruht hatte, führte sie Kyros in ein großes Haus, das vor vielen Jahrhunderten einmal dem Kammerherrn Rabibi gehört hatte. Es war ähnlich ausgebaut wie die Herberge, nur hatte es außerdem noch Schulzimmer, in denen die Kinder des Fürsten früher einmal an Bänken saßen und die Keilschrift erlernten. Das Haus diente jetzt als Museum, in dem alte Gegenstände ausgestellt wurden, die man im Laufe der letzten Jahre in Susa ausgegraben hatte. Da lagen zum Beispiel daumendicke Tonzylinder mit Keilschriftzeichen und Rechensteinchen im Regal.

Kyros nahm einen rotbraun gebrannten Tonkegel in die Hand, der die Größe einer Walnuss hatte. Dieser Kegel steht für die Zahl 100", erklärte er. „Und dieser kleine da", er zeigte auf einen, der nur halb so groß war, „gilt 10. Diese flachen Scheiben zählen 1."

„Und was ist in dieser weißen Tonkugel?", wollte Merab wissen.

„Sie ist innen hohl. Man legte die Rechenmarken hinein, die eine bestimmte Menge von irgendeinem Handelsgut darstellen, zum Beispiel Ölkrüge oder Stoffballen. Dann verschloss man die Kugel mit einem Siegel. Außen drückte man dann kleine und größere Löcher hinein, sodass man auf einen Blick sehen konnte, wie viel Rechenmarken darin waren. Und das galt früher in Susa als Vertrag."

„Auf dieser Tonkugel sind Tierköpfe abgebildet", sagte Nalusch, die sich umgesehen hatte.

„Ja, das hat man später gemacht, damit man sofort wusste, um welchen Vertrag es sich handelte."

„Und was ist das hier?", fragte Merab und deutete auf einen lebensgroßen Kopf aus Ton. Die Skulptur zeigte ein lächelndes Frauengesicht, deren Zöpfe wie ein Diadem um den Kopf gewunden waren.

„Dieses Porträt hat man in der Familiengruft unter dem Haus gefunden. Wenn jemand in Susa starb, hat man sofort eine Totenmaske hergestellt und sie bemalt. Die legte man dann neben den

Sarg, damit jeder wusste, wer in dieser Gruft einmal bestattet worden war."

Auf einem niedrigen Tisch war Kinderspielzeug ausgestellt. Kyros nahm einen cremefarbenen Löwen zur Hand, der lang ausgestreckt auf einem Fahrgestell aus schwarzem Bitumen befestigt war. „Sieh mal", sagte er nachdenklich, „wie sorgfältig der Steinschneider die Mähne geschnitten hat ..." Er kratzte mit dem Fingernagel daran. „Das ist Kalkstein. Und die Räder drehen sich immer noch. Nach all den Jahren ..."

Merab berührte mit dem Zeigefinger einen Igel, der mit gesträubten Stacheln auf seinem Fahrgestell stand. „Ganz schön angriffslustig!", sagte sie. „Was meinst du, wie alt ist dieses Spielzeug?"

„Es lag in einem Königsgrab. Nach unserer Zeitrechnung müssten die Sachen über 1.000 Jahre alt sein."

Nalusch staunte mit offenem Mund. „Und hier drüben sind Puppenköpfe aus Ton. Sie haben kleine Löcher am Hals, damit man ein Kleid an die Puppe nähen kann", sagte sie.

„Vielleicht auch einen Sack, der dann mit Sand oder Hirse gefüllt wurde. Das sollte dann der Körper sein", erklärte Kisalu.

„Wieso kennst du dich so gut mit Puppen aus?", wollte Merab wissen.

„Ich habe drei kleine Schwestern, und ich habe oft mit ihnen gespielt", sagte er.

Kyros lachte. „Das hast du mir noch nie erzählt!"

„Na ja – ich habe mich ein bisschen – geniert", gestand Kisalu.

Jetzt lachten alle.

Dann streiften sie durch die Stadt. „Susa ist über 2.000 Jahre alt", erzählte Kyros. „Diese Stadt ist oft erobert und angezündet worden. Mal waren es die Babylonier, dann wieder die Assyrer. Aber die Susianer sind zäh. Sie haben immer wieder neu aufgebaut. Zurzeit ist Susa mit den Persern in meinem Land Anschan verbündet. Susa ist nämlich das Tor zum iranischen Hochland. Hier treffen sich die Straßen, auf denen die Kaufleute Metalle und wertvolle Steine in die Ebene bringen. Auch kunstvoll geschnittene Steingefäße aus Serpentin und Alabaster und Schmuck aus Anschan werden hier verkauft. Das macht diese Stadt so reich."

Sie kamen zu einem Händler, der Schmuck und Souvenirs verkaufte. Alle Stücke waren den antiken Vorbildern nachempfunden, die man in Susa ausgegraben hatte.

„Such dir ein Andenken aus, einen Ring oder eine Armspange!", schlug Kyros vor. „Damit du dich immer an unsere Hochzeitsreise erinnerst."

Merab betrachtete die Fußkettchen, die Ohrhänger, Amulette und Ringe. Sie probierte ein, zwei Stücke, dann entdeckte sie in einer Schachtel winzige Nachbildungen der Spielsachen, die sie vorher im Museum bestaunt hatten.

„Sieh nur, Kyros, der Löwe und der Igel!", rief sie. „Sie sind so hübsch."

Kyros lächelte. „Denkst du schon an unsere Kinder?" Sie wurde rot.

„Ich habe noch nie so etwas Niedliches gesehen", murmelte sie und streichelte den Löwen mit der Fingerspitze. „Er erinnert mich an Babylon ..."

„Ja, natürlich. König Nebukadnezar hat diese Tiere geliebt und seine Wände mit Löwenreliefs geschmückt. Aber was hat der Löwe mit dem Igel zu tun? Igel sind drollig, aber sie haben so gar nichts Hoheitliches an sich. Ich frage mich, warum der Künstler gerade diese beiden Tiere abgebildet hat."

„Ich glaube, der Igel hat auch etwas zu bedeuten", überlegte Merab und runzelte die Stirn, als müsste sie in ihrem Gedächtnis kramen. Dann erhellte sich ihre Miene.

„Ich hab's. ‚Babel wird zum Erbe für die Igel.'"

„Erbe für die Igel? Was soll das heißen?"

Sie zuckte die Achseln. „Es kam mir so in der Sinn. Kenaja hat es mir einmal vorgelesen aus einer alten Schriftrolle."

„Ich kann mir nicht vorstellen, dass diese hoch entwickelte Zivilisation eines Tages untergehen könnte. Wer sollte so borniert sein, die Paläste und Tempel Babylons zu zerstören? Das wäre Wahnsinn! Kulturschändung!", sagte Kyros empört.

„Susa ist auch schon einige Male zerstört und verbrannt worden", gab Merab zu bedenken.

Kyros schüttelte den Kopf. „Aber Babylon doch nicht. Obwohl, wer weiß ... wie hieß der Mann, der das vorausgesagt hat?"

„Wenn ich mich richtig erinnere, dann war es Jesaja", sagte Merab. „Er lebte zur Zeit der Könige Usia, Hiskia und Josia in Jerusalem, aber das ist schon lange her, vielleicht hundertfünfzig Jahre."

„Seltsam ... Nun, man wird sehen. Wenn ich einmal den ehrenwerten Minister Daniel treffe, werde ich ihn nach eurem Jesaja fragen. Ich nehme an, er kennt sich damit aus. Und damit ich das nicht vergesse", er winkte Kisalu und reichte ihm die Geldbörse, damit der mit dem Händler einig würde, „werden wir den Löwen und den Igel mitnehmen. Der Löwe von Babylon und sein Erbe ..."

Die gute Hand

Am nächsten Tag zogen sie weiter. Hinter Susa erhoben sich die Hügel, die ins iranische Hochland führten. Dort, wo der Tigris eine scharfe Biegung machte, folgten sie seinem Lauf. Dann bogen sie auf eine Straße ab, die nach Südosten führte durch die endlosen Bergtäler des Zagros-Gebirges. Merab staunte über die felsigen Klüfte und Gipfel.

Sie beobachtete einen Adler, der sich vom Aufwind über das Tal tragen ließ. Sie sah die Bergziegen und Steinböcke zwischen den Felsblöcken springen. Um besser zu sehen, vertauschte Merab ihren Sitz in der Kutsche mit dem Pferdesattel. Die Kutschpferde hatten nichts dagegen einzuwenden, dass sie nur noch Nalusch und das Gepäck ziehen mussten.

Als sie am Abend in der Empfangshalle einer Herberge saßen, kam ein Kurier herein. Er schwang seine langen Beine über die Sitzbank und rief nach dem Wirt. Nachdem er einen Becher Wasser hinuntergestürzt hatte, wischte er sich den Mund mit dem Handrücken und sprang wieder auf.

„Herhören, Leute!", verkündete er. „Eine wichtige Nachricht an alle!"

Die Gespräche in der Halle verstummten, alle wandten ihm das Gesicht zu, erwartungsvoll, neugierig, gespannt.

„König Nebukadnezar von Babylon ist vor drei Tagen gestorben."

Die Gäste sprangen auf und redeten durcheinander: „Aber wie kann das sein, er hat doch noch letzte Woche ...!" „Das gibt es nicht, er war vollkommen gesund!" „Hat ihn das Sumpffieber gepackt?" „Oder ein Unfall? Mann, so rede doch!"

Der Kurier schwankte vor Erschöpfung und hielt sich an der Tischkante fest. Dann sagte er: „Während einer Sitzung traf ihn plötzlich der Schlag. Er war nach einer Stunde tot. Die Ärzte konnten nicht mehr helfen."

Kyros schüttelte den Kopf. „Er war so stark, als ich ihn vor ein paar Tagen sah. Wie ein Baum. Ich kann es nicht fassen."

Nalusch schluchzte auf. Sie musste immer weinen, wenn vom Tod die Rede war. Kisalu dachte praktisch und erkundigte sich: „Und wer hat den Thron geerbt?"

„Kronprinz Amelmarduk ist zum König von Babylon gekrönt worden."

Es wurde still in der Halle. Kyros kaute auf seiner Unterlippe und murmelte: „Mein Cousin Amel..." Merab streifte ihn mit einem scheuen Blick.

Der Wirt sagte: „Man erzählt sich, Amelmarduk wäre ganz anders als seine Eltern; er ließe in seinem Wesen die Großmut seines Vaters und die Herzensgüte seiner Mutter vermissen."

„Das ist sehr schmeichelhaft ausgedrückt!", sagte Kyros trocken. Etwas leiser, sodass ihn nur Merab, Nalusch und Kisalu verstehen konnten, sagte er: „Amelmarduk ist ein grausamer Mensch, der Freude daran hat, andere zu quälen. Aber so war er schon immer. Die Bürger von Babylon tun mir Leid."

„Deine armen Eltern, Merab!", jammerte Kusine Nalusch. „Hoffentlich geschieht ihnen nichts!"

„Das glaube ich nicht. Vater ist mit Amelmarduk befreundet. Er hat den Kronprinzen im Bogenschießen ausgebildet", sagte Merab.

„Zu seinen Freunden ist Amel immer gut gewesen, aber seine Zuneigung kann auch rasch umschlagen", gab Kyros zu bedenken.

„Ich mache mir keine Sorgen um Vater und Mutter", sagte Merab. „Ich vertraue darauf, dass sie von einer guten Hand beschützt werden."

„Amelmarduk und eine gute Hand?"

„Ich spreche nicht von Amelmarduk ...", sagte Merab leise.

Eine Stunde später schaute Kyros nach den Pferden, bevor er sich zur Ruhe legte. Er sah Merab draußen auf dem Hof stehen und zu den Sternen hinaufsehen.

„Du bist noch nicht im Bett, Täubchen?"

Sie schüttelte heftig den Kopf. „Ich kann nicht schlafen. Ich bin – zu aufgewühlt."

„Komm, wir gehen ein Stück", schlug er vor, und sie nahm seine Hand und ließ sich auf dem mondhellen Pfad führen. Sie stiegen auf einen Hang, bis die Lichter der Herberge nur noch wie ein Schwarm Glühwürmchen heraufblinkten.

„Von hier aus sieht man die Sterne noch besser", lächelte Kyros. „Sag mir, Merab, wen hast du vorhin gemeint, als du von der guten Hand sprachst? Ahura Mazda? Den Gott des Himmels?"

Sie nickte. „Wir nennen diesen Gott Jahwe. Und wir glauben,

dass er jeden Menschen kennt und Anteil nimmt an seinem Schicksal."

„Ich bete auch manchmal zu Ahura Mazda."

„Woher weißt du von ihm?"

„Unser großer Lehrer Zarathustra hat über den Himmelsgott geschrieben. Er soll der Oberste über alle anderen Götter sein, und er ist weise und gut, so sagt er. Aber das Böse bekämpft ihn mit aller Macht. Deshalb sind wir Menschen auch so oft hin- und hergerissen zwischen dem Guten und dem Bösen. Aber wir können uns entscheiden. Wir sind frei. Wir können wählen, wem wir folgen wollen."

„Ja", sagte Merab. „Wir können wählen ..."

„Diese Freiheit ist kostbar, sie gibt uns Würde. Tiere können nicht entscheiden, wem sie gehorchen wollen, aber wir dürfen es", sagte Kyros nachdenklich, „und deshalb dürfen wir auch niemals einen Menschen zwingen, gegen sein Gewissen zu handeln. Jeder muss seine eigene Wahl treffen."

Merabs Augen wurden groß. „Dann darf in deinem Reich jeder selbst bestimmen, an welchen Gott er glauben will?"

Kyros hob die Schultern. „Noch bin ich nicht der König. Aber wenn ich es bin, dann werde ich mich hüten, anderen meine Überzeugung aufzudrängen. Jeder muss das glauben, was er für richtig hält, ohne dass sich andere einmischen. Sonst kann es niemals Frieden geben."

„Nebukadnezar war einmal anderer Ansicht. Kennst du die Geschichte vom goldenen Standbild in der Ebene Dura?"

„Erzähl mir davon!", bat Kyros. Er ließ seinen langen Mantel von der Schulter rutschen und lud Merab ein, ihn als Sitzkissen zu benutzen. Mit einer fließenden Bewegung setzte sie sich nieder und begann:

„Ich war damals noch nicht geboren, aber mein Lehrer hat mir oft davon erzählt. Es war, glaube ich, im fünften oder sechsten Jahr nach Vaters Deportation. Du weißt ja, dass er unter Arrest stand und das Haus nicht verlassen durfte. Aber unser Lehrer Kenaja ging zur Einweihungsfeier. Du kennst den großen Platz vor dem Palast des Hammurabi etwas außerhalb von der Stadt?"

„Ja", sagte Kyros. „Genug Platz für ein ganzes Heer."

„Dort hatte Nebukadnezar eine riesige Skulptur aufstellen lassen. Die Statue war aus purem Gold und 60 Ellen hoch. Kenaja sagte, sie sollte die Größe und Unvergänglichkeit des babylonischen Reiches darstellen."

Kyros räusperte sich. „Wie konnte Nebukadnezar annehmen,

dass sein Reich unvergänglich sei? Er kannte doch seine Söhne und wusste, was von ihnen zu erwarten war!"

„Vielleicht wollte er sich der Treue seiner Vasallenkönige und Satrapen versichern. Zu dieser Einweihungsfeier mussten alle Regierungsbeamten erscheinen. Der Herold verkündete, dass sich beim Klang der Hymne alle auf den Boden werfen mussten. Jeder musste das Bild anbeten."

„Anbeten?!", Kyros' Stimme bebte vor Empörung.

„Ja. Der König wollte wissen, ob ihm seine Satrapen und Gouverneure gehorsam waren. Und wer sich weigerte, dem drohte Nebukadnezar mit dem Tod."

Der junge Prinz schüttelte den Kopf, dass seine roten Locken flogen.

„Wie kann man nur! Man darf doch Politik nicht mit Religion vermischen! So etwas hätte ich von Nebukadnezar nicht gedacht!"

Merab überlegte. „Kenaja meinte, dass der König damals unter einem schlechten Einfluss stand. Er hat sich später, nach seiner siebenjährigen Krankheit, sehr zum Guten verändert. In den Jahren davor soll er ziemlich herrisch gewesen sein."

„Also, erzähl weiter. Was geschah in der Ebene Dura?"

„Die Beamten und Gouverneure, die Unterkönige mit ihrem Gefolge hatten sich alle vor der Statue aufgestellt. Dann spielte die Musik, und alle mussten niederfallen. Aber drei Männer blieben stehen."

„Alle Achtung, dazu gehört Mut!"

„Sogar Todesmut, denn auf der Terrasse vor den Palastruinen hatte Nebukadnezar einen Ziegelbrennofen aufstellen und heizen lassen."

„Und warum blieben diese drei Männer stehen?"

Merab senkte den Blick und sagte leise:

„Wir Juden werfen uns nicht vor Götterbildern nieder. Wir beten nur zu Jahwe, dem Himmelsgott."

„Ach, das waren deine Landsleute?"

„Nur drei von ihnen, Kyros, die anderen hatten zu viel Angst um ihr Leben. Aber diese drei Gouverneure aus der Provinz Babel ließen sich nicht zwingen."

„Kennst du sie?"

„Ja, ein bisschen. Sie sind mit Minister Daniel befreundet. Sie heißen Hananja, Misael und Asarja."

„Diese Namen habe ich noch nie gehört."

„Entschuldige, ich nannte dir die hebräischen Namen. Die Babylonier nennen diese Männer Sadrach, Mesach und Abednego."

„Ach so. Natürlich habe ich von diesen Hofbeamten gehört. Zwei von ihnen sind Botschafter in Ekbatana am Hof meines Großvaters Astyages. Aber sag mir, wie konnten sie Nebukadnezar umstimmen?"

„Gar nicht. Sie wurden in den Ofen geworfen."

Kyros rückte ein Stück von ihr ab und betrachtete sie mit großen Augen.

„Aber sie verbrannten nicht", erzählte Merab weiter. „Kenaja hat es mir genau geschildert, weil er auf der Mauer stand und alles gut beobachten konnte. Sie wurden ins Feuer geworfen, aber die Flammen konnten ihnen nichts antun."

„Das – das gibt es nicht! Das ist unmöglich!", stammelte Kyros.

„Bitte glaub mir. Es ist wahr!", versicherte Merab und nahm seine Hand. „Der König hat selbst gesehen, dass ein vierter Mann mit den dreien im Ofen war."

„Und wer war dieser – dieser vierte Mann?"

„Nebukadnezar meinte, er wäre ein Sohn der Götter, aber ..."

„Du glaubst, es war Ahura Mazda selbst?"

„Ja. Der Gott des Himmels wollte seine treuen Diener nicht verlassen. Und er hat Macht über das Feuer."

Kyros schaute zu den Sternen hinauf. „Ja", murmelte er. „So muss es wohl sein ..."

Nach einer Weile erzählte Merab weiter. „Nebukadnezar ließ die drei Männer aus dem Ofen herausholen. Er warf sich vor ihnen auf den Boden und huldigte Jahwe. Außerdem gab er ein Gesetz heraus, das jedem verbot, unseren Gott Jahwe zu lästern."

„Von diesem Gesetz habe ich gelesen ...", sagte Kyros. „Es ist gut, wenn der König die Religion seiner Bürger schützt, damit sie ihrem Gewissen folgen können. Ich glaube, ich werde später auch solche Gesetze verabschieden."

„Du wirst ein guter König sein!", sagte Merab, und in ihren Augen spiegelte sich das Mondlicht.

Ankunft

Am fünfundzwanzigsten Reisetag kamen sie an die Mündung eines grünen, fruchtbaren Tales. Kyros lenkte seinen Hengst dicht an Merabs Stute heran.

„Wir haben jetzt das Land Elam hinter uns gelassen mitsamt seiner stolzen Hauptstadt Susa. Wir Perser nennen sie übrigens ‚Schuschan'. Vor 1.800 Jahren waren die Elamiter ein ständiger Störfaktor für die mesopotamische Dynastie von Akkad. Ein Volksstamm, der mit den Elamitern verwandt ist, hat im Hochland die Stadt Anschan gegründet. Vor 700 Jahren haben die Elamiter im Namen ihrer Könige von Schuschan und Anschan die babylonischen Städte geplündert. Sie wurden durch ihre Raubzüge reich."

Er zeigte nach Norden. „Ursprünglich stammen meine Vorfahren aus Mittelasien. Sie waren Arianer und immer unterwegs."

„Immer unterwegs", murmelte Merab.

„Ja. Der Mensch kommt nicht zur Ruhe. Er gleicht dem Meer mit seinen Gezeiten. Wie Flut und Ebbe, wie Sturm und Flaute, so ist der Mensch. Jede Welle, die ans Ufer schlägt und die Spuren verwischt, die in den Sand gemalt wurden, verrät uns: Alles ist vergänglich. Die Welle trägt Muscheln und Tang an den Strand, und die nächste Welle nimmt das alles wieder mit. So ist das Leben. Alles ist vergänglich und im Fluss ..."

Merab runzelte die Stirn, um besser zu verstehen, was er meinte.

Kyros seufzte und wischte sich über die Stirn, als wollte er schwere Gedanken verjagen.

„Jedenfalls kam der Stammeshäuptling Teispes in Anschan zu Macht und Ansehen. Sein Sohn Kurasch, nach dem ich benannt wurde, eroberte dann die Stadt und das ganze Gebiet Parschumasch. Kurasch war mein Großvater. Er war der Held meiner Kindheit. Er wollte die Babylonier in ihrer Revolte gegen Assyrien unterstützen, aber die Assyrer waren damals noch zu stark. Als sie die Stadt Susa in Brand steckten, klaubte Großvater sehr schnell das nötige Gold zusammen und schickte seinen ältesten Sohn Arukku mit dem Tribut nach Ninive."

Er zwinkerte Merab zu. „Weißt du, manchmal ist Beugen besser als Brechen."

„Lebt dein Großvater noch?", wollte Merab wissen.

„Nein, er und Arukku sind lange gestorben. Mein Vater Kambuiya, den man in Babylon Kambyses nennt, ist heute der König von Anschan."

„Und wo sind wir jetzt?"

„Wir sind in Persien." Er streckte den rechten Arm aus und beschrieb einen weiten Bogen. „Königliche Hoheit, wenn wir um die nächste Ecke biegen, dann werdet Ihr die großartige Metropole Anschan erblicken!", sagte er in Fremdenführermanier.

Sie umrundeten ein Wäldchen und schauten auf eine Siedlung hinunter. Kleine, erdfarbene Häuser mit flachen Dächern schmiegten sich zwischen Obstgärten, und all das wurde von einer niedrigen Steinmauer eingefasst.

„Na? Was sagst du dazu?"

Sie sah ihn an, las in seinen Augen die Furcht, seine bescheidene Heimat würde vor ihr nicht bestehen können. Freilich ließ sich diese Kleinstadt nicht mit Babylon vergleichen; das Ischtartor mit seinen blau glasierten Ziegeln war in der damaligen Welt unübertroffen. Und wo gab es einen Tempelturm, der es mit dem Etemenanki aufnehmen konnte? Ganz zu schweigen von den Hängenden Gärten. Aber das alles bedeutete ihr nicht viel. Sie betrachtete die Hügel, auf denen Kyros als Junge herumgeklettert war, sie sah den Reitplatz, auf dem er seine ersten Erfahrungen mit Pferden gesammelt hatte. Hier hatte er also seine ersten Träume geträumt und den Großvater wegen seiner Tapferkeit bewundert.

„Es gefällt mir, Kyros. Wir werden hier sehr glücklich sein."

„Wirklich, Merab? Kommt dir das Ganze nicht furchtbar klein und jämmerlich vor, ich meine ..."

Sie strahlte ihn an. „Ich bin glücklich, wenn du bei mir bist."

Er umfasste ihre Taille und hob sie mit Schwung herüber auf sein Pferd, drückte sie an sich, bis sie zu zappeln begann, weil sie kaum mehr atmen konnte. Sie mussten beide lachen.

„Jetzt habe ich Mut, meinem Vater unter die Augen zu treten!", sagte er. „Vielleicht werden wir morgen schon Hochzeit feiern." Hinter ihnen rumpelte die Reisekutsche mit Nalusch und Kisalu um die Ecke, und Kyros hob Merab wieder auf ihre Stute hinüber. Langsam ritten sie weiter.

Als sie den Gärten näher kamen, hörten sie einen monotonen Singsang.

„Oh!“, sagte Kyros. „Ausgerechnet jetzt müssen wir einem Totenzug begegnen.“

„Was macht das schon?“, sagte Merab. „Ich bin nicht abergläubisch.“

„Du weißt nicht, wie man hier die Leute bestattet. Es ist – grausig!“

Dann kam die Bahre in Sicht, die von schweigenden Männern auf der Schulter getragen wurde. Sie war mit einem weißen Tuch verhüllt. Sie marschierten langsam und im Gleichschritt, auch die Trauernden folgten in diesem Takt und klagten vor sich hin. Dann bog der Zug von der Straße ab und stieg im Wald bergan.

„Schau nach oben!“, sagte Kyros grimmig.

Merab sah einen Schwarm von dunklen Schatten über dem Wald kreisen: Geier. Zwei ließen sich auf einem Baum nieder. Die anderen flogen zu einem Turm aus schwarzen Baumstämmen, der die Baumwipfel knapp überragte. Einer der Totenvögel landete auf dem flachen Dach des Turmes und rannte bis zum Rand hinüber, reckte seinen nackten Hals und betrachtete den Trauerzug, der sich näherte. Als die Totenträger angekommen waren, schwang er sich in die Luft und segelte im Aufwind über das Tal.

Merabs Hand fuhr an die Kehle: „Sie werden doch nicht ...“

Kyros nickte. „Sie werden. Es ist ein uralter Brauch, und viele meiner Landsleute halten daran fest.“

Merab sah, wie die Männer die Leiche einer Frau auf das Dach legten. Die Trauernden jammerten in den höchsten Tönen, dann brach das hysterische Geschrei plötzlich ab. Alle drehten sich weg und kletterten wieder herunter. Die Frau lag blass und steif auf der Plattform, das hüftlange dunkle Haar hing wie ein Vorhang über ihrer Leiche, als könnte es ihre Nacktheit verbergen. Einsam und verloren lag sie dort, wie eine Sandale, ein vergessener Schuh, der am Strand einer verlassenen Insel liegen geblieben ist.

„Das ist kein schöner Anblick für eine Braut“, mahnte Kyros. „Komm, wir reiten weiter.“ Als sich Merab noch einmal umschaute, hatten sich alle Geier auf dem Turm niedergelassen und schlugen mit den Flügeln.

Kyros nahm ihre Hand, um sie abzulenken. „Sieh nur, da vorne ist schon das Stadttor!“ Er zeigte mit dem ausgestreckten Arm auf die Mauer. „Das Tor wird nur bei Alarm geschlossen, und Alarm gibt es höchstens, wenn Räuber im Anzug sind.“

„Geschieht das – oft?“, fragte Merab mit weit aufgerissenen Augen.

„In meinem ganzen Leben kam es erst dreimal vor. Sonst bleibt das Tor immer offen und heißt seine Gäste willkommen ..." Er zog seine Unterlippe ein und überlegte. Dann atmete er tief durch und sagte:

„Kisalu, bitte bleib mit den Frauen noch eine Weile hier draußen stehen. Ich möchte alles für eure Ankunft vorbereiten."

„Bist du aufgeregt, Kyros?", wollte Merab wissen, die ihn prüfend betrachtete.

„N-nein, eigentlich nicht." Er zögerte. „Ich halte es nur für besser, wenn wir nicht alle gleichzeitig hereinplatzen." Er zwang sich zu einem Lächeln. „Mach dir keine Sorgen. Es wird schon alles gut gehen. Meine Eltern werden dich mit offenen Armen willkommen heißen. Ganz bestimmt. Glaub mir!", beteuerte er.

„Ich glaube dir", lächelte Merab, aber das Lächeln blieb ihr im Mundwinkel stecken. Als er davongetrabt war, stieß Nalusch sie vertraulich an. „Was ist los? Warum lässt er uns hier vor der Stadt?"

Die Prinzessin zuckte die Achseln. „Er möchte seine Eltern überraschen, aber nicht überrumpeln. Er will, dass wir hier auf ihn warten."

Nalusch rümpfte die Nase. „Na, ich weiß nicht ... Worauf haben wir uns hier eingelassen?"

Kisalu blickte von einer Frau zur anderen. „König Kambyses ist manchmal ein wenig – impulsiv", erklärte er. „Aber er hat ein Herz aus Gold, wenn man ihn erst einmal gewonnen hat. Bitte ein wenig Geduld."

Und Merab nickte und versuchte, die schweren Schatten zu verscheuchen, die plötzlich den Himmel verdunkelt hatten und über ihr kreisten wie Geier. Sie wischte mit der Hand durch die Luft – nein, sie wollte diese düsteren Ahnungen nicht in ihrem Denken landen lassen: „Was kann mir geschehen – Kyros liebt mich. Nur darauf kommt es an!"

In Anschan

Kambyses war am Morgen schon früh aufgestanden und als Erstes zu den Stallungen hinübergegangen, ohne an ein Frühstück zu denken. Essen war für ihn nicht interessant, und so sah er auch aus: schlank, beinahe mager, aber groß. Er tätschelte seinen Hengst und rieb ihm die Nüstern. Aus dem anderen Stall wurden gerade die Stuten herausgelassen, die grauen und weißen; sie trabten auf ihren Weideplatz und wieherten vor Freude über die Freiheit, die sie endlich wieder genossen nach der langen Nacht im Stall. Kambyses verzog sein asketisches Gesicht zu tausend Lachfalten und warf dem Hengst das Zaumzeug über. Mit ein paar Handgriffen hatte er aufgezäumt und schwang sich auf den nackten Pferderücken. Drei Sätze und er war draußen auf der Allee, wo er davongaloppierte.

Nach einer Stunde kam er von seiner „Inspektionsrunde" zurück. Er saß so sicher zu Pferde, als wäre er mit ihm verwachsen, und es fiel ihm sichtlich schwer, den Hengst im Stall zurückzulassen. Am liebsten wäre er auch noch in sein Arbeitszimmer geritten. Dort angekommen, trank er einen tiefen Schluck aus dem Weinkrug und sah aus dem offenen Fenster, beobachtete die Bürger, die am bescheidenen Palast vorübergingen und freundlich grüßten.

Am Vormittag trottete er in das kleine Regierungsbüro hinüber, in dem seine drei Palastbeamten arbeiteten. Er hörte, wie sie lachten und sich lustige Geschichten erzählten. Als er auf der Schwelle erschien, brachen sie mitten im Wort ab.

„Ist alles, wie es sein soll?", fragte er streng.

„Alles ist, wie es sein soll!", wiederholten die Beamten im Chor. Sie wussten, wie sehr ihn die Verwaltung des Landes langweilte. Er mochte nicht mit Problemen belastet werden, deshalb wurden sie vor ihm verschwiegen.

Er grunzte etwas Unverständliches und ging hinaus in den Garten. Sechs Gärtner standen in seinem Dienst, doppelt so viele wie Regierungsbeamte, und hier draußen war sein eigentliches Königreich. Seine Gärten pflegen und gestalten, seine Pferde reiten – mehr brauchte er nicht zu seinem Glück.

Er holte die Gärtner zusammen und ließ sich ausführlich berichten, welcher Busch heute blühte und welchen Strauch sie versetzen wollten, welcher Baum getrimmt und welcher gepflanzt werden sollte. Er hörte zu, als hinge davon sein Leben ab, und machte seine Vorschläge. Dann inspizierte er die Hecken, die Blumenbeete und die frisch gemähten Wiesen. Er ließ die Gärtner an die Arbeit zurückkehren und betrachtete von der Schlosstreppe aus den Garten. Noch nirgendwo hatte er eine solche Vielfalt an blühenden Sträuchern und seltenen Bäumen gesehen wie in seinem Park. Er nickte: *Das* war sein Königreich.

„Wie war dein Tag bis jetzt?", fragte eine weiche Stimme hinter ihm.

Er drehte sich um und runzelte die Stirn. Eine hübsche, mädchenhafte Frau stand vor ihm. Die Sonne zauberte einen Kupferschimmer in ihr lockiges Haar.

„Hm, nicht schlecht, gar nicht schlecht. Viel zu tun. Muss noch einiges erledigen. Wollte gerade zur Kaserne hinübergehen und nach den Offizieren schauen."

„Du hast dir heute noch kein Frühstück gegönnt, musst ja schon halb verhungert sein", sagte sie mit Wärme.

„Reg dich nicht auf, Frau!", brummte er. „Ich warte bis zum Mittag. Jetzt hab ich keine Zeit zum Essen ... Hast du etwas von Kurasch gehört?"

„Nein. Ich dachte, du wüsstest vielleicht ..."

„Ich? Nein. Wieso ich?", schnappte er. „Also, ich hab zu tun. Ich komme dann mittags."

Er schob sich an ihr vorbei ins Schloss und zog ein strenges Gesicht, als er sich dem Büro näherte und wieder das Lachen und Plaudern an sein Ohr drang. Aber er hatte keine Lust, die Männer zur Ordnung zu rufen. Er hustete vor der Tür und grunzte zufrieden, als der fröhliche Lärm abrupt abbrach. Man musste den Leuten ab und zu zeigen, wer hier zu bestimmen hatte! Aber er ging nicht hinein, sondern ein paar Schritte weiter in sein persönliches Arbeitszimmer. Dort schenkte er sich aus einem Weinkrug den Becher voll und trank durstig. Er ließ sich bequem in seinen Armstuhl sinken und hörte den Tauben zu, die draußen im Feigenbaum gurrten. Die Augen fielen ihm zu, und er schlummerte ein.

Er wurde wach von einem neuen Geräusch. Irgendetwas hatte sich verändert. Er streckte sich und spitzte die Ohren. Im Haus herrschte ungewohntes Leben – Schritte, Stimmen. Gähnend stand er auf, schob seine Schärpe gerade, nahm den Kegelhut, dessen Stoff in vielen Falten angeordnet war, die alle hinauf zur Mitte strebten.

Er überlegte, ob er sein Schwert umbinden sollte, entschied sich aber dann, ohne Waffen hinauszugehen – sie verfingen sich immer in seinen langen Beinen. Dann marschierte er aus seinem Zimmer, um für Ordnung zu sorgen.

In der Halle stand Kyros, die Mutter im Arm, umdrängt von Gärtnern, Palastbeamten und dem Küchenpersonal. Alle schnatterten gleichzeitig auf ihn ein und lachten.

Kambyses vergaß seine Würde und eilte auf den Sohn zu.

„Vater!", rief Kyros und ließ die Mutter los.

„Kurasch, das ist eine Überraschung! Wir haben heute früh von dir gesprochen."

Königin Mandane trat einen Schritt zurück, damit sich die Männer besser begrüßen konnten.

„Ich hatte mir schon Sorgen gemacht!", flüsterte sie.

„Mutter ich bin wohlbehalten zurückgekehrt. Mir fehlt nichts. Ich werde eine Weile bei euch bleiben, vorausgesetzt, du hast keine anderen Pläne für mich, Vater." Er schaute in die frohen Gesichter. „Ich freue mich so! Wie geht's in der Küche, Mida? Kochst du heute mein Leibgericht? Und was macht der Garten, Lesiburt? Ich glaube, er war noch nie so schön wie in diesem Sommer ..."

„Komm, komm, du kannst nachher mit allen plaudern. Jetzt will ich erst mal wissen, was es Neues gibt", sagte Kambyses. „Der ganze Tratsch aus Babylon hat Zeit bis später. Lasst uns jetzt einmal allein."

Im nächsten Moment dienerte sich der Hofstaat aus der Tür. Die Königin zögerte noch. „Du musst mir aber erzählen, wie es meiner Kusine Amytis geht."

Kyros nickte: „Die Königin von Babylon ist immer noch wohlauf, wie ich hörte, aber ..."

„Ich sagte doch, der Hofklatsch hat Zeit bis später!", fiel ihm der Vater ins Wort. Jetzt setz dich, Kurasch, setz dich. Du bist gerade angekommen, nicht wahr? Wie geht es König Nebukadnezar?"

Kyros seufzte und stützte die Ellenbogen auf die Knie, verbarg das Kinn in der Handfläche, wie er es immer wieder bei seinem berühmten Onkel gesehen hatte. „Vater, Nebukadnezar ist tot."

„Was!", schrie Kambyses und sprang auf. „Er ist tot? Aber er hatte sich doch von seiner Krankheit erholt, wie ich hörte?!"

„Es ging ihm gut, das ganze letzte Jahr hindurch. Seine Krankheit, die ihn sieben Jahre im Wahn gehalten hatte, war restlos ausgeheilt. Er starb ganz plötzlich an einem Schlaganfall zwei Tage nach unserer Abreise aus Babylon. Ich habe es unterwegs erfahren. Die ersten Kuriere sind wahrscheinlich an uns vorübergeritten."

Der Vater warf sich in seinen Thronsessel und runzelte die Stirn. „So. Also wird Amelmarduk der Nachfolger?“ Kyros nickte. Der König schüttelte den Kopf und schürzte die Lippen. „Eine Katastrophe. Wenn auch nur die Hälfte von dem stimmt, was ich über ihn gehört habe ... Seltsam, dass manche große Männer so verdorbene Söhne haben. Was wird Amel als Nächstes tun?“

Kyros hob die Schultern. „Wer kann das wissen? Er war schon immer unberechenbar.“

„Ein Grund mehr für ein starkes Medien. Solange unser Oberherr stark ist, kann uns nichts geschehen. Das darfst du nie vergessen, Kurasch. Unser Schicksal ist fest mit Medien verwoben. Wir brauchen Mediens Schutz.“

Kyros lächelte verkrampft. „Solange Großvater Astyages der König von Medien bleibt, haben wir nichts zu fürchten.“

„Im Augenblick. Aber wenn Darius den Thron besteigt? Als Kyaxares II.?“ Seine Stimme wurde scharf. „Was ist dann?“

„Vielleicht geht alles so weiter wie bisher.“

„Vielleicht auch nicht. Das kannst du nicht einfach voraussetzen. Wir sind dann immer noch Medien unterworfen, aber die Umstände können sich ändern. Darius könnte uns durch hohe Steuern ausbluten. Er kann seine Schutztruppen in andere Teile des Landes abziehen. Und dann?“

Er kaute an seinem Daumennagel und blinzelte nervös. Dann straffte er sich: „Kurasch, jetzt müssen wir über dein Leben nachdenken. Man muss für die Zukunft planen. Sonst gibt man sie aus der Hand. Und wenn wir uns bewusst machen, wie viel von unseren guten Beziehungen zu Medien abhängt, dann gibt es nur eins, was wir tun können, nein, was wir tun müssen ...“, er saugte die Luft ein, sein knochiges Gesicht glühte, und er presste die Lippen zusammen. „Wir können eine kluge Heirat arrangieren.“

Wenn es ihm auffiel, dass Kyros sich bei diesen Worten versteifte, so ließ er sich nichts anmerken, sondern redete weiter. „Darius hat acht Töchter. Eine oder zwei sind verheiratet. Aber die anderen ...“

Er warf Kyros einen schnellen Blick zu. „Soviel ich hörte, befindet sich seine vierte Tochter Aspersi derzeit in Babylon. Ich kenne sie nur flüchtig, sie ist ein schönes Mädchen. Aber das weißt du selbst. Du bist ja monatelang in Babylon geblieben, viel länger, als du vorhattest ...“ Er erlaubte sich ein viel sagendes Zwinkern von Mann zu Mann. „Ich ahne schon, warum.“ Er lachte auf und schlug sich auf die Schenkel. „Du bist kein Dummkopf, Kurasch. Also, sag mir endlich, was los ist.“

Kyros senkte den Blick und räusperte sich. Er nahm einen winzigen edelsteinverzierten Dolch vom Tisch und drückte ihn spielerisch in seine Handfläche.

„Na?“ Kambyses hatte sich in seinem Sessel vorgebeugt, die Augenbrauen bis zum Haaransatz hochgezogen.

„Vater“, setzte Kyros an. „Also, du hast richtig vermutet, ich habe Aspersi in Babylon getroffen, und ich muss gestehen, dass ich hin und wieder auch daran dachte, sie zu heiraten, aber ...“

Kambyses lachte herzlich.

„Du brauchst dich nicht vor mir zu genieren. Ich war doch auch mal so jung wie du. Gut. Sehr gut.“ Er sprang auf und klopfte Kyros auf die Schulter. „Ich bin einverstanden. Ich werde sofort deinen Großvater verständigen, damit er die Hochzeit mit ihrem Vater vorbereitet.“

Er marschierte durchs Zimmer. „Du nimmst mir eine große Last von den Schultern, das ist mal sicher. Deine Mutter wird sich freuen!“

Kyros hatte sich langsam aus seinem Stuhl hochgeschoben. Er war blass.

„Vater!“, sagte er, und seine Stimme versagte. Er kämpfte gegen den Klumpen an, der sich in seiner Kehle gebildet hatte. „Es tut mir Leid, dass ich dich enttäuschen muss. Aber – es handelt sich nicht um Aspersi ...“

„Was? Wie?“ Sein Vater fuhr herum, aber dann erhellte sich sein Blick. „Ach so, eine von ihren Schwestern. Vielleicht Lisidu oder Astrade oder wie sie alle heißen? Das macht nichts, mein Junge. Mir ist es gleich, welche du heiratest, solange sie ...“ Er brach ab, als Kyros den Kopf schüttelte und betrachtete ihn schweigend. Dann schlug seine Sorge in Ärger um. „Was zum Schamasch – heraus damit, Kurasch! Was ist geschehen?“

Kyros hob das Kinn und sagte leise, aber fest:

„Vater, ich möchte heiraten. Aber aus Liebe, nicht aus politischen Gründen. Und ich habe in Babylon das Mädchen getroffen, das ich heiraten will. Sie – sie stammt leider nicht aus dem Königshaus der Meder. Aber sie ist so süß – du wirst sie mögen. Ich verspreche dir, dass sie dir gefällt.“

König Kambyses stand wie angenagelt, sein Mundwinkel zuckte. Dann stieg ihm die Röte ins Gesicht. Seine Augen wurden weit und zornig, seine Hände ballten sich zu Fäusten. Dann schrie er:

„So ernst nimmst du also die Wünsche deines Vaters! Der dir das Leben geschenkt hat, der dich großgezogen hat, der dich vor allem Bösen beschützt hat. Und so wichtig ist dir unser Land. Du hast es in der Hand, ob unser Land sicher ist. Du kannst die Bande zu Medien knüpfen. Und was machst du? Anstatt wie ein König zu handeln, benimmst du dich wie ein Schulkind, das ein Spielzeug haben will!"

Er streckte abwehrend die Hand aus, als gingen von Kyros tödliche Dämpfe aus. „Aus den Augen! Ich will dich nie wieder sehen, du Verräter! Und wage nicht, dein liederliches Weibsstück in mein Land zu bringen, hörst du? Raus mit dir, raus!!!"

Er zitterte von Kopf bis Fuß, als er aus dem Zimmer stürzte und rannte dabei beinahe seine Beamten um, die vor der Tür gestanden und ein wenig gelauscht hatten. Kyros blieb allein zurück. Er ließ sich auf einen Stuhl fallen, legte die Arme auf die Tischplatte und bettete den Kopf hinein. Auf einmal war er sterbensmüde.

Eine neue Ära

König Amelmarduk rief seine Edelleute und Beamten im Thronraum zusammen. Er schaute durch die Männer hindurch, als wären sie aus Glas, sein Gesicht war verschlossen, nur die Lippen waren gekräuselt, aber nicht zu einem fröhlichen Lächeln.
„Gibt es irgendwelche Bittgesuche?", bellte er.

General Neriglissar, der mit der königlichen Prinzessin Kuschmari verheiratet war, räusperte sich.

„Majestät", begann er in versöhnlichem Ton, während seine Finger mit einer Schriftrolle spielten. „Ich habe eine Liste von politischen Gefangenen aufgestellt, alles Bürger von Babylon, die wegen kleiner Delikte verhaftet wurden. Ich dachte, es könnte Eurer Majestät gefallen, aus Anlass der Krönung eine Amnestie anzuordnen und diese Gefangenen freizulassen."

König Amelmarduk schaute seinem Schwager auf den Kehlkopf, zum Teil, weil Neriglissar einen Kopf größer war als er – eine wahrhaft königliche Erscheinung –, zum Teil aus einer Laune heraus. Neriglissar hatte während der siebenjährigen Krankheit seines Schwiegervaters Nebukadnezar die Regierungsgeschäfte geführt, zusammen mit der Königin Amytis und dem Premierminister Daniel. Mehr als einmal hatte man ihm nahe gelegt, sich selbst zum König ausrufen zu lassen. Er hatte standhaft abgelehnt, aus Treue zu Nebukadnezar. Doch Amelmarduk war durch solche Qualitäten nicht zu beeindrucken. Er ließ seine Untergebenen gerne spüren, wie wenig er von ihnen hielt. Blickkontakt? Wozu? Sie waren doch alle nur Speichellecker und von seiner Gunst und Gnade abhängig.

„Wie viele sind es?"

„Zweihundertvierzig, Majestät."

„Handverlesen, weil sie meiner Gnade würdig sind?"

„Ja, Majestät, von mir persönlich ausgesucht."

„Nach welchen Kriterien?"

„In den meisten Fällen einfach aus Mitgefühl, Majestät. Einige leisten schon sehr lange Zwangsarbeit, andere haben ihre Einstellung zur Krone geändert und bereuen ihre rebellische Haltung, manche sind auch wegen Lappalien festgesetzt worden, die in keinem Verhältnis zur Strafe stehen."

„Und sie wurden von meinem Vater verhaftet?"

„Einige, aber die meisten von seinen Ministern, während er krank war."

Amelmarduk überdachte den Vorschlag. Seine Augen flackerten. Langsam hob er den Blick. Seine grauen Augen waren kalt und leer; sie verrieten nichts von dem, was in ihm vorgehen mochte.

„In einer Stunde sollen alle auf dem Paradeplatz aufmarschieren", befahl er tonlos.

Neriglissar atmete hörbar aus. Sein Adlergesicht verzog sich zu einem schnellen Lächeln, und er verbeugte sich tief. Als er den Raum verlassen hatte, wandte sich der König an Daniel.

„Und Sie holen mir König Jojachin. Er soll gleichzeitig mit den anderen auf dem Paradeplatz erscheinen!", knarrte er. Er wartete noch, bis Daniel sich verneigt hatte und hinausgegangen war, dann sagte er zu den anderen: „So, meine Herren, wir haben noch einiges vorzubereiten. Ich möchte, dass die Szene am Paradeplatz folgendermaßen abläuft ..."

Kurz vor Ablauf der Stunde hatte General Neriglissar seine zweihundertvierzig Häftlinge auf den Paradeplatz gebracht. Der General schaute zum Balkon auf der Nordseite hinüber, wo der König gewöhnlich erschien. Noch war dort niemand zu sehen. Neriglissar nickte seinem Unteroffizier zu, der Kommandos brüllte und die Gefangenen nebeneinander aufstellte. Der andere zog mit seinem Paradestock eine gerade Linie im Sand. „Hier kommen eure Zehenspitzen hin!", kommandierte er. Zweihundertvierzig Gestalten in braunen ärmellosen Tuniken und kurzen Hosen versuchten, ihre Sandalen nach der Linie auszurichten. Einige hatten graue Bärte, andere waren noch halbe Kinder. Ihre Gesichter waren von der Sonne verbrannt, die Augen lagen tief in den Höhlen, aber sie bekamen immerhin so viel zu essen, dass sie bei der Zwangsarbeit nicht zusammenbrachen.

Von der Zitadelle her hörte man Trommeln. Der General fuhr herum und sah eine Abteilung Soldaten heranmarschieren. Es dauerte keine Minute, bis die Königliche Garde den Paradeplatz erreicht hatte. Sie kamen zwei und zwei und trugen geschmückte Dolche an der Seite.

„Was soll das?", fragte Neriglissar seinen Unteroffizier.

„Ich weiß nicht, Herr."

Die Garde marschierte im Gleichschritt auf die Gefangenen zu.

Neriglissar ging mit langen Schritten dem Hauptmann entgegen. „Was soll das?“

Der Hauptmann, gefolgt von seinen Männern, marschierte ungerührt weiter. Er war ein blutjunger Emporkömmling, der sich bisher nur durch seine Gefühllosigkeit ausgezeichnet hatte. Aus diesem Grund konnte ihn Neriglissar auch nicht leiden. Er schrie ihn an: „Mann! Sind Sie blind oder taub? Ich will wissen, was das bedeutet!“ Doch der Hauptmann reagierte nicht. Der General wollte ihn an der Schulter packen und aufhalten, aber dann ließ er die Hand fallen und trat zurück und hörte kopfschüttelnd, wie der Hauptmann einen Befehl schnarrte. Seine Männer stellten sich hinter den Gefangenen auf. Dann blieben die Gardesoldaten stehen. Es wurde still auf dem Paradeplatz.

Minutenlang geschah nichts. Neriglissar zog die Nackenmuskeln zusammen und ballte die Hände zu Fäusten. Dann ein Trompetenstoß. Die Doppeltüren schwangen zurück, und der König trat auf den Balkon; die rote Robe ließ sein hageres Gesicht noch blasser erscheinen.

Als Letztes erschienen zwei Wachen mit dem gefangenen König Jojachin aus Jerusalem auf dem Balkon. Amelmarduk winkte ihn zu sich nach vorne an die Brüstung, und die Wachen ignorierten Jojachins Zögern und schoben ihn eilig an seinen Platz.

Der König musterte die Gefangenen. Einige standen aufrecht mit erhobenem Kopf, andere waren in sich zusammengesunken; manche ließen die Arme steif an der Seite herunterhängen, andere hatten die Hände auf dem Rücken verkrampft. Ihre Augen waren stumpf geworden.

Der König hob das Kinn und die Augenbrauen. Er sagte kalt, aber so laut, dass ihn alle hören konnten:

„Jetzt können Bittgesuche an den König von Babylon gerichtet werden.“ Er wandte sich an Jojachin. „Jojachin, König von Jerusalem, mein Freund und Sportgenosse, was möchtest du? Nenne mir deinen Wunsch!“

Jojachin hatte die Finger ineinander gekrampft und fuhr sich mit der Zunge über die trockenen Lippen. Er sah den Mann an, den er die Kunst des Bogenschießens gelehrt hatte und der ihm bisher nur Freundlichkeit erwiesen hatte. Amelmarduks Augen verrieten nichts.

„Meinen Wunsch, Majestät?“, fragte Jojachin ungläubig.

„Ja, das sagte ich gerade. Was liegt dir am Herzen?“

Jojachin sah zur Seite. Hinten an der Tür stand Minister Daniel, sein Landsmann, der schon seit vierzig Jahren hier in Babylon lebte, länger als er. Der jüdische König flehte ihn mit den Augen an, als wollte er fragen: „Will mir der König Gutes tun – oder habe ich Schlimmes zu erwarten?“

Daniel zögerte, dann nickte er aufmunternd und lächelte.

Jojachin zwinkerte nervös und schluckte. Dann flüsterte er heiser:

„Majestät, wenn ich eine Bitte äußern dürfte ...“

„Sprich!“, bellte Amelmarduk. „Und zwar so laut, dass es alle hören!“ Er zeigte auf die Soldaten und die Gefangenen.

Jojachin hob die Stimme.

„Majestät, wie Ihr wisst, ist meine Tochter Merab mit dem Prinzen Kyros unterwegs nach Anschan. Dort wollen sie heiraten. Aber es bedrückt mich, dass der Vater des Prinzen noch nichts davon weiß. Vielleicht ist er mit dieser Heirat nicht einverstanden, möglicherweise verbietet er sie sogar ...“

Er rang die Hände. „Ich wäre Euch dankbar, wenn Ihr Euch einschalten könntet ...“

„Die Bitte ist gewährt!“, rief Amelmarduk mit einer großartigen Geste, als wollte er dem jüdischen König die halbe Welt schenken. „Minister Daniel! Bereiten Sie alles vor. Eine Delegation soll Anschan besuchen und König Kambyses dazu drängen, dass er diese Heirat wohlwollend betrachtet. Er soll wissen, dass das babylonische Reich dieser Vermählung große Bedeutung beimisst. Außerdem soll ein Hochzeitsgeschenk gesandt werden, das einer Prinzessin würdig ist. Dieses Geschenk soll so üppig ausfallen, dass König Kambyses die Augen übergehen!“

Auf dem Balkon, auf dem Paradeplatz schnappten alle nach Luft. Jojachin fiel die Kinnlade herab, dann wurden ihm die Augen feucht.

Amelmarduk beobachtete mit unbewegtem Gesicht, wie seine Worte auf seine Untertanen gewirkt hatten. Dann fügte er hinzu:

„Mein Sohn Nabulanu soll die Delegation anführen. Und ich gewähre dir noch mehr, als du gewünscht hast, Freund Jojachin. Du sollst von jetzt an täglich an meinem Tisch essen.“

Man hätte die Stille schneiden können. Wer hätte so viel Großmut, so viel Güte erwartet? Amelmarduk war also doch kein Ungeheuer, wie es von ihm erzählt wurde. Er war ein Mann mit einem großen Herzen, ein würdiger Nachfolger des großen Königs Nebukadnezar!

„Und jetzt zu euch ...“ Amelmarduk drehte sich zu der Reihe auf dem Paradeplatz. „Ihr Gefangenen von Babylon, was erbittet ihr von mir? Ihr Männer, die General Neriglissar persönlich ausgewählt hat, was wünscht ihr euch? Was kann ich für euch tun? Sprecht offen, sagt mir, was ihr wollt."

Hoffnung fuhr ihnen ins Gesicht. Sie hoben die Köpfe. Eine Weile blieben alle stumm, dann fand einer die Sprache:

„Lang lebe König Amelmarduk! Lang lebe König Amelmarduk!"

„Hurraaa!", antworteten die anderen im Chor. „König Amelmarduk lebe hoch! Hoch! Hoch!"

Sie streckten die Arme aus, sie winkten ihrem gütigen Herrscher zu. Einige weinten.

General Neriglissars Raubvogelgesicht verzog sich zu seinem berühmten Adlerlächeln. Das war ein großer Tag. Er flüsterte seinem Unteroffizier zu: „Ob wir Amelmarduk falsch eingeschätzt haben?" Der Offizier zuckte die Achseln.

„Was wünscht ihr euch?", rief der König über den Tumult.

Sie schwenkten die Arme und schrien: „Freiheit, Majestät! Freiheit!"

Die gläsernen Augen des Königs glitten von einem zum andern. „Ihr wollt freigelassen werden?"

Sie fielen auf die Knie und hoben die Hände. Ihre Augen blitzten, und die Hoffnung hatte Musik in ihre Stimmen gezaubert. Sie deklamierten, sie sangen:

„Freiheit! Freiheit!"

Ein alter Mann fiel vornüber aufs Gesicht. Seine Schultern zuckten. Neben ihm kniete ein Junge und rang die Hände, er bettelte und flehte mit seinem ganzen Körper.

„Freiheit!", jubelten die Gefangenen.

König Amelmarduk hob die Hand.

„Aha", sagte er. „Ich verstehe. Also gut. Wie ihr wollt. Ihr werdet frei sein. Soldaten, aufgepasst – *jetzt!*"

Seine Faust fuhr herab, und die Soldaten der Garde zogen ihre Dolche wie ein Mann, machten einen Schritt nach vorne und stießen sie in die gebeugten Rücken.

General Neriglissar schrie auf und schwankte, als wäre er ebenfalls getroffen worden. Der Unteroffizier packte ihn am Arm und schüttelte kaum merklich den Kopf. „Vorsicht!", murmelte er tonlos. Der General musste hilflos zusehen, wie in zweihundertvierzig Augenpaaren das Licht erlosch. Die Dolche machten ein zweites und ein drittes Mal ihre grausige Reise in die zuckenden Leiber, dann war auch der letzte Häftling zusammengesackt und rührte sich nicht mehr.

Der König betrachtete die Bündel, die Blutlachen, die Gardisten, die ihre Dolche an den braunen Kleidern der Toten abwischten und einsteckten. Er trank das Bild mit den Augen ein, bis die Garde abmarschiert war. Dann drehte er sich auf dem Absatz um und wandte sich dem gefangenen jüdischen König zu.

„Denke daran, Jojachin, dass du an meinem Tisch essen wirst, so lange du lebst", sagte er und tätschelte ihn am Arm. Der rechte Mundwinkel verzog sich zu einem halben Lächeln, dann ging Amelmarduk langsam in den Palast zurück, durch seine Beamten und Offiziere hindurch, die den Blick abgewandt hatten und kaum zu atmen wagten, als hätte sie ein böser Fluch in Stein verwandelt.

Leidenschaft

Das Ganze war früher ein Pferdestall gewesen. Nebukadnezar hatte ihn für seine Frau Amytis bauen lassen, nach ihren Wünschen und Ideen. „Ich möchte, dass sich die Pferde frei bewegen können", hatte sie gefordert. „Sie sollen in die Sonne gehen können oder in den Schatten, wie es ihnen beliebt." Deshalb hatte man den weiträumigen, flachen Bau nur zur Hälfte überdacht und das Dach in der Mitte durch eine Säulenreihe abgestützt.

Nun roch das Haus nicht mehr nach Pferden; die Wände und Säulen waren frisch verputzt worden, der Ziegelboden sorgfältig geschrubbt. Nur noch ein paar Haken und Ringe an der Wand und zwei Futterkrippen erinnerten an die Vergangenheit. In der Ecke hatte man einen Sandkasten aufgestellt, unter dem Schatten des Halbdaches stand ein Schreibtisch, und davor saßen vierzig Kinder an kleinen Schreibpulten. Die Jungen hatten die Plätze unter dem freien Himmel eingenommen; die Mädchen saßen vor der Sonne geschützt im Schatten, und alle schauten aufmerksam zu ihrer jungen Lehrerin herüber, die am Schreibtisch lehnte.

„Nehmt eure Tontafeln in die linke Hand ...", sie zeigte ihnen die kleine Tonscheibe, die sie in der Handfläche hielt. „Den Griffel nehmt ihr in die rechte Hand. Drückt den Daumen gegen den Zeigefinger und den Mittelfinger. Nicht so verkrampft, Jilesi, sonst bekommst du Schmerzen. Haltet den Stift ganz locker. Seid ihr alle so weit? Jetzt werden wir neun Keile in den Ton drücken, seht mal her – so geht das." Sie drückte sieben waagrechte und zwei senkrechte Keile hinein und zog dann mit der Spitze des Griffels Linien, um alle Zeichen zu verbinden." Hier ist also unser Wort, und es heißt Prinz. Jetzt seid ihr an der Reihe."

Sie legte ihre Tontafel auf den Tisch und ging durch die Reihen der Kinder, schaute ihnen über die Schulter, während sie mit ihren Griffeln im Ton herumbohrten.

„Nicht so stark drücken", ermahnte sie einen Jungen. „Du brauchst nur leicht darüber zu kratzen ... halte den Griffel weniger steil, damit die Keile einen deutlichen Rand bekommen ..." Sie zeigte es immer wieder und verlor dabei nicht die Geduld, lobte hier, korrigierte dort.

„Weißt du noch, wie man das Wort ‚Vogel' schreibt?", fragte sie ein Mädchen, das ihre Schreibübungen mit der Zungenspitze begleitete. Das Kind sah sie an und strahlte, als es die Freundlichkeit in den braunen Augen der Lehrerin wahrnahm. Das Mädchen nickte eifrig und drückte drei Keile in die Tontafel.

„Und noch einen", erinnerte die Lehrerin. Mit gerunzelter Stirn überlegte das Kind, dann fügte es noch den senkrechten Keil hinzu, der frei neben den anderen Strichen stand.

„Sehr gut!", rief die Lehrerin, und das Mädchen errötete bis unter ihre Sommersprossen vor Freude.

Dann ging die junge Frau wieder an ihren Tisch und wandte sich der Klasse zu.

„Wir haben gerechnet, wir haben gesungen, wir haben das Schreiben geübt. Was machen wir jetzt?"

„Eine Geschichte, bitte, bitte, eine Geschichte!", sangen die Kinder im Chor.

Sie nickte, und die Schüler schoben die Tontafeln und die Griffel beiseite und setzten sich erwartungsvoll zurecht.

Da knarrte das Eingangstor, und die Köpfe flogen herum. Prinz Nabunasir, der Bruder des Königs! Alle sprangen auf und verbeugten sich.

„Schon gut, schon gut!" Der Prinz winkte mit seiner fleischigen Hand. „Setzt euch wieder. Tut so, als wäre ich gar nicht da." Er ließ sich auf eine Bank niedersinken und versuchte, seine Beine unter das Schulpult zu schieben. Unter Ächzen und Stöhnen gelang es ihm. Die Lehrerin warf ihm einen fragenden Blick zu, dann wandte sie sich wieder den Schülern zu und begann.

„Die Menschen in der alten Stadt Schurrupak waren reich geworden. Das machte sie selbstsüchtig und geizig. Sie dachten nur noch an sich selbst und wollten nur ihren eigenen Kopf durchsetzen. Sie nahmen sich einfach mit Gewalt, was sie haben wollten. Sie belogen einander, sie betrogen bei ihren Geschäften. Als die Götter wieder einmal zu Besuch kamen, fanden sie nur noch böse Menschen in den Städten. Und am schlimmsten waren die Leute von Schurrupak.

Da riefen sie alle Götter zusammen und berieten sich. Sie beschlossen, die ganze Erde durch eine Wasserflut sauber zu waschen. Der Gott Ea hatte aber einen Freund, den wollte er gerne retten. Also besuchte er seinen Freund Uta-Napischtim in seinem Haus. Was meint ihr, was hat er ihm geraten?"

Prinz Nabunasir hatte die Arme über der Brust gekreuzt und lächelte überlegen, als er hörte, wie groß das Schiff war, das der Mann aus Schurrupak bauen sollte. Sein Lächeln vertiefte sich noch bei der Schilderung der Ausflüchte, mit denen Uta-Napischtim seinen Schiffsbau rechtfertigen musste, damit die bösen Leute nicht frühzeitig vor der Flut gewarnt würden. Die Lehrerin erzählte vom Regen, vom Gewitter, vom Wirbelsturm, der die Götter im Himmel so sehr erschreckte, dass sie sich in den hintersten Winkel verkrochen. Sechs Tage lang tobte der Sturm. Aber dann schob Uta-Napischtim das Oberfenster auf und merkte, dass er auf dem Berg Nisir gelandet war. Er wartete noch sechs Tage, dann schickte er eine Taube hinaus und eine Schwalbe, doch die Vögel kehrten bald wieder zurück. Schließlich ließ er eine Krähe fliegen, und sie kam nicht mehr wieder. Da brach er die Türe auf und kletterte mit seiner Frau aus dem Schiff. Bald darauf entdeckte der Gott Enlil das verlassene Schiff auf dem Berg und wurde wütend, weil er wusste, was das bedeutete: Menschen hatten die Katastrophe überlebt ...

Die Kinder hörten immer noch konzentriert zu, doch die Lehrerin brach ab.

„So, das reicht für heute. In ein paar Minuten wird es dunkel, ihr müsst nach Hause gehen. Morgen werde ich euch erzählen, wie Uta-Napischtim und seine Frau unsterblich gemacht wurden und an der Mündung der großen Flüsse ihr Haus gebaut haben."

Sie standen auf und sagten im Chor „Auf Wiedersehen", dann wirbelten sie durcheinander und räumten ihre Schulsachen in die Futterkrippen, fegten den Boden, wischten die Pulte ab. Ein kleines Mädchen redete noch mit der Lehrerin, die sich dem Kind zuwandte, als wäre es der einzige Mensch, der im Augenblick für sie wichtig wäre. Endlich hatte sich das letzte Kind vor dem Prinzen verbeugt und war hinausgehuscht.

Nabunasir stemmte sich von der Bank hoch.

„Hier verbringst du also deine Tage, Kusine Aspersi", sagte er und unterdrückte ein Gähnen.

Sie räumte ihre Sachen in einen Beutel aus Antilopenleder. „Es macht mir Freude."

„Wirklich?" Er schlenderte an ihren Schreibtisch. „Du hast dich hier lebendig begraben."

„Begraben? Ich weiß nicht, was du meinst. Ich helfe den Kriegswaisen. Das sind alles Soldatenkinder, die keinen Vater mehr haben."

Verärgert packte er sie an der Schulter. „Der Gott Enlil hat befohlen, dass jeder Mensch den Beruf seines Vaters wählen soll. Das weißt du. Warum versuchst du, diese Soldatenkinder zu Schreibern auszubilden?"

Sie zuckte zurück vor dem Weindunst, der ihr aus seinem Mund entgegenquoll, und band ihren Lederbeutel zu, während sie versuchte, sich aus seinem Griff zu befreien.

„Diese Kinder hätten sonst keine Chance, eine Schulbildung zu bekommen, und damit auch keinen vernünftigen Beruf. Sie würden später nur dem Staat zur Last fallen. Dabei sind sie fleißig und lernwillig. Ich bringe ihnen das Nötigste bei, und wenn sie die Schule abgeschlossen haben, können sie sich selbst einen Beruf wählen."

„Und du verschwendest deine Zeit nicht nur für Jungen, sondern auch für Mädchen!", zischte er. „Mädchen! Wo hat es so etwas gegeben!"

Sie zuckte die Achseln. „Mädchen haben denselben Verstand wie Jungen. Warum sollen sie nicht genauso schreiben und rechnen lernen? Wir haben es doch auch gelernt, Nasir."

„Wir sind ja auch im Königspalast aufgewachsen. Das kannst du nicht vergleichen."

„Warum nicht? Ist es dein persönliches Verdienst, dass du ein Prinz bist?"

Er knirschte mit den Zähnen.

„Außerdem ...", fuhr sie fort, „habe ich die volle Unterstützung deiner Mutter. Sie hat mir diesen Stall gegeben, damit ich Schule halten kann."

Sie wandte sich zur Tür, aber er verstellte ihr in den Weg. Seine Augen glitzerten im Dämmerlicht, als er auf eine Bank zeigte.

„Setz dich, Kusinchen!", befahl er.

„Nabunasir, ich möchte ..."

Er nahm ihre Hand und lächelte entwaffnend, und seine Stimme schmeichelte:

„Aspersi, meine liebe Kusine, ich brauche deine Hilfe. Bitte setz dich. Ich möchte mit dir sprechen."

Sie hockte sich auf die Kante der niedrigen Bank und rieb ihre Hand am Kleid, als wäre sie durch seine Berührung schmutzig geworden. Er ließ sich neben ihr auf die Bank fallen, fuhr sich mit der Hand ans Herz und stöhnte.

„Was ist los, Nasir? Hast du Schmerzen?"

„Nichts, nichts, es geht schon ...", flüsterte er und lehnte sich mit geschlossenen Augen gegen das Pult. Sie beugte sich über ihn und musterte sein aufgedunsenes Gesicht mit den geplatzten Äderchen, die im Halbdunkel kaum noch sichtbar waren.

„Du trinkst zu viel", murmelte sie, „kein Wunder, wenn dein

Herz streikt." Jeder am Hof wusste, dass Nabunasir ein liederliches Leben führte. Seine Frauengeschichten und seine Alkoholexzesse waren Lieblingsthema der Kämmerer und Diener.

Er atmete schwer, der Schweiß perlte von seiner Stirn.

„Ich hole dir etwas Wasser!", rief Aspersi und sprang auf. Sie kam mit einem Krug wieder und half ihm beim Trinken. Er klammerte sich an ihre Hand, und sie sah ihm in die Augen, die so sehr an die braunen Augen seines Vaters erinnerten. Schade nur, dass sie so oft blutunterlaufen waren!

„Ah, das hat gut getan!", sagte er und wischte sich die Stirn mit dem Handrücken. „Danke, Aspersi. Du bist sehr lieb zu mir. Ich weiß auch nicht, was über mich gekommen ist. Manchmal bricht mir plötzlich der Schweiß aus und die Knie werden weich ..." Er zog sie wieder neben sich auf die Bank.

„Man erzählt viel von dir in der Stadt. Du besuchst die verwundeten Soldaten in der Klinik, du kümmerst dich um Kranke in der Stadt, du gehst mit blinden Kindern spazieren und kämpfst für das Recht der Witwen", sagte er. „Das ist deine neue Leidenschaft."

Sie schwieg.

„Krankenschwester, Lehrerin, Rechtsanwältin, Blindenführerin. Du verausgabst dich, Aspersi. Du wirfst dein Leben weg. Was ist nur in dich gefahren? Was treibt dich um? Willst du die ganze Welt beglücken?"

Sie zog ihre Hand aus seiner und stand auf. „Nenn es, wie du willst, Nasir, von mir aus Leidenschaft. Wie ich mein Leben gestalte, ist allein meine Sache. Ich bin alt genug, das selbst zu entscheiden."

Er murmelte: „Du willst doch mit diesem Helfertick nur deinen Liebeskummer betäuben."

„Ich weiß nicht, wovon du sprichst", sagte sie tonlos.

„O doch! Kyros!" Er spuckte den Namen aus. „Kyros, Kyros und noch mal Kyros. Dieser eingebildete Affe mit seinen Grübchen und seinen rotbraunen Locken hat dir den Kopf verdreht, denkst du, das wüsste ich nicht? Und du weinst ihm nach, als gäbe es nur diesen einen Mann auf der Welt ..."

Sie schluchzte auf und versuchte, ihr Gesicht vor ihm zu verbergen.

„Du Dummerchen!", höhnte er. „Es nützt nichts, dass du winselst und dich in Sehnsucht nach ihm verzehrst. Er ist fort, du hast ihn verloren, das ist mal sicher."

Er packte sie am Arm und schüttelte sie: „Er hat dir eine andere vorgezogen. Er – wollte – dich – nicht."

„Und wenn schon – das geht dich nichts an."

„Aber ich will dich, Kusinchen. Ich war schon immer hinter dir her. Das musst du doch gemerkt haben. Oder bist du wirklich so naiv?"

„Nasir! Was bildest du dir ein?", rief sie empört. „Lass mich los! Sofort!"

Sie wand sich in seinem Griff und wäre beinahe freigekommen, wenn er sie nicht mit der Linken am Mieder gepackt hätte. Er riss daran. Sie schrie auf und schlug mit ihrem Beutel nach ihm. Der Stoff gab nach, und sie stürzte rücklings über die Bank. Sofort war er über ihr und drückte sie mit dem Knie zu Boden.

„Diesmal hast du es nicht mit einem Milchbub zu tun, sondern mit einem Mann, meine Süße!", knurrte er und griff in ihr Haar, bog ihren Kopf zurück. Sein Gesicht näherte sich ihr, er stülpte die Lippen auf, um sie zu küssen, aber sie fuhr ihm mit der Hand in die Augen. Er lachte. „Ja, so hab ich's gern. Wehr dich ein bisschen. Das mag ich."

Er verdrehte ihr den Arm auf dem Rücken.

„Nasir!", schrie sie gequält auf. „Ich sag es deiner Mutter!"

„So? Versuch's doch! Geh und verpetz mich, aber erst, wenn ich mit dir fertig bin."

Wieder schrie sie um Hilfe, aber er zwickte ihr in die Lippen und hielt ihr den Mund zu. „Hör endlich auf mit dem Gekreische, du machst mich nervös." Er zog ihr den Kopf hoch und schlug ihn auf den Boden, um ihren Widerstand zu brechen. Sie strampelte mit den Beinen.

Plötzlich war da eine Hand an Nabunasirs Schulter. Sie riss den Prinzen zurück, und eine Faust krachte ihm ans Kinn. Er ging zu Boden wie ein nasser Mehlsack. Eine andere Hand half Aspersi auf die Beine.

„Pass auf!", keuchte sie und zog ihr Mieder zusammen. „Das ist Prinz Nabunasir. Er lässt dich totpeitschen, wenn er dich fängt."

Fall der geheimnisvolle Retter von dieser Nachricht beunruhigt war, ließ er es nicht merken. Er legte ihr schützend den linken Arm um die Schultern, während er zusah, wie sich der Prinz an der Bank hochzog.

„Du Dreckskerl! Wer bist du?", kreischte Nabunasir. „Ich mach dich kalt!" Der Prinz zog den Kopf ein und warf sich in blinder Wut nach vorne. Aspersi sah die Rechte ihres Retters vorschnellen, es knirschte furchtbar, dann sackte der dicke Prinz zusammen und blieb reglos liegen. Der Retter beugte sich über ihn, fühlte nach dem Pulsschlag.

„Hast du ihn ... ist er tot?“, flüsterte Aspersi und schauderte.

„Bewusstlos“, kam es trocken. „Er hat Glück gehabt.“

Sie schlug die Hand vor den Mund und keuchte: „General Gobryas!“

„Stets zu Diensten, Hoheit“, sagte er leise und deutete eine Verbeugung an. Dann griff er nach ihrem Beutel und fasste sie sanft am Ellenbogen. „Kommt weg von hier, ich begleite Euch nach Hause.“

Sie ließ sich hinausführen und wartete, bis er die Tür von außen verschlossen hatte. Schweigend gingen sie zum Quartier der Königin hinüber und waren an Aspersis Wohnung angekommen, als sie sich fasste:

„Der Prinz kann Sie unmöglich erkannt haben. Es war zu dunkel. Ich werde Sie natürlich nicht verraten ...“

Er verneigte sich stumm. Sie wurde eifrig. „Bitte entschuldigen Sie, General, dass ich Sie vorhin einfach geduzt habe – es geschah in der Aufregung, ich war außer mir vor Angst.“

Wieder neigte er den Kopf. „Es wäre mir eine Ehre, von Euch auch weiterhin wie ein Freund angesprochen zu werden, Prinzessin.“

Sie betrachtete ihn forschend, dann zupfte ein Lächeln an ihrem Mund. „Warum nicht? Auch Prinz Kyros hat Sie – hat dich seinen Freund genannt, an dem Abend, nachdem du uns beide aus dem Euphrat gefischt hattest. Und heute ...“, sie holte tief Luft, „hast du mich wieder gerettet, Gobryas. Zum zweiten Mal.“ Sie reichte ihm die Hand. Seine Hand war trocken und fest wie eine warme Höhle, in die sich ein kleiner Vogel flüchten kann, wenn er eine Zuflucht braucht. Er ließ die ihre schnell wieder los, fast zu schnell, und seine Augen glühten, als er murmelte:

„Hoheit, ich bin immer bereit, mein Leben für Euch zu wagen.“

Ihre Stimme zitterte. „Ich danke dir, Gobryas.“

Er wartete, bis sie hinter der Tür verschwunden war, dann stellte er sich in eine schattige Nische neben der Tür und hielt Wache.

Delegation aus Babylon

Es konnte dem jungen König Amelmarduk unmöglich entgangen sein, dass er mit seinem Gemetzel am Paradeplatz bei seinem Hofstaat nacktes Entsetzen ausgelöst hatte. Doch keiner stellte ihn offen zur Rede. Auch General Neriglissar hielt sich eisern zurück, obwohl jeder am Hof wusste, wie sehr er sich darüber empörte, wenn Ausländer bevorzugt behandelt wurden. Und hier hatte der König vor aller Augen einen ausländischen Häftling geehrt und andererseits babylonische Bürger kaltblütig und völlig grundlos töten lassen. Als wäre das noch nicht genug, gab Amelmarduk einen Befehl, der seinen Schwager bis zur Weißglut reizen musste.
„Dein Sohn Labaschimarduk wird mit nach Anschan reisen!", verlangte er. „Er wird sich ebenfalls für Jojachin und seine Tochter einsetzen. Die Prinzen der königlichen Dynastie müssen mit einer Stimme reden. Einigkeit nach außen, das macht Eindruck!" Neriglissar kniff die Lippen zusammen, bis sein Profil mehr denn je einem Adlerschnabel glich. Er spürte den forschenden Blick der grauen, kalten Augen. Seine Knöchel wurden weiß vor Anspannung, aber er schwieg.

„Also abgemacht. Ich freue mich, dass du einverstanden bist, lieber Schwager!", lächelte der König, aber seine Augen blieben hart. Er beorderte zwei Generäle und einen Trupp von Hofbeamten, die unter dem Schutz von 180 Elitereitern nach Anschan reisen sollten.

Für die beiden Prinzen war dieser Ausflug ein großes Abenteuer. Ihr Auftrag war ungefährlich; der Tapetenwechsel zählte, und sie genossen es, der Aufsicht ihrer Eltern zu entkommen. In den Herbergen der Königsstraße und in Susa wurden sie mit großem Hallo empfangen. Das gab ihnen das Gefühl, sehr wichtig und sehr berühmt zu sein.

Der Kronprinz Nabalanu war trotz seiner einundzwanzig Jahre ein schüchterner Junge. Die Launen seines Vaters hatten ihn schon in früher Kindheit aus dem Gleichgewicht gebracht. Er fürchtete sich vor allem und jedem und versteckte seine warmen braunen Augen hinter seinen Haarsträhnen – wie ein harmloses Tier, das durchs

Gebüsch späht –, und sein Mund war gewöhnlich zu einem nervösen Lächeln verzogen: „Tu mir nichts, dann tu ich dir auch nichts."

Sein Cousin Labaschimarduk, Sohn des Generals Neriglissar und der Prinzessin Kuschmari, war sechs Jahre jünger, ein fröhlicher Junge. Er war in Hunde vernarrt, er lachte zu laut und zu oft, amüsierte sich über jeden Witz und langweilte sich, wenn es um ernsthafte Arbeit oder um Staatspflichten ging. Er war klein und zierlich, sein Haar war sandfarben, und die Augen waren meergrün. Er hatte ständig einen Welpen bei sich auf dem Pferd, der ihm auf den Schultern saß und seine Schnauze in seinen Nacken bohrte.

Als sie ihrem Ziel näher kamen, sagte Labaschimarduk: „Berge und noch mal Berge. Ich hab schon genug davon. Was meinst du, Lanu, werden wir bald da sein?"

Nabulanu murmelte etwas Unverständliches und warf einen Hilfe suchenden Blick in die Runde.

„Jawohl, wir sind bald in Anschan", sagte General Nabonidus. „Wir sollten jetzt vielleicht, wenn es Euch Recht ist, Hoheit ..."

„Natürlich bin ich einverstanden!", versicherte der Kronprinz.

„Also gut. Wie Ihr wünscht, Hoheit", lächelte der General und deutete eine Verneigung an. Er winkte einen jungen Soldaten heran. „Komm her, du reitest nach Anschan. Frage nach Königin Mandane und gib ihr diesen Brief." Er überreichte ihm eine versiegelte Schriftrolle. „Tu, was sie dir sagt. Wir werden hier vor der Stadt warten. Dann kommst du zurück und gibst mir Nachricht."

Der Bote preschte auf seiner braunen Stute davon.

Die Ankunft der babylonischen Delegation war für Anschan das Ereignis des Jahres und versetzte die Bevölkerung in eine Karnevalsstimmung. Sie, die niemals weiter als bis Susa gereist waren, bekamen nun Besuch aus der größten Kulturstadt der Welt! Sogar der Hof wurde durcheinander geschüttelt; das Leben geriet aus den alltäglichen Gleisen, und König Kambyses stolzierte herum, bellte widersprüchliche Befehle und fühlte sich wichtig.

Männer, Frauen und Kinder belagerten die Hoftore und wurden zur winkenden Eskorte für die Reisegesellschaft. Die Diener begleiteten die Gäste in den Thronraum, den man hastig ausgefegt und mit einem roten Teppich dekoriert hatte. Kambyses thronte auf seinem Sessel, er trug einen Purpurmantel über seiner roten Tunika, und seine Krone – Gold auf rotem Samt – ruhte auf einem gelben Seidenkissen zu seiner Rechten. Er trug sie höchst ungern, denn sie war ihm zu groß und rutschte ihm über die Ohren, wenn er den Kopf zu schnell bewegte ... Die Besucher wurden hereingeführt und von Kyros vorgestellt, während der König unter der Last seines Mantels und der eigenen Bedeutsamkeit heftig schwitzte.

„Und das ist General Nabonidus, verheiratet mit Prinzessin Nitocris, der zweiten Tochter des verstorbenen Königs Nebukadnezar“, murmelte Kyros.

Kambyses drehte dem General das asketische Gesicht zu und musterte ihn mit strenger Miene, die würdig sein sollte – betrachtete ausgiebig das kräftige Kinn des Riesen unter dem Blondhaar, die leuchtend blauen Augen, die im breiten Gesicht weit auseinander standen. Kambyses nickte beifällig und murmelte: „Ein starker Mann. Er weiß, was er will.“

Nabonidus verneigte sich. „Majestät ...“ Seine Stimme hielt, was sein Aussehen versprach, und Kambyses nickte noch einmal.

„Und General Scharoflu...“ Kyros brachte die Vorstellungszeremonie so schnell wie möglich hinter sich. Er wusste nicht genau, was diese Delegation bezweckte; alle taten so geheimnisvoll. Auch der Vater hatte keine Ahnung, worum es ging; hinter der gleichmütigen Fassade musste die Neugier brodeln. Kyros nagte an seiner Unterlippe, als der König seine Gäste zum Essen einlud und auf ihre Zimmer führen ließ. Kaum hatte der Letzte den Thronraum verlassen, warf Kambyses den Mantel auf den Boden und nahm Kyros bei den Schultern.

„Wer hat sie hergeschickt?“

„Wahrscheinlich König Amelmarduk ...“, murmelte Kyros.

„Wer sonst!“, blaffte der Vater. „Was will er von mir?“

„Das werden sie dir mitteilen. Ich weiß es nicht.“

„Und warum hat er seinen Sohn geschickt? Was kann so wichtig sein, dass er den Kronprinzen sendet?“ Er wischte sich mit dem Handrücken über die Stirn. „Sie kommen nicht aus einem zweitrangigen Ländchen, sondern von Babylon. *Babylon,* hörst du?“ Er schüttelte Kyros, dann ließ er ihn plötzlich los. „Babylon die Große ...“, flüsterte er heiser.

Dann fiel ihm auf, dass seine drei Regierungsbeamten noch in der Tür standen. „Was wollt ihr noch? An die Arbeit! Los – los – los! Ihr habt noch viel vorzubereiten!“

Er wandte sich an seinen Sohn. „Amelmarduk möchte etwas von mir, denk an meine Worte. Hoffentlich müssen wir uns nicht zwischen Babylon und Medien entscheiden.“ Wieder tropfte ihm der Schweiß von der Stirn, aber diesmal lag es nicht am Mantel. Er fummelte ein Taschentuch heraus und tupfte sich ab. Dann sagte er heiser: „Wir sind fest mit Medien verbündet und stehen unter ihrem Schutz!“ Er schauderte zusammen. „Ohne Medien sind wir verloren.“

„Vater!“, sagte Kyros. „Es gibt ein Mittel, das könnte dich von deinen Befürchtungen heilen.“

„Ein Mittel?“ Kambyses ließ sich auf seinen Sessel fallen.

„Einheit, Vater.“

„Was meinst du mit Einheit?“

„Alle persischen Stämme werden zu einem Volk vereint!“ Kyros wurde lebendig. „Das ist notwendig, Vater. Wenn es mir gelingt, alle Stämme zu vereinen, wenn ich sie dazu bewegen kann, dich als ihren Oberherrn anzunehmen, wäre das nicht eine neue Zeit – für dich, für Persien?“

Kambyses starrte durch seinen Sohn hindurch, bis sich seine Faszination in kalte Angst verwandelt hatte.

„Wer will so eine neue Zeit?“, rief er und wedelte mit der Hand, als wollte er ein allzu verführerisches Bild verscheuchen. „Einheit aller Stämme? Das hat es noch nie gegeben. Die Tradition der Parsi heißt: ‚Jeder Mann kämpft für sich alleine.‘“

Kyros hob das Kinn. „Vater, ich bin sicher, dass es möglich ist. Mit Worten, mit Diplomatie, mit Überzeugungskraft. Es wird uns allen nützen. Und wenn diplomatische Mittel nicht greifen, dann könnte ich hier und dort etwas deutlicher werden.“

Kambyses runzelte die Stirn. „Jetzt spielst du mit dem Feuer!“ Er schüttelte den Kopf und zog sich in sich selbst zurück, als hätte der Sohn einen Abgrund vor ihm aufgerissen.

Aber Kyros gab nicht auf. „Stell dir das Ansehen vor, das du bei den anderen Völkern genießen würdest, wenn du nicht nur König von Anschan wärst, sondern von ganz Persien. Die Elamiter, die Lydier, die Syrer, die Indusiter, sogar Babylon und Medien würden dich respektieren!“ Er schlug mit der Faust in die Handfläche. „König Kambuiya, der Herrscher über alle Perser! Kannst du dir das Bild ausmalen, wie du eine babylonische Delegation empfängst, und zwar im Namen von ganz Persien? Wenn die anderen mit uns rechnen müssen, dann genießen wir mehr Achtung und brauchen uns nicht vor allen anderen zu ducken.“

Kambyses öffnete den Mund zum Widerspruch, aber dann überlegte er es sich anders, rieb sich das Kinn und murmelte: „Ich hab Durst!“

Er kam auf die Füße und ging langsam zur Tür.

„Wir werden später darüber sprechen. Vielleicht nach dem Bankett ...“ Er unterbrach sich und sagte: „Dieser General Nabonidus – das ist ein Mann, was? Der macht Eindruck!“

Kyros schwieg und nestelte an seiner Tunika herum. Ein Muskel in seiner Wange zuckte.

Das Bankett

König Kambyses hatte den Kronprinzen von Babylon zu seiner Rechten platziert und fragte ihn über Babylon aus, über seinen Vater und seinen verstorbenen Großvater. Doch Nabalanu antwortete unsicher und vage, seine Augen blieben unter dem Haarvorhang verborgen, und sein verkrampftes Lächeln ging dem König auf die Nerven. Neben dem verschüchterten Kronprinzen saß Labaschimarduk und kicherte über alles, was er für witzig hielt, während er sich immer wieder halb unter den Tisch verkroch, um seinen Welpen zu kraulen. Kambyses ließ seinen Blick über den Tisch wandern und betrachtete Kyros, der ihm gegenübersaß. Was hatte er doch für einen prachtvollen Sohn, verglichen mit diesen kindischen Burschen! Daraufhin verschwendete er keinen Gedanken mehr an die babylonischen Prinzen, sondern wandte seine Aufmerksamkeit nach links, und da ging ihm die Sonne auf. Für den Gärtnerkönig, gelangweilt von Staatsgeschäften, frustriert und verängstigt von dem Gedanken an Eroberungskriege, war der blonde General Nabonidus der Held seiner Jugendträume. Nabonidus war ein guter Erzähler, und Kambyses meinte, das Rasseln der Schilde zu hören und den Wind zu spüren, der durch die Mähne der Kriegspferde fuhr. Er hörte andächtig zu.

„Als die Männer von Tyrus rebellierten, gingen wir zum Angriff über. Sie flohen auf eine Insel, die vor der Küste lag und ließen alles zurück, ihre Häuser, ihre Kasernen, ihre Verwaltungsbüros und Märkte – all dies lag schutzlos vor uns ausgebreitet. Wir plünderten die Stadt gründlich aus und begannen eine Belagerung, die sich über dreizehn Jahre hinzog. Wahrscheinlich hatte mein Schwiegervater zu viel anderes im Kopf und vergaß die Garnisonen in Tyrus. Doch eines Tages packte ihn die Ungeduld. Er sagte: „Du und Neriglissar, ihr geht und bringt das zu Ende!"

Sein gutmütiges Gesicht verzog sich zu einem breiten Lächeln. „Und wenn Nebukadnezar so etwas sagte in seiner direkten Art, dann gab es kein Zögern. Dann hatte man zu gehorchen!" Er schmunzelte. „Also marschierten wir mit unseren Männern los nach Tyrus. Dort ging alles drunter und drüber. Die Tyrer hatten sich auf ihrer Insel verschanzt und griffen von ihren Schiffen aus an. Sie besaßen eine ganze Flotte, wir nur ein paar Boote. Außerdem sind wir keine Seeleute und taten uns mit dem Manövrieren schwer. Diese Schlauköpfe hatten nämlich rund um die Insel Felsbrocken versenkt. Nur sie wussten, wie man sie umschiffen konnte. Unsere Schiffe zerschellten, und die Tyrer waren flink und beweglich wie Libellen. Es war ein Jammer." Er schüttelte den Kopf, dass die blonden Strähnen flogen.

„Ich beriet mich mit meinem Schwager. Wir mussten die Insel erreichen, damit wir kämpfen konnten. Aber wie? Per Schiff ging es nicht. Uns blieb nur ein Weg zur Insel – wir mussten eine Brücke bauen. Eine lange Brücke, so lang wie die Strecke von hier bis zu eurem Begräbnisturm vor der Stadt." Der General biss in einen Pfirsich, kaute und spuckte den Kern aus. König Kambyses hing an seinen Lippen.

„Aber womit sollten wir bauen? Ich sagte zu meinem Schwager: ‚Neri, wenn die Tyrer Steine in das Meer werfen können, warum machen wir das nicht genauso?' Und er schlug mir auf die Schulter und sagte: ‚Nabo, du bist ein Genie! Wir bauen eine lange Landbrücke von der Küste zur Insel. Und zum Bau benutzen wir alles, was sie zurückgelassen haben, ihre Häuser, ihre Ställe, ihre Pflastersteine, die ganze alte Stadt.' Und ich sage Euch – wir haben sogar den Staub vom Boden gekratzt und ins Meer geworfen!"

Der König hörte wie gebannt zu.

„Wir haben viertausend Mann zum Abbruch abkommandiert. Sie mussten jedes Bauwerk an Land zerlegen. Dann warfen wir die Steine und Ziegel ins Meer und schütteten Erde darüber. Die Tyrer lachten uns aus. Aber zwei Wochen später lachten sie nicht mehr. Wir hätten nur noch ein paar Monate gebraucht, um die Brücke bis zur Insel fertig zu stellen. Und dann wäre es ihnen schlecht ergangen."

„Aber sie haben kapituliert", seufzte Kambyses.

Nabonidus nickte. „Sie waren vernünftig. Nur – wie lange werden sie vernünftig bleiben? Das ist ein störrisches Volk. Eines Tages, wenn die weisen Männer von der Bühne abgetreten sind, werden sie wieder rebellieren." Er rieb die Hände. „Dann wird ein anderer unsere Brücke vollenden."

„Und die Belagerung hat dreizehn Jahre gedauert ...", murmelte der König.

„Das war völlig überflüssig. Wir hätten schon viel früher siegen können. Majestät, ich sage Euch eins: Wenn sich ein Mann absichern möchte", und dieses Wort fuhr Kambyses in den Rücken wie ein Stoß, „dann muss er seine Fantasie benutzen. Seine Einbildungskraft. Er muss tapfer sein und etwas wagen." Er lehnte sich zu Kambyses, der vor seiner Kraft etwas zurückwich. „Ein Meisterstreich, und der Knoten wird durchgeschlagen!" Er packte ein Messer und zog es durch den Käseklumpen auf seinem Teller.

Der König zwinkerte nervös und räusperte sich. Seine Augen wanderten hinüber zu seinem Sohn. „Sie haben natürlich Recht", sagte er.

Dann war das Essen vorüber. Die Sonne näherte sich dem westlichen Himmelsrand, Diener huschten durch den Raum und zündeten die Öllampen an. General Nabonidus hatte gerade von einem Krieg gegen arabische Nomadenstämme erzählt. Nun suchte er den Blick seines Kronprinzen und hob eine Augenbraue. Nabalanu nickte und zeigte mit Gesten, dass er alles in den großen Händen seines Onkels belassen wollte. Also erhob sich Nabonidus und verneigte sich vor dem persischen König.

„Majestät", sagte er feierlich. „Wir sind den langen Weg nach Anschan gereist, weil wir einen Auftrag ausführen müssen." Er schaute zu Kyros hinüber, der die Finger um die Tischkante gekrampft hatte, dass die Knöchel weiß hervortraten. „Zunächst möchte ich Eurer Majestät eine junge Dame vorstellen, wenn Ihr erlaubt." Er verneigte sich wieder.

Kambyses reckte den Hals, als wollte er sehen, wer da hereinkäme.

„Ach?", murmelte er. „Wer? Wo?"

Nabonidus war in seinem Element. Er trat einen Schritt zurück, um seine Bühne zu vergrößern. Mit ausgebreiteten Armen deklamierte er: „Die Tochter eines Königs, Majestät, die Prinzessin einer uralten Dynastie, die von König Amelmarduk von Babylon begünstigt wird."

Mit fünf langen Schritten hatte er die Tür erreicht, riss sie auf und trat mit einer großen Geste zurück. Er hätte den Augenblick nicht günstiger wählen können, denn die Abendsonne schickte ihre letzten Strahlen durchs Fenster und übergoß das Mädchen, das dort auf der Schwelle gewartet hatte, mit ihrem Glanz.

Merab war aufgeregt, etwas unsicher. Dann fiel ihr Blick auf Kyros, der aufgesprungen war, Sehnsucht im Blick – und Liebe. Sie lächelte ihm zu, und dieses Lächeln verzauberte alle, die es sahen.

Kambyses saß auf seinem Stuhl wie festgebacken und starrte das Mädchen an, als sähe er eine Erscheinung. Merab trug ein schlichtes, weißes Kleid, das ihren dunklen Teint noch stärker hervorhob. Ihre Mandelaugen strahlten, ihr schwarzbraunes Haar fiel ihr in Wellen über den Rücken wie ein kostbarer Umhang. Hinter ihr tauchte Königin Mandane auf und legte ihr schützend die Hand auf die Schulter.

„Majestät!", säuselte Nabonidus als selbst ernannter Zeremonienmeister. „Hier steht Prinzessin Merab, die Tochter des Königs Jojachin aus dem uralten Volk der Hebräer. Der König ist mit unserem babylonischen König eng befreundet." Er legte die Fingerspitzen zusammen und befahl: „Scharduk! Bring die Geschenke von König Amelmarduk!"

Zwei Männer plagten sich mit einer schweren Kiste ab, die sie dem König zu Füßen stellten. Kambyses hatte sich halb von seinem Stuhl erhoben und schaute verwirrt von der Kiste zu Nabonidus.

„Was – was ist das?"

Drei katzenhaft geschmeidige Schritte brachten den General zur Kiste. Er schwang den Deckel auf und holte goldene Gefäße heraus – einen Pokal, dekoriert mit kunstvollen Figuren, einen riesengroßen Kelch mit Henkeln, einen Weinkrug, der auf seinem Bauch eine Szene aus der Göttersage eingraviert trug, eine Schale aus schwerem Gold. Alle hielten den Atem an, als er sich aufrichtete und ein goldenes Halsband hochhob, das mit Rubinen und Perlen verziert war. Er brachte einen Zierdolch aus Elfenbein zum Vorschein, ein Perlenband, ein goldenes Armband, und so ging es weiter. Die Truhe schien unerschöpflich, und Nabonidus baute die Kostbarkeiten vor dem König auf, bis man meinte, dass der Tisch unter dem Gewicht zusammenbrechen müsste.

Nur Babylon konnte so nebenbei, so zufällig und elegant einen derartigen Reichtum herschenken, das wussten alle, Kyros und Merab und Mandane – und König Kambyses.

Nabonidus nahm Merab an der Hand und zog sie zum König hin. Er nahm eine Kette aus Goldfiligran und Edelsteinen vom Tisch und legte den Schmuck behutsam um ihren Hals.

„Das ist die Prinzessin, die Prinz Kyros gerne heiraten möchte, Majestät, zum großen und besonderen Vergnügen unseres Königs Amelmarduk. Und dies sind Hochzeitsgaben aus dem Kronschatz von Babylon."

Kambyses konnte die Augen nicht von der jungen Braut abwenden, die vor ihm stand. Sie verneigte sich anmutig und lächelte, und plötzlich wurde er an seinen Rosengarten erinnert, an die Tautropfen auf den weißen Knospen, und er meinte, ihren Duft zu schnuppern. Das Herz wurde ihm weich.

Er sah seine Frau hinter der Braut, und sie lächelte und zwinkerte ihm zu. Aufgeregt fuhr er herum zu Kyros.

„So ist das also ..."

Dann stand er langsam auf und stellte sich gerade, bis er beinahe so groß war wie Nabonidus.

„Haben Sie dieses Mädchen heute mitgebracht, General? Oder ist sie mit Kyros gekommen?" Er runzelte die Brauen. „Hat man sie hier die ganzen Wochen vor mir versteckt gehalten? In meinem eigenen Palast?"

„Aber lieber Mann! Doch nicht versteckt!", protestierte Königin Mandane. Sie legte Merab den Arm um die Taille. „Sie ist mein lieber Gast. Ich habe sie kennen gelernt und lieb gewonnen wie eine Tochter."

„Majestät!", sagte Nabonidus, und seine Stimme war plötzlich fest wie Eisen, als sollte sie einen jeden an die Macht erinnern, die das große Babylon verkörperte. „Was soll ich König Amelmarduk berichten, der als Sohn des großen Nebukadnezar über ganz Babylon herrscht? Darf ich ihm sagen, dass Ihr seine Hochzeitsgaben dankbar angenommen habt? Im Namen Eures Landes" – und er hielt Daumen und Zeigefinger hoch, als wollte er einen Käfer umfassen – „Anschan?"

Kambyses schluckte, zwinkerte nervös und griff nach seinem Weinkrug. Er wünschte sich weit weg, wäre am liebsten durch seine Blumenbeete gewandert, hätte gerne einen Rosenbusch beschnitten, seine Gärtner vor den Blattläusen und Schnecken gewarnt oder seine Nase in Blüten vergraben. Er seufzte und hob den Krug.

„Kurasch!" Er starrte durch gerunzelte Brauen auf seinen Sohn. „Du wirst den Plan ausführen, den ich vor dem Essen mit dir besprochen habe. Sieh zu, dass unter deinen Füßen kein Gras wächst!"

Dann sah er Merab an, und sein grimmiges Gesicht entspannte sich zu einem Lächeln.

„Meine Liebe, ich trinke auf dein Glück und das meines Sohnes."

Die Schule

Eine Woche später machte sich Daniel auf den Weg zum ehemaligen Pferdestall der Königin. Er schritt kräftig aus und atmete tief wie immer, wenn er seinem stickigen Verwaltungsbüro entkommen war. Er genoss die Sonne, die jetzt am späten Nachmittag nicht mehr so brannte, sondern wärmte, und er hielt kurz an einem blühenden Hibiskus-Strauch und schnupperte an den Blüten. Eine Taube gurrte, und er lächelte ihr zu, als hätte er ihre Botschaft verstanden.

Als er sich dem flachen Stall näherte, überfiel ihn die Erinnerung an Prinzessin Belzalu. Hier war sie oft zu finden gewesen, wenn man sie im Palast vergeblich suchte. Vielleicht hatte Königin Amytis gespürt, wie sie ihre jüngste Tochter glücklich machen konnte – durch eine Auswahl der besten Pferde aus Urartu. Belzalu hatte ihre besten Jahre der Pflege ihres kranken Vaters geopfert; als Nebukadnezar wiederhergestellt war, fand sich keiner, der die Prinzessin heiraten wollte. Sie hatte die Kunst der Koketterie nie erlernt; sie war immer ehrlich und gerade heraus. Das Schicksal ihres Vaters hatte sie noch ernster gemacht, als es ihren Jahren entsprach, und wenn sie ihre grauen Augen forschend auf ihren Gesprächspartner richtete, fühlte sich mancher eingeschüchtert und wagte keine Annäherung. Dabei war sie eine gute Zuhörerin und ging warmherzig und liebevoll auf jeden ein, der mit ihr zu tun hatte. Ihre älteste Schwester Kuschmari rümpfte die Nase über sie, weil sie so wenig elegant wirkte, wenn sie wieder einmal von einem langen Spaziergang zurückkehrte und Vogelfedern, bizarre Steine und seltene Blumen mitbrachte.

Von Nitocris und den Brüdern wurde Belzalu ignoriert. Sie konnten ihr nicht verzeihen, dass sie der traditionellen babylonischen Religion den Rücken gekehrt hatte. Als ihr Vater von seinem siebenjährigen Wahn geheilt wurde, wandte er sich dem Schöpfergott Jahwe zu, und Belzalu tat es ihm aus Überzeugung gleich. Fast an jedem Morgen hatten sie sich in Nebukadnezars kleinem Nebenzimmer zusammengefunden, der König, Belzalu und Daniel, und einige Verse aus den Heiligen Schriften gelesen, darüber gesprochen und sich im Gebet vor Jahwe gebeugt. Manchmal fand sich auch die Königin ein, die niemals vergessen hatte, was Jahwe für ihren Mann getan hatte.

Die Prinzessin Belzalu war dem alternden Minister ans Herz gewachsen, und er begleitete sie gerne zu ihren Pferden, die sie liebte und pflegte, als wären es ihre Kinder.

Aber dann hatte sie sich eines Tages einen Holzsplitter in den Finger gezogen und die Hand mit Pferdemist verunreinigt. Sie starb wenig später am Wundstarrkrampf, und ihr letztes Wort war an Daniel gerichtet: „Wir sehen uns wieder!“

Er seufzte, als er an die Beerdigung dachte. Nebukadnezar trauerte so heftig um seine Tochter, dass seine Familie eifersüchtig wurde. Sie hatten nie begriffen, wie viel Belzalu dem Vater bedeutet hatte: Sie war ihm eine Freundin geworden, mit der er seine tiefsten Gedanken teilen konnte.

Königin Amytis konnte daraufhin die Pferde nicht mehr in ihrer Nähe ertragen und verbannte sie in eine entfernte Stallung. Das Gebäude stand lange leer.

Aber dann holte Amytis ihre Lieblingsnichte Aspersi aus Ekbatana. Sie wandte ihre Mutterliebe der jungen Prinzessin zu, die am medischen Hof wenig Beachtung gefunden hatte und nach Wärme und Zuwendung hungerte.

Und nun hörte man Kinderlachen und Singen im alten Stall. Daniel beschleunigte seine Schritte. Er hatte Prinzessin Aspersi nur einmal aus der Nähe gesehen; damals war er mit Merab in den Hängenden Gärten spazieren gegangen und war unterwegs auf Aspersi und Kyros gestoßen. Daniel fragte sich nicht zum ersten Mal, wie die medische Prinzessin damit fertig geworden war, dass Kyros eine andere – nämlich Merab – als seine Braut nach Anschan mitgenommen hatte. Er fühlte sich ein Stück weit mitverantwortlich, denn er hatte Kyros zugeraten, als ihn der Prinz nach Merab fragte. An Aspersi hatte er dabei nicht gedacht. Erst später hatte ihm der Hofklatsch zugetragen, dass die junge Prinzessin unter der Zurückweisung litt und um Kyros trauerte. Er wollte sich nun persönlich vergewissern, wie die Dinge standen.

Die Kinder spielten im Hof, als er die Schule betrat. Aspersi saß an ihrem Schreibtisch und war in einen Papyrus vertieft. Sie hörte die Tür knarren und sprang auf.

„Wie jung sie ist!“, dachte er bei sich. „Achtzehn höchstens. Und wirkt so reif und erwachsen.“ Er verneigte sich.

„Minister Daniel?", fragte sie, eine kleine Falte zwischen den Brauen.

„Ich möchte Euch zu Euren Erfolgen gratulieren!", lächelte der Minister. „Ihr öffnet diesen Kindern die Tür zu einem besseren Leben. Das werden sie Euch nie vergessen."

„Vielen Dank, Minister Daniel", sagte sie kühl.

„Auch Eure Arbeit für die Soldatenwitwen und die blinden Kinder darf nicht unerwähnt bleiben. Die Regierung der Stadt Babylon dankt Euch für Euren Einsatz."

Sie nickte abweisend.

Sie kann mich nicht leiden. Warum?, fragte sich Daniel. Dann fiel es ihm ein: *Kyros. Sie wird mich immer mit dem Abendspaziergang verbinden, an dem sie Kyros verlor.*

Laut sagte er: „Aber ich möchte nicht nur Worte bringen, sondern auch meine Zusage als Minister für Inneres, dass Ihr jede Unterstützung bekommen könnt, die Ihr braucht."

Hatte sie zugehört? Ihr Gesicht blieb unbewegt.

„Wie kann ich Euch helfen?", fragte er.

Sie blickte kurz auf ihre Notizen auf dem Tisch, dann schlug sie vor: „Setzen wir uns doch."

Daniel wartete, bis sie ihren Stuhl herangerückt hatte, dann ließ er sich auf einer Ecke der Bank niedersinken.

„Ihr könntet sicher noch Verstärkung gebrauchen, oder irre ich mich?", fragte Daniel.

Sie nickte. „Sicher. Eine zweite Lehrerin wäre gut. Dann könnten wir die Gruppe aufteilen in Anfänger und Fortgeschrittene. Wir könnten auch noch mehr Kinder aufnehmen ...", überlegte sie.

„Wenn Ihr erlaubt, Hoheit, dann werde ich mich nach einer vertrauenswürdigen Person umsehen."

„Schade, dass Prinzessin Belzalu nicht mehr am Leben ist ...", sagte Aspersi. „Meine Kusine hatte ein großes Herz für leidende Menschen."

„Es ist ein Jammer!", stimmte Daniel zu. Er zeigte auf die Kinder. „Das hätte ihr gefallen."

Aspersi betrachtete ihn mit neu erwachtem Interesse. „Sie kannten Belzalu näher?"

„Wir waren befreundet", erklärte Daniel. „Als König Nebukadnezar krank war, hatten wir viel miteinander zu tun, weil sie die Pflege ihres Vaters übernommen hatte. Er ließ keinen anderen an sich heran. Sie hatte großes Geschick im Umgang mit Menschen." Er seufzte. „Sie fehlt mir, Hoheit. Ich vermisse die Prinzessin."

„Das kann ich verstehen", sagte Aspersi. „Sie war mir am liebsten von allen. Ich war auch sehr traurig ..." Sie drehte den Kopf zur Seite.

Aber was ist das für eine blutige Schramme an der Wange?

„Hoheit, Ihr habt Euch verletzt?!"

„Ach, das – das ist nicht weiter schlimm", winkte Aspersi ab. Sie wirkte verlegen. Daniel schaute sie forschend an. Aspersi nagte an ihrer Unterlippe, dann fasste sie sich und sagte – und es sollte beiläufig klingen:

„Übrigens hörte ich, dass Prinz Nabunasir einen Unfall hatte. Wissen Sie vielleicht, wie es ihm geht?"

„Er hat sich die Kinnlade gebrochen und blieb zwei Tage im Bett. Aber seine Verletzung ist nicht weiter schlimm ...", sagte Daniel.

Täusche ich mich, oder wirkt sie tatsächlich erleichtert? Da steckt doch etwas dahinter, und ich ahne auch schon, was ...

„Verzeiht mir die persönliche Frage, Hoheit, aber ist es nicht manchmal gefährlich, wenn Ihr abends alleine unterwegs seid?"

Die Prinzessin spürte seinen Blick und bedeckte die Schramme mit der Hand. Sie wurde rot.

Daniel sprang auf, und seine Stimme bebte: „Ihr seid doch nicht etwa von Nabunasir belästigt worden?"

Aspersi schluchzte auf.

„Mädchen, ach Mädchen ... Was kann ich sagen? Wie kann ich trösten?", klagte Daniel leise. Die Prinzessin wischte sich die Augen und sagte:

„Aber es kam Hilfe."

„Rechtzeitig?"

„Ja, Minister Daniel. Sie verstehen sicher, dass ich den Namen des Retters nicht preisgeben will. Der Prinz hat ihn nicht erkannt. Es war zu dunkel."

„Aber Ihr müsst damit rechnen, dass Nabunasir herausfinden will, wer ihn niedergeschlagen hat."

„Damit rechne ich. Aber ich kann schweigen, keine Sorge. Ich verrate meine Freunde nicht!"

Daniel verneigte sich. „Das ehrt Euch, Prinzessin. ... Aber ich mache mir trotzdem Sorgen um Eure Sicherheit. Darf ich eine Bitte aussprechen?"

Sie sah ihn fragend an. Er lehnte sich vor und sagte leise:

„Ihr solltet Euch abends von den Kindern nach Hause bringen lassen. Wenn Ihr mit der ganzen Gruppe geht, dann wird sich kein Feind an Euch heranwagen. Außerdem wird das die Kinder lehren, ritterlich und höflich zu sein. Sie werden sich geehrt fühlen, auch einmal etwas für Euch zu tun." Daniel lächelte.

„Glauben Sie wirklich, dass das nötig ist?“

„Ich bin davon überzeugt, Hoheit. Manche Männer sind boshaft und gefährlich. Man sollte sie nicht unterschätzen. Ihr wisst vielleicht, dass man Nabunasir nicht umsonst den ‚Schweineprinzen‘ nennt.“

„Also gut“, seufzte sie. „Wenn es Ihnen so wichtig ist ...“

„Mir liegt viel an Euch“, sagte Daniel, und auf einmal ging in Aspersis Augen ein Fenster auf.

Am Nachmittag kam General Gobryas in Daniels Büro, um Versorgungsfragen zu klären. Während des Gespräches fiel Daniels Blick zufällig auf die rechte Hand des Generals, die über den Fingerknöcheln dick geschwollen war. Für kurze Zeit verlor der Minister den Faden und starrte Gobryas an, seine breiten Schultern, seine Unterarmmuskeln: Wer diesem Mann in die Hände fiel, der war beinahe zu bedauern ...

„Was ich noch sagen wollte“, sagte Daniel am Schluss der Besprechung, „ich weiß zufällig, dass Königin Amytis sehr um die Sicherheit ihrer Lieblingsnichte Aspersi besorgt ist. Sie kennen das Mädchen vielleicht – es handelt sich um die vierte Tochter von Kyaxares aus Medien. Könnten Sie der Königin einen Gefallen tun und ein wachsames Auge auf das Mädchen werfen? Natürlich diskret und unauffällig.“

Gobryas spannte die Wangenmuskeln an und schluckte. Dann sagte er ruhig: „Gerne, Minister. Ich will tun, was ich kann.“

Der Tyrann

Drei Monate später fragte König Amelmarduk: „Haben Sie Neuigkeiten aus Anschan, Minister Daniel?"

„So viel ich hörte, ist Kyros viel unterwegs, Majestät. Er reist von einem persischen Stamm zum anderen und schlägt ihnen eine Allianz vor. Zwei der anderen Königreiche haben sich bereits mit König Kambyses verbündet."

Amelmarduk zog spöttisch die Mundwinkel nach unten. „Wie kann man mit Worten einen unabhängigen König dazu bringen, auf die Unabhängigkeit zu verzichten?"

„Ich glaube, dass sich Kyros als geschickter Diplomat erweist", sagte Daniel. „Wie Ihr wisst, ist keiner dieser Staaten unabhängig im wörtlichen Sinne. Sie sind Medien tributpflichtig, und die Zahlungen sind hoch. Ich könnte mir vorstellen, dass Kyros ihnen ein gutes Angebot macht. Vielleicht argumentiert er folgendermaßen: ‚Wenn wir zusammenhalten, dann können wir besser mit Medien verhandeln. Akzeptiert meinen Vater als den Ersten unter Gleichen. Akzeptiert ein gemeinsames Heer. Außerdem sollten wir gemeinsam Handel betreiben und uns in Regierungsfragen absprechen. Ihr habt nichts zu verlieren, aber alles zu gewinnen!'"

„Ha!", schnaubte der König. „Man könnte meinen, Sie hätten ihn belauscht. Und wie schafft er es, die Leute zu überreden?"

„Er hat Ausstrahlung, Majestät. Er ist begeistert von seiner Idee, er wirft seine Persönlichkeit in die Waagschale. Er hat Überzeugungskraft."

„Tatsächlich? Mein Cousin Kyros?"

„Jawohl, Majestät."

Er knurrte: „Völlig egal, ob sie Medien einzeln tributpflichtig sind oder gemeinsam. Das geht uns nichts an." Er wischte den Gedanken an Kyros weg, als verjage er eine Fliege.

Eine Stunde später ritt Amelmarduk durch eine jubelnde Menschenmenge. In ihrer Begeisterung kamen sie seinem Pferd zu nahe, so dass er nur langsam vorankam. Er zückte seine Peitsche, deren

Ende mit einer Metallspitze verstärkt war, und ließ sie in die Gesichter fahren. Die Leute flohen schreiend.

Leider waren solche Szenen keine Ausnahme. Wegen Lappalien ließ er die Leute auspeitschen oder verhaften, hetzte seine Hundemeute auf harmlose Passanten oder gab seinen Soldaten Befehl, mitten in der Nacht die Hütten seiner Bürger in Brand zu stecken. Dann stand er auf der Straße und ergötzte sich am Anblick der halb bekleideten Flüchtlinge, die in Panik aus den Häusern flohen.

Kaum einer war vor seinen Launen sicher.

Nur Daniel wurde immer mit Respekt behandelt und wusste selbst nicht, warum. Vielleicht weil er ein Landsmann des Königs Jojachin war, den Amelmarduk fast täglich besuchte? Immer noch trainierten die beiden das Bogenschießen.

Von allen Offizieren und Beamten am Hof hatte General Neriglissar am ärgsten zu leiden. König Amelmarduk wählte ihn immer öfter zur Zielscheibe für seine sadistischen Neigungen. Er demütigte seinen Schwager vor den anderen Offizieren, er widersprach ihm grundsätzlich, er ärgerte und verspottete ihn. Wenn dann der König den Sohn des Generals sogar als Lakai missbrauchte und auf unsinnige Botengänge schickte, konnte Neriglissar seinen Zorn nur mühsam zügeln. Amelmarduk sah es, und genoss es ...

Doch Neriglissar war ein aufrechter Charakter, dem die Loyalität über alles ging. Er hielt Amelmarduk die Treue, wie er auch seinem Vater gedient hatte: selbstlos bis hin zur Aufopferung. Das wurde an einem Herbsttag besonders deutlich.

Der König wollte eine Gruppe von Wachsoldaten auszeichnen, die sich durch ihre Leistung hervorgetan hatten. Die Hofbeamten und Generäle hatten sich auf dem Kasernenplatz aufgestellt, sogar die Ehrengarde war aufmarschiert. Die Wachsoldaten sollten einer nach dem anderen am König vorüberschreiten und durch einen leichten Schlag mit der Reitgerte belobigt werden.

Daniel musterte die Männer, deren Gesichter vor Erwartung glänzten. Nur einer von ihnen hatte ein Funkeln in den Augen, das nichts Gutes verhieß. Ob einer seiner Brüder von den wilden Hunden des Königs zerrissen worden war? Oder war seine Mutter bei einem Hausbrand umgekommen? Daniel schauderte. Sollte er den König warnen? Oder die Generäle, die neben ihm standen?

Als die Reitgerte diesen Mann an der Schulter berührte, fuhr seine Hand in die Tunika und flog auf den König zu. Ein Dolch blitzte auf.

Dann schnellte ein Arm vor, ein Keuchen, und General Neriglissar krachte mit dem Angreifer zu Boden. Zwei Wächter warfen sich über den Attentäter, ein anderer half dem General auf die Füße. Neriglissar war totenblass, und der Dolch steckte in seinem Unterarm.

Der König blieb ungerührt. Er hatte nicht gezuckt, nicht gezwinkert. Er übersah den General, der ihm das Leben gerettet hatte und wandte sich dem Mann zu, der ihn beinahe getötet hätte.

„Hebt ihn auf!", befahl er.

Sie zogen ihn hoch und verdrehten ihm die Arme auf dem Rücken, während ihm der blanke Hass aus den Augen quoll.

Der König winkte einem anderen Soldaten. „Erwürge ihn."

Der Soldat zögerte. „Jetzt und hier?"

„Jetzt und hier!"

Die Hofbeamten wandten die Augen ab, doch sie konnten die Ohren nicht verschließen vor dem Keuchen und Röcheln. Erst als der Körper leblos zu Boden glitt, war Amelmarduk zufrieden und ging zur Tagesordnung über, als wäre nichts geschehen. Er ignorierte Neriglissar, dem das Blut auf die Sandalen tropfte – kein Wort der Anerkennung, kein Dank; Daniel musste heimlich nach dem Palastarzt schicken, damit der General versorgt wurde.

Mit gebrochenem Herzen

Eines Abends spazierte Daniel hinüber zum Palast der Königin. Die Orangenbäume hatten reichlich Früchte angesetzt, bald würden sie die königliche Tafel schmücken. Zu Nebukadnezars Lebzeiten gab es viel Obst und frisches Gemüse, die Königin hatte diese Sitte beibehalten. Amelmarduk legte auf das Essen überhaupt keinen Wert; er schlang ohnehin alles in sich hinein, als müsste er mit diesem „Brennstoff" ein Höllenfeuer in Gang halten. Sein Bruder Nabunasir galt in Babylon als Prototyp des Schlemmers; aber er bevorzugte ausgeklügelte Speisen, die süß, fett oder scharf gewürzt waren. Früchte hatten für ihn eher Dekorationswert. Die Prinzessinnen Kuschmari und Nitocris aßen meist mit ihren Kindern in ihren Privatsuiten, nur Aspersi leistete der Königin beim Essen Gesellschaft.

Die junge Prinzessin hatte sich mit Feuereifer in ihr Schulprojekt gestürzt. Sie war nur noch abends in ihrer Wohnung anzutreffen, die ihr die Königin in ihrem Palastflügel eingerichtet hatte.

Daniel klopfte an der massiven Zedernholztür. Eine Zofe öffnete und knickste.

„Ich möchte gern Prinzessin Aspersi besuchen", sagte Daniel höflich.

Die Zofe ließ den Minister eintreten und schob ihm einen Sessel zurecht.

„Die Prinzessin ist noch nicht da, aber sie wird gleich kommen", stotterte die Zofe.

„Vielen Dank, meine Liebe, ich werde warten", lächelte Daniel.

Das Mädchen knickste noch einmal und räumte im Nebenzimmer herum, während Daniel aus dem vergitterten Fenster schaute. Draußen übte eine Zikade fürs Nachtkonzert, ein Hund bellte. Die Laute der Stadt drangen nur gedämpft hierher, und Daniel atmete tief aus und lockerte seine Nackenmuskeln. Endlich Ruhe nach einem hektischen Tag! Die Nöte des Reiches konnten warten bis morgen; am Abend nahm er sich Zeit zur Muße, zum Gespräch, zum Nachdenken über die wesentlichen Dinge des Lebens.

Dann Schritte auf dem Kies. Sie blieben vor dem Fenster stehen, und Daniel hörte eine vertraute Männerstimme:

„Hoheit, wie lange wollt Ihr noch so weitermachen?" General Gobryas, der heimliche Retter.

Sie sagte: „Ich muss. Die Kinder brauchen mich."

„Ihr nehmt Euch kaum noch Zeit für Euer eigenes Leben. Ihr seid jung, Prinzessin, das Leben liegt vor Euch. Bitte denkt auch einmal an Euch. Und vielleicht denkt Ihr auch einmal – an mich?"

Aspersi schwieg, und Daniel fühlte sich unbehaglich auf seinem Lauscherposten. Wie konnte er sich bemerkbar machen, bevor das Gespräch noch privater wurde? Er räusperte sich. Aber es war zu spät. General Gobryas sagte leise und zärtlich:

„Aspersi! Ich liebe dich!"

Sie schwieg lange, dann sagte sie: „Es wäre besser gewesen, wenn du das für dich behalten hättest, Gobryas."

„Warum? Du sollst wissen, wie ich für dich empfinde!"

„Ich danke dir für deine Offenheit, aber nun werde ich dir gegenüber befangen sein."

„Befangen? Kannst du meine Liebe nicht erwidern?"

„..."

Und dann, heiser, als müsste er gegen einen Klumpen in seiner Kehle ankämpfen:

„Ich weiß, ich bin nur ein einfacher Soldat ..."

„Nein, Gobryas, das hat nichts damit zu tun!", sagte sie schnell. „Ich mag dich. Du bist der beste Freund, den ich habe. Aber Liebe?"

„Dann lass dir Zeit. Vielleicht wird die Liebe wachsen. Ich habe Geduld", sagte er sanft.

Sie seufzte. „Ich glaube nicht, dass ich noch einmal einen Mann lieben kann."

„Du bist zu tief verletzt worden", sagte der General. „Dein Herz ist noch wund. Wenn es eines Tages heil geworden ist, darf ich dann hoffen?"

„Nein, Gobryas. Ich möchte dich nicht hinhalten. Ich sage Nein."

Gobryas atmete tief, dann sagte er: „Ich werde für dich da sein, wenn du mich brauchst. Du kannst auf mich zählen, Aspersi."

„Ich danke dir. Du bist – so gut ..." Sie öffnete die Tür.

„Gute Nacht, Gobryas."

Sie legte ihren Beutel auf den Stuhl, dann erstarrte sie.
„Minister Daniel! Haben Sie schon lange gewartet?"
Er verbeugte sich.

„Es tut mir aufrichtig Leid, Prinzessin, dass ich Euer Gespräch mit angehört habe. Es ließ sich nicht vermeiden."

Sie warf ihm einen forschenden Blick zu und murmelte:

„Man sagt am Hof, Geheimnisse wären bei Minister Daniel gut aufgehoben ..."

Er nickte. „Ihr könnt euch auf meine Verschwiegenheit verlassen. Außerdem – ist es keine Schande für eine Prinzessin, von einem Mann wie Gobryas verehrt zu werden."

Aspersi nickte. „Ja. Ich verdanke ihm mein Leben."

„Prinzessin, ich möchte Euch eine Neuigkeit bringen, die vielleicht seine Chancen bei Euch vergrößern könnten", sagte Daniel.

Sie hob fragend die Augenbrauen.

„Prinz Kyros ist Vater geworden."

Lange Zeit sprach keiner. Dann sagte sie mit fester Stimme: „Und was hat das mit Gobryas zu tun?"

Daniel hob die Schultern und wandte sich zum Gehen. „Wenn ich Euch irgendwie behilflich sein kann, dann lasst es mich wissen", sagte er. „Ich hoffe, dass Ihr mit den beiden Frauen zufrieden seid, die ich Euch geschickt habe."

„Sie finden sich gut in die Arbeit", sagte Aspersi. „In ein oder zwei Wochen werden sie die Blinden selbstständig betreuen können. Ich danke Ihnen."

Er verabschiedete sich kurz, doch als er schon halb aus der Tür gegangen war, rief sie:

„Minister Daniel! Bitte warten Sie!"

Er wandte sich um und sah, dass sie rot geworden war. Sie biss sich auf die Lippen und kämpfte mit sich. Dann sagte sie: „Ist es – ein Junge oder ein Mädchen?"

„Ein Junge, Hoheit. Er heißt in unserer Sprache Kambyses. Die Perser nennen ihn natürlich Kambuiya."

„Oh", flüsterte sie. „Kyros wird sehr glücklich sein ..." Eine Träne lief ihr über die Wange.

Jagdfieber

Nabunasir wachte gegen Mittag auf, weil ihm die Sonnenstrahlen in die Augen bissen. Er rief nach seinem Diener. „Mach die Vorhänge zu. Ich habe Kopfschmerzen. Und gib mir zu trinken!"

Salpunab, der einäugige Diener, warf die Kleider, die er auf den Armen trug, auf einen Stuhl und reichte ihm den Weinkrug. Er musste ihm den Kopf stützen.

„Was ist das für ein Nebel hier im Raum?", schimpfte der Prinz.

„Kein Nebel, Herr, das ist Euer Rausch!", grinste Salpunab und zog ein Laken über den schwammigen Körper seines Herrn.

Eine Stunde später hatte sich der Prinz aufgerafft und ein Frühstück verlangt. Der Diener half ihm beim Ankleiden und stützte ihn, als er in den Hof trat.

„Wie geht es meinen Frauen und Kindern?", grunzte Nabunasir. Er schwankte nur noch leicht.

Salpunab zeigte wie üblich ein zweideutiges Grinsen, und das Lid über der leeren Augenhöhle flatterte. „Sie sind alle gesund", sagte er trocken.

Nabunasir rieb sich die Augen. „Welche war heute Nacht bei mir?"

„Die Dame Maskanye, Hoheit."

„Ach ja, die Kleine. Jetzt erinnere ich mich", brummte er gelangweilt. „Wie geht es meinen Schmetterlingen?"

„Gut wie immer", sagte der Diener.

Im Garten hörte man Kinder lachen und das Geplauder der Frauen. Salpunab gellte einen Pfiff, und es wurde still. Die Frauen flüchteten auf ihre Zimmer und ließen die Kinder zurück.

Die hatten sich in einer Reihe aufgestellt und sahen den Vater erwartungsvoll an.

„Hallo, ihr Lausebengels!", lachte Nabunasir und fuhr seinen Jungen über den Kopf. Acht waren es, und sie richteten sich stolz auf, während die sechs Mädchen die Köpfe sinken ließen. Doch der Vater war heute gut gelaunt und schenkte sogar den Töchtern einen Blick und brummte.

Aber dann kam Leben in seine plumpen Beine. „Dort, Salpunab. Schau dir diese Schönheit an!“

Ein Tagpfauenauge hatte sich auf dem Sommerflieder niedergelassen.

„Schnell! Hol meine Flasche!“, befahl der Prinz.

Der Diener brachte eine schwere Tonflasche, die mit Naphtha gefüllt war. Dabei stieß er einen Jungen beiseite, der im Weg stand. Der Kleine weinte auf, aber sein Vater kümmerte sich nicht um ihn.

„Wie lange dauert das denn! Beeil dich, sonst fliegt der Falter weg!“ Er winkte ungeduldig. „Wirkt das Gift überhaupt noch?“

Der Diener nickte. „Ich habe es erst gestern ausprobiert“, sagte er und zog den Stopfen heraus.

„Also her damit!“ Er fasste den Schmetterling mit sicherem Griff an den Flügeln und steckte ihn in die Flasche, die er sofort wieder zustöpselte.

„Sehr gut. Der fehlt mir noch in meiner Sammlung“, sagte der Prinz und rülpste. Dann zog er sich in sein Arbeitszimmer zurück. Dort hatte er Hunderte von Schmetterlingen ausgestellt, alle säuberlich auf ein Brett gespießt. Wenn Nabunasir nicht aß oder trank oder sich mit einer Frau vergnügte, dann war er hier zu finden. Stundenlang betrachtete er Farben und Formen, sortierte sie neu oder präparierte neue Exemplare.

Gegen Abend rief er Salpunab.

„Hast du gestern den Blumenkorb bei Prinzessin Aspersi abgeliefert?“

„Jawohl, Hoheit.“

„Der Korb war größer als beim letzten Mal?“

„Jawohl, Hoheit. Wir liefern jedes Mal einen Korb, der um ein Stück größer ist.“

„Seit wann läuft die Aktion?“

„Seit zwei Wochen, Hoheit.“

„Und sie ahnt immer noch nicht, von wem die Blumen sein könnten?“

„Nein, Hoheit. Die Prinzessin ist überrascht und manchmal auch verlegen, aber sie liebt Blumen und freut sich darüber.“

„Und ihr werdet ohne weiteres eingelassen?“

„Am Anfang war es schwierig, wir wurden kontrolliert und auf Waffen abgetastet, aber inzwischen haben sich die Zofen an uns gewöhnt.“

„Gut. Du kannst jetzt den Korb holen. Sind Rasak und Galinu bereit? Bring sie her!“

Es dauerte nur Minuten, bis die drei Männer hereinkamen. Zwei trugen einen riesigen Bambuskorb an den Henkeln und stellten ihn mitten im Raum ab.

„Aha ...", murmelte Nabunasir. „Holt mir Maskanye."

Salpunab führte sie am Arm herein. Das Mädchen war erst vierzehn Jahre alt und hatte ängstliche Augen. Sie faltete die Hände über ihrem Acht-Monats-Bauch und zog den Kopf ein.

„So. Jetzt sind alle da. Rasak, du weißt, was du zu tun hast!"

Ein kleiner, dicker Mann mit großen Händen und verwachsenen Schultern trat vor. Der Prinz hob den Korbdeckel an und sagte: „Rein mit dir!"

Der Mann fletschte die Zähne zu einem Grinsen und sprang in den Korb.

„So, mach dich klein. Du musst den Deckel zuziehen. Hast du den Riemen? Halte ihn fest. Kannst du von innen sehen?"

„Ja, Herr", kam es dumpf von drinnen.

„Ihr beiden tragt den Korb hinaus. Dann befestigt ihr das Blumengesteck auf dem Deckel und bringt ihn zurück. Verstanden?"

Salpunab und Galinu verschwanden mit dem Korb, und Nabunasir wandte sich an das Mädchen.

„Hör auf, deine Fingernägel abzukauen", grunzte er. „Wenn sie zurückkommen, dann machst du die Tür auf. Keine Angst, sie tun dir nichts. Wir üben nur."

Er ging mit langen Schritten zur Tür. „Wo bleibt ihr denn so lange? Das eine Blumengesteck reicht für die Probe. Kommt, beeilt euch!"

Er schloss die Tür und wartete. Man hörte ein lautes Klopfen. Er fluchte und riss die Tür auf. „Nicht so heftig, ihr Trottel! Ihr sollt doch nicht die Tür einschlagen. Ein elegantes, zivilisiertes Klopfen. Versucht es noch einmal."

Er warf die Tür ins Schloss. Diesmal klopfte der Diener leise.

„Jetzt aufmachen!" Er deutete mit dem Kinn auf die Tür. Das Mädchen schlich mit hochgezogenen Schultern zur Tür und öffnete.

Salpunab grinste zweideutig und verbeugte sich, deutete auf den riesigen Korb, der so aussah, als wäre er mit Blumen gefüllt und hätte noch ein Extragesteck auf dem Deckel. Das Mädchen gab den Weg frei und ließ die Männer mit dem Korb herein. Maskanye warf einen fragenden Blick auf den Prinzen. Er nickte.

„Die Blumen sind für dich!", sagte er.

„Ooooh, wie schön!", seufzte sie und strich sich eine Haarsträhne hinter das Ohr. Sie nahm den obersten Strauß ab und barg ihr Gesicht in den Rosen. „Und wie die duften!", schwärmte sie. „Die weißen riechen am besten. Darf ich alle behalten?"

Der Prinz runzelte die Stirn und schwieg. Sie strich mit den Fingern über die Knospen und drehte sich zum Tisch.

In diesem Augenblick schwang der Korbdeckel auf. Rasak war leise und schnell wie eine Katze hinter sie getreten und drückte ihr den Hals zu. Sie versuchte zu schreien, aber es kam kein Laut heraus. Er hielt sie eisern fest.

„Es reicht!“, sagte der Prinz.

Rasak ließ sie los, und sie fiel über den Tisch, sprachlos vor Schreck.

„Sehr schön Rasak. Du bist schnell wie ein afrikanischer Leopard. Und jetzt erledige den Rest.“

Rasak kramte Stricke aus seiner Tunika und hielt einen Fetzen hoch.

„Damit werde ich sie knebeln“, grinste er. „Und für die Hände und Füße das Seil. Damit fessele ich sie.“

„Gut. Und dann?“

Inzwischen hatte das Mädchen begriffen, dass dieser Anschlag nicht gegen sie gemünzt war und ließ sich binden und in den Korb verfrachten. Rasak schlug den Deckel zu, ging zur Tür und pfiff leise.

Salpunab tauchte auf und marschierte zum Korb.

„Wisst ihr, wo ihr den Korb dann hintragen sollt? Kommt mit!“, Nabunasir winkte den Männern. „Ich zeig’s euch.

Sie hoben den Korb auf und trugen ihn durch einen Flur ins Treppenhaus. Nabunasir holte eine Lampe vom Ständer und führte sie eine Treppe hinab in den Keller. Der Prinz schloss eine schmale Tür auf und schob die Männer hinein.

Sie waren in einer engen Zelle angekommen, die leer war bis auf ein Bett. Es roch muffig, die Luft war abgestanden, weil es kein Fenster gab. Nabunasirs Augen glitzerten.

„Und hier lasst ihr die Dame heraus. Sie bleibt gefesselt auf dem Bett liegen. Ihr verschwindet, und ich werde“, er leckte sich die dicken Lippen, „weitermachen.“

Die Männer grinsten.

„Ich versuche seit Jahren, diesen Schmetterling in mein Netz zu kriegen. Jetzt habe ich die Geduld verloren. Wer die Sache morgen Abend verpatzt, ist ein toter Mann. Kapiert?“

Sie nickten halbherzig.

„Und kein Wort darüber. Zu niemandem, wenn euch euer Leben lieb ist. Heute Abend noch einmal der Korb mit den Blumen. Und morgen der große Korb. Habt ihr mich verstanden? Morgen!“

Er kicherte. „Diese Zelle ist meine Naphtha-Flasche. Hier werde ich ihren Willen brechen. Sie kommt in meine Sammlung.“

Abrechnung

Daniel stand am Fenster seines Arbeitszimmers und sah auf den Prinzenbrunnen hinunter. Dieser Platz war seine tägliche Augenweide. Das Wasser wurde durch ein Keramikrohr über zweihundert Schritte von den Hängenden Gärten herübergeleitet und fiel in einer Silberkaskade in das Becken, das durch eine niedrige Mauer von grün glasierten Ziegelsteinen eingefasst war. Goldfische flitzten durch das Wasser, Libellen sirrten durch die Luft, und gegen Abend konnte man sogar ein Froschkonzert hören. Das Bassin hatte am anderen Ende ein Abflussrohr. Dort lief das Wasser in ein Becken mit Wasserlilien, die weiß und rosa in einem grünen Meer von Algen schwammen. Manche Blüten waren wie Sterne geformt, andere erinnerten an Kelche. Seltene Orchideen wuchsen hier, Krokusse und Wasserminze. Am Ufer schossen Papyrushalme auf, und ein grüner Moosteppich lud zum Sitzen ein. Aber auch Fleisch fressende Pflanzen hatten sich hier angesiedelt und lockten die Insekten mit ihrem schwülen Duft, um sie dann zu fesseln und zu verspeisen. Der Friede war eben nicht vollkommen ...

Der Minister bewegte die Schultern und seufzte. War es Monate her oder Jahre, als Kyros auf Besuch nach Babylon kam? Damals hatte Prinzessin Aspersi an diesem Brunnen gesessen, tief in Gedanken versunken, bis die Königin zu ihr trat und lange mit ihr sprach. Es musste ein ernstes Gespräch gewesen sein, denn als sie ging, ließ das Mädchen den Kopf noch tiefer sinken. Daniel hatte sie vom Fenster aus beobachtet und überlegt, welche Last ihre Schultern niederdrücken mochte. Nun wusste er es – unerwiderte Liebe wog schwer.

Während er noch über Aspersi nachdachte, kamen zwei Männer an den Brunnen: General Neriglissar und sein Schwager General Nabonidus, die beiden Ehemänner der königlichen Prinzessinnen. Sie hatten kein Auge für die Goldfische und die Orchideen, als sie sich am Brunnenrand niederließen. Sie hatten die Stirn gerunzelt und gestikulierten heftig. Einer der beiden zeigte immer wieder mit dem Daumen nach unten, und Daniel begann sich Sorgen zu machen. Seit etwa zwei Monaten war Neriglissar in Ungnade und durfte sich dem König nicht nähern. Daniel fragte sich, ob das etwas mit ihrem angeregten Gespräch zu tun hatte.

Eine halbe Stunde später ging Daniel zum Mittagessen und fand die beiden Generäle immer noch dort. Er hob grüßend die Hand, und sie winkten halbherzig zurück. Daniel zögerte, dann lenkte er die Schritte zu ihnen hin. Sie wechselten einen Blick, worauf sich der blonde Riese Nabonidus abwandte und ging.

„Es tut mir Leid, wenn ich den General vertrieben habe", sagte Daniel. „Das wollte ich nicht."

Neriglissar bedachte ihn mit einem scharfen Blick, doch Daniel wusste, dass ihm dieser Mann immer gut gesonnen war. Sein fein gezeichnetes Profil mit der gebogenen Nase wirkte königlich wie eh und je, und sein dunkles Haar war im Nacken mit einer Lederschnur zusammengebunden. Die schwarzen Augen blitzten, und er lächelte, und wieder einmal dachte Daniel: „So würde ein Adler lächeln!"

Um die Spannung zu mindern, murmelte Daniel: „Ein schöner Platz. Ich bin auch gern hier."

Die Augen des Generals wanderten über die Fenster. „Wenn ich mich nicht irre, so haben Sie Ihr Arbeitszimmer dort oben?"

„Ja, es ist das dritte von rechts, im zweiten Stock."

Der General heftete seinen Blick auf Daniel. „Ich vermute, dass Sie viele Leute dabei beobachten, wie sie sich hier treffen."

Daniel zuckte die Achseln. „Manchmal, wenn ich zufällig aus dem Fenster schaue. Aber einen habe ich noch nie hier gesehen – den Mann, für den der Brunnen gebaut wurde."

Neriglissars Augen wurden schmal, und seine Stimme bekam einen metallischen Klang. „Ja, der Prinzenbrunnen wurde für unseren hochverehrten und heiß geliebten König Amelmarduk gebaut."

„Sie haben ihm vor einiger Zeit das Leben gerettet", sagte Daniel.

Neriglissar hob den Arm und betrachtete die helle Narbe in der gebräunten Haut. Er knirschte mit den Zähnen.

„Minister Daniel, Sie wissen, dass ich nicht mehr vor dem König erscheinen darf. Das – das ist nicht weiter schlimm. Ich gehe ihm ohnehin lieber aus dem Weg." Er lachte bitter auf. „Aber wissen Sie auch, warum ich vom Hof verbannt bin?"

Daniel schüttelte den Kopf.

Neriglissar presste die Lippen zu einem Strich zusammen. „Es ging um das Elendsviertel. Ich muss zugeben, dass es wirklich das Stadtbild verschandelt. Ich kann verstehen, dass Amelmarduk das Viertel abreißen wollte. Aber doch nicht so!"

Der Minister schwieg, und der General ballte die Fäuste.

„Mitten in der Nacht, Daniel, mitten in der Nacht hat der König das Viertel von seinen Soldaten umstellen lassen. Seine Männer legten an allen Seiten Feuer, und Amelmarduk schaute ungerührt zu, wie die Leute aus den brennenden Häusern rannten – halb nackt, oder schon halb verbrannt – und nicht wussten, wohin. Sie rannten umher wie Mäuse in der Falle, und er stand da und lachte."

Neriglissar forschte in Daniels Gesicht und sagte: „Sie haben doch auch davon gehört? ... Jedenfalls war ich der Einzige, der ihn am nächsten Tag zur Rede stellte."

Daniel fuhr auf. „Sie haben es gewagt ...?"

„Natürlich habe ich nicht zu meinem Schwager gesagt: ‚Majestät, ich protestiere.' Er wartet ja nur auf einen Grund, um mich endgültig auszuschalten. Also konnte ich nicht so direkt vorgehen. Ich habe allgemein gesprochen. Ich habe mich für das Volk von Babylon eingesetzt und besonders für die Armen. Ich bat darum, ihr Leben und ihr Eigentum zu schonen. Und ich habe es so sanft und freundlich gesagt, wie ich nur konnte."

„Ich verstehe", sagte Daniel. „Ich muss Sie bewundern. Sie haben Mut. Wenn ich als Ausländer so etwas gewagt hätte, dann müsste ich jetzt schon ohne Kopf auskommen."

Neriglissar nickte. „Sicherlich. Das wäre glatter Selbstmord." Er seufzte. „Wann wird der König endlich damit aufhören, die Leute zu jagen wie Freiwild? Wann wird er endlich erwachsen und fühlt sich verantwortlich für die Menschen, die ihm anvertraut sind? Wann wird unser Volk endlich sicher sein vor dem eigenen König?"

Neriglissar packte Daniel am Arm und keuchte mit verzerrtem Gesicht: „Und während er die Babylonier quält und in seiner Arena zu Tode hetzt und ihre Elendshütten in Brand steckt, ehrt er einen Ausländer! Einen Kriegsgefangenen!"

Er schüttelte den Minister, aber Daniel spürte, dass dies kein persönlicher Angriff war, sondern die Sorge um sein Volk, die den General umtrieb. Er sah Neriglissar mitfühlend in die Augen. Der General beruhigte sich und ließ ihn los.

„Damit meine ich nicht Sie, Daniel, Sie sind ja nur sein Diener, und er benutzt Sie wie eine Maschine, weil er Sie braucht. Ich spreche von Jojachin!"

Jeder bei Hof wusste, dass der jüdische König als persönlicher Freund des Königs an der Königstafel speisen durfte. Amelmarduk besuchte ihn häufig. Das musste einen Patrioten wie Neriglissar ärgern.

Daniel legte ihm die Hand auf den Arm.

„König Jojachin ist ein harmloser Mann. Er hat nicht viel vom

Leben gehabt; er ist als junger Mann hierher gekommen und war 33 Jahre unter Hausarrest. Wenn man ihn ließe, würde er sofort nach Jerusalem zurückkehren, obwohl die Stadt zurzeit ein einziger Trümmerhaufen ist. Jojachin kann nichts dafür, dass Amelmarduk so – so ist, wie er ist."

Neriglissars Augen schossen Blitze, aber seine Stimme wurde freundlich. „Damit haben Sie wahrscheinlich Recht ... Ich muss fort, Minister Daniel. Geben Sie auf sich Acht. Nehmen Sie sich heute Nachmittag frei – zu Hause sind Sie am besten aufgehoben."

Daniel bemühte sich um Konzentration, aber die versteckte Warnung des Generals ging ihm nicht aus dem Kopf. Er beauftragte seinen Sekretär mit einigen unwichtigen Aufgaben und verabschiedete sich früh am Nachmittag. Auf dem Heimweg kam er an Jojachins Haus vorbei und zögerte. Ein kurzer Besuch konnte nichts schaden. Er hatte den König lange nicht mehr gesehen.

Auf sein Klopfen öffnete der alte Lehrer Kenaja.

„Schön, dass du kommst, Daniel!", sagte er herzlich. „Die Königin ist krank. Dein Besuch wird sie aufheitern." Er nahm Daniel die Robe ab, die er als königlicher Beamter über dem Obergewand zu tragen hatte. Bei König Jojachin fühlte sich Daniel zu Hause; es waren seine Verwandten, die er besuchte, und er bestand darauf, wie ein Bruder angesprochen zu werden.

„Liebe Ephah!", sagte Daniel und nahm ihre Hand. Er erschrak, als er die Knochen unter der welken Haut spürte. Die Königin wirkte klein wie ein Kind; keiner hätte dieser zarten, mageren Person zugetraut, dass sie zehn Kindern das Leben geschenkt hatte. „Es ist sehr vernünftig, dass du dich ein bisschen ausruhst."

„Ich ruhe mich nicht aus", lächelte sie, „ich bin schon seit vier Wochen krank."

„Das – das habe ich nicht gewusst!", stieß Daniel hervor. „Warum hat man es mir nicht gesagt?"

„Wir wollten dich nicht beunruhigen", flüsterte Ephah. „Es ist mein Kopf. Immer wenn ich ihn bewege, habe ich das Gefühl, als würde ich mit dem Hammer geschlagen."

Draußen hörte man Hufe trappeln.

„Das ist der König!", rief Jojachin und lief zur Tür.

Daniel fragte Kenaja: „Kommt der König oft hierher?"

Der Alte nickte. „Im letzten Monat täglich. Früher kam er nur zweimal die Woche, aber der König möchte seine Technik im Bogenschießen noch verbessern. Die beiden trainieren immer bis zum Abend."

„Sag mir, Kenaja, warum ist König Amelmarduk so gerne mit Jojachin zusammen?"

Der alte Lehrer überlegte. Dann wiegte er den Kopf und meinte: „Sie sprechen viel miteinander. Nach den Schießübungen sitzen sie im Garten oder in der großen Halle und reden. Das heißt, Amelmarduk spricht und Jojachin hört zu. Er nickt manchmal, aber er sagt selten etwas. Er gibt dem König das Gefühl, willkommen zu sein." Kenaja nickte. „Ja, das wird es sein. Vielleicht schätzt der König von Babylon die Wärme, die von Jojachin ausgeht. Er braucht ihn, weil er merkt, dass hier ein Mensch ist, der ihn – lieb hat. So wie er ist. Mit allen Fehlern."

Daniel nickte. „Du bist sehr weise, Kenaja."

Der alte Lehrer lächelte. „Und jetzt entschuldige mich bitte, ich muss draußen helfen."

Daniel wandte sich an seine Verwandte.

„Ephah, hast du nach dem Arzt geschickt?"

„Ja, natürlich. Der König hat seinen Leibarzt kommen lassen. Amelmarduk ist gut zu uns."

Daniel schaute zum Fenster. „Ich glaube, du solltest lüften. Hier ist es stickig."

„Aber der Doktor meint, die frische Luft könnte mir schaden. Ich muss die Vorhänge geschlossen halten."

„Meine Liebe, das ist ein alter Aberglaube. Lass Luft herein und die Sonne, die unser Schöpfer über uns allen scheinen lässt, damit sie uns wärmt und erhellt!", sagte Daniel und ging zum Fenster. Er zog die dunklen Vorhänge zurück, die den Raum ins Dämmerlicht gehüllt hatten. Im Garten sang eine Nachtigall, und minutenlang schwiegen beide und genossen das Lied.

Dann flüsterte Ephah: „Hat es dir Jojachin schon erzählt?"

„Nein, was denn?" Daniel beugte sich ganz vor, um besser zu hören.

„Merab hat wieder einen Jungen zur Welt gebracht!" Sie strahlte. „Er heißt Bardiya Smerdis."

„Wie schön!"

„Ich bin glücklich ...", sagte sie. Ihre Hand war heiß und trocken.

„Strengt dich das Reden nicht zu sehr an?"

Als hätte sie ihn nicht gehört, murmelte sie: „Merab ist auch glücklich. Kyros liebt sie wie am ersten Tag."

Plötzlich Geschrei vor dem Haus, man hörte Schwerter klirren, ein Pferd wiehern, Faustschläge an der Haustür, rennende Schritte im Korridor, einen schweren Fall.

„Geh nicht fort!“, keuchte Ephah. „Bleib hier, Daniel. Lass mich nicht allein!“

Dann wurde die Tür aufgeschoben, und König Jojachin kroch herein. Daniel sprang zu ihm und richtete ihn auf. Der König schwankte und ließ sich zum Bett ziehen. Er sank nieder, hatte die Hand um einen Pfeilschaft gekrallt, der ihm aus der Brust ragte.

Ephah richtete sich mit Mühe zum Sitzen auf.

„Es tut mir Leid, Ephah“, keuchte Jojachin, und ein blutiger Faden rann ihm aus dem Mund. Er brach auf ihrer Bettkante zusammen. Die Königin schrie auf und warf sich zurück. Daniel fühlte nach ihrem Herzschlag, hielt eine Feder über ihren Mund, aber sie atmete nicht mehr. Jojachin stöhnte noch einmal und zuckte mit den Beinen, dann waren auch seine Augen gebrochen.

Daniel legte ihn auf den Boden. Draußen war es still geworden, unheimlich still. Der Minister erhob sich und wusste, was er zu tun hatte: Sein Platz war an der Seite des Königs von Babylon, dem er Treue geschworen hatte – auch wenn dieser König ein herzloses Ungeheuer war.

Er fand den König im Garten. Zwei Männer hielten Amelmarduk bei den Armen, der andere hatte ihn von hinten umklammert, der vierte hielt Wache.

„Was soll das?“, fragte Daniel.

Der vierte Mann fuhr herum, und der König keuchte:

„Daniel! Verräter! Also du steckst dahinter!“

Daniel trat zu dem vierten Mann und fragte: „Wer hat das angeordnet?“

Der Offizier schlug die Augen nieder und krampfte die Finger um sein Schwert.

„Der Minister ...“, murmelte er. „Ausgerechnet jetzt ...“ Er warf seinen Kameraden einen unglücklichen Blick zu.

Amelmarduk begriff, dass er von Daniel nichts zu fürchten hatte, und schöpfte neue Hoffnung. „Helfen Sie mir, Daniel! Sprechen Sie mit diesen Männern!“, bettelte er.

Einer der Soldaten steckte zwei Finger in den Mund und pfiff gellend. Zwei Männer stürmten aus dem Haus. Der Anführer, ein junger Mann Mitte zwanzig, zeigte auf Daniel und befahl:

„Der Minister wird verhaftet. Bindet ihm die Arme.“

Dann wurde Daniel mit dem König zusammen aus dem Haus geschafft. Draußen lagen die Leichen der königlichen Garde, auch Kenaja war dabei. Zwanzig bewaffnete Soldaten standen auf der Straße und hielten die Pferde, auf denen der König mit seinen Begleitern gekommen war.

Kein Spaziergänger war zu sehen, der Kasernenhof, der Paradeplatz und der Schlossgarten waren leer gefegt. Dafür standen die Soldaten auf der Mauer dicht an dicht.

„Ihr Soldaten von Babylon!", schrie der König, und seine sonst tonlose Stimme überschlug sich. „Hört ihr mich? Hier spricht euer König. Kommt zu mir. Euer König ruft euch."

Keiner rührte sich.

Die Männer schleppten ihre Gefangenen in Richtung Zitadelle. Dort lag das Militärgefängnis. Unterwegs hielten sie an – am Prinzenbrunnen.

„König Amelmarduk!", bellte der Anführer. „Bereitet euch aufs Sterben vor!"

Das hagere Gesicht des Königs war aschgrau, seine Augen waren starr vor Angst. Nur die Knie schlotterten ihm.

„Nein!", flehte er. „Ich bitte dich, mein guter Mann, lass mich frei. Ich werde mich nicht rächen. Ich verspreche es dir. Du wirst nicht bestraft."

Die Männer lachten rau.

„Bitte, lass mich los!", bettelte der König. „Ich flehe dich an."

Der Hauptmann war blass geworden und spannte die Wangenmuskeln.

„Mein kleiner Bruder wurde von deinen Hunden zerrissen. Und jetzt bittest du mich, als wäre ich dein Gott?"

Seine Augen sprühten Feuer. „Ein Unmensch bist du! Ein Feigling! Ein elender Sadist!"

Der König riss das Kinn hoch.

„Nimm dich in Acht! Auf mein Wort hin werden zweihunderttausend Männer zu den Waffen greifen ..."

Ein junger Soldat schlug ihm ins Gesicht.

„Wo sind sie, deine zweihunderttausend?", spottete er. „Ich sehe sie nicht."

„Genug geredet!", kommandierte der Anführer. „In den Brunnen mit ihm!"

Sie warfen ihn ins Bassin und drückten seinen Kopf unter Wasser. Daniel schloss die Augen; er wollte die krampfhaft zuckenden Arme und Beine nicht sehen. Als alles vorüber war, ließen sie die Leiche auf den Grund sinken. Der Hauptmann wandte sich an Daniel.

„Er hat bekommen, was er verdient hat."

Der Minister schwieg, und der Hauptmann trat von einem Bein aufs andere.

„Werden Sie uns den Prozess machen, Minister?"

„Ich habe nicht das Recht, jemanden anzuklagen oder zu richten."

„Sie können mir glauben, dass ich nicht aus eigener Vollmacht gehandelt habe, sondern auf Befehl von oben."

„Davon gehe ich aus", sagte Daniel.

„Ich bin Soldat. Ich muss tun, was man mir sagt."

Daniel suchte seinen Blick. „Diese Ansicht wird allgemein vertreten. Aber müssen Sie das in jedem Fall? Auch wenn ein Befehl gegen Ihr Gewissen verstößt?"

Der Hauptmann zuckte mit der Hand zum Schwert.

„Was geht Sie mein Gewissen an?"

„Sie haben unserem König genauso Treue geschworen wie ich."

„Aber ich bin auch meinem Volk verpflichtet. Und meinen Vorgesetzten!", beteuerte der Hauptmann.

„Wie gesagt, ich bin nicht Ihr Richter. Was Sie getan haben, müssen Sie selbst verantworten", sagte Daniel ruhig. „Von dieser Pflicht entbindet sie keiner. Auch kein General."

Der Hauptmann starrte ins Bassin, als könnte er dort eine Antwort finden, dann zuckte er die Achseln. „Es ist vorbei. Das Volk wird mir dankbar sein."

Daniel seufzte.

„Bindet den Minister los!", befahl der Hauptmann. „Und jetzt kommt, wir haben noch zu tun!"

Sie marschierten davon, dass der Kies unter ihren Sandalen aufspritzte. Daniel rieb sich die Handgelenke und sah ihnen nach, bis sie von der Dunkelheit verschluckt wurden.

Dann eilte er zum Westpalast, in dem König Amelmarduk mit seiner Familie lebte. Von weitem sah er schon, wie die Soldaten durcheinander wimmelten. Sie trugen leblose Bündel heraus. Waren es Diener? Familienangehörige des Königs? Was war mit dem Kronprinzen geschehen? Daniel fühlte Mitleid mit dem übernervösen, schüchternen Jungen. Aber er war zu spät gekommen. Der Dienst habende Offizier erklärte ihm, dass die Familie Amelmarduks nicht mehr existierte.

Daniel seufzte und überlegte. Wer würde jetzt den Thron besteigen, etwa Nabunasir? Hatte Babylon einen blutrünstigen Tyrannen gegen einen lüsternen Säufer eingetauscht?

Er wollte sich vergewissern und ging hinüber zu seinem Wohntrakt. Sechs bewaffnete Männer bewachten Nabunasirs Wohnungstür.

„Wo ist Prinz Nabunasir?", rief Daniel mit Autorität in der Stimme.

Ein Soldat trat vor. „Ich habe Befehl, niemanden hineinzulassen, Minister Daniel."

„Befehl von wem?"
„Von General Neriglissar."
„Natürlich. Bitte rufen Sie einen Diener des Prinzen zu mir."
Der Wächter zögerte, drehte sich auf dem Absatz um und ging ins Haus. Durch die offene Tür konnte Daniel einen großen Wäschekorb sehen, auf dessen Deckel ein Rosengesteck befestigt war. Der Diener wurde gebracht. Sein einziges Auge zwinkerte nervös, sein Mund war zu einem halben Lächeln verzogen.
„Wie heißen Sie?"
„Salpunab, Herr."
„Wo ist der Prinz?"
Der Diener verzog keine Miene. Sein halbes Lächeln wirkte aufgemalt.
„Drinnen."
„Wo drinnen?"
„Unten im Keller. In einer Zelle, Herr."
„Als Gefangener?"
„Ja, Herr."
„Lebt er noch?"
„Ja, Herr. Er ist unverletzt."
Sauber geplant und durchgezogen! Typisch für General Neriglissar. Jetzt saß der Schwiegersohn Nebukadnezars auf dem Thron – Babylon hätte es nicht besser treffen können, dachte der Minister. Er wandte sich zum Gehen, doch plötzlich durchzuckte ihn ein Gedanke.
„Salpunab, für wen waren diese herrlichen Rosen bestimmt?"
„Für Prinzessin Aspersi, Herr."
„Wann sollten sie abgegeben werden?"
„Heute Abend, Herr."
Daniel kratzte sich am Kinn.
„Und dieser große Korb?"
Der Diener seufzte. „In diesem Korb sollte Prinzessin Aspersi in die Kellerzelle getragen werden. Heute Abend."

Wie ein Adler

Neriglissar hatte volle Rückendeckung beim Militär, und das Volk verehrte ihn. Die Babylonier sahen im Schwiegersohn des verstorbenen Königs einen würdigen Nachfolger. Mit ihm konnten Glanz und Glorie des großen Babylon neu erstehen. Kein Minister, kein Priester und keiner aus dem Königshaus hatte etwas gegen seine Thronbesteigung einzuwenden. Alle jubelten ihm zu, als er gekrönt wurde. Und als er das Heer auf einen Feldzug schickte, da marschierten die Soldaten los wie ein Mann.

Als Erstes plante Neriglissar einen Feldzug nach Arabien. Die Beduinenstämme, die während Amelmarduks Regierung Oberwasser bekommen und ihren Tribut verweigert hatten, mussten in ihre Schranken verwiesen werden. Der General kam wie eine Gewitterwolke über sie.

Dann wandte sich der König nach Norden und durchstreifte Syrien. Dieser Zug war mehr als nur eine Demonstration seiner Macht. Die rebellischen Völker wurden gezügelt, aufrührerische Städte unterdrückt und säumige Steuern eingetrieben. Er kehrte als Sieger nach Babylon zurück und sonnte sich im Ruhm Nebukadnezars.

In den folgenden Monaten bemühte sich der General, seinem Vorbild noch ähnlicher zu werden, indem er Bauprojekte förderte. „Ein militärischer Sieg hinterlässt nur eine schwache Spur im Sand der Geschichte“, hatte sein berühmter Schwiegervater gesagt; „aber ein Palast, ein Tempel, ein prachtvolles Tor – das wird noch viele hundert Jahre später bewundert.“

Als wollte er sich unsterblich machen, begann König Neriglissar mit einem Palastbau am Euphratufer. Er ließ noch mehr Tempel in Babylon bauen und verbesserte das Kanalsystem, das Babylons Felder und Gärten bewässerte. Auch die Palastbibliothek wurde ausgebaut. Neriglissar bemühte sich, seinem großen Vorgänger auch auf dem Gebiet der Wissenschaft nachzueifern, aber er reichte doch nicht an Nebukadnezar heran.

Eines Tages unternahm Daniel einen Spaziergang mit seinen

Freunden Sadrach und Abednego, die gerade von ihrem Botschafterposten aus Ekbatana abberufen und nach Babylon zurückgekehrt waren. Sie schlenderten durch die Stadt und machten einander auf die neuen Tempel und Palastgebäude aufmerksam, die in der Zeit ihrer Abwesenheit gebaut worden waren. Sie waren auf die Prozessionsstraße gekommen und fanden sich auf einmal eingekeilt in einer Menschenmenge. Die Männer wichen in den Schatten der südlichen Zitadellenmauer zurück und reckten die Hälse.

Sie hörten Posaunen schmettern und Trommelschlag. Die Soldaten machten in der Mitte der Prozessionsstraße eine Gasse frei. Zwei Priester trugen das Bild einer Göttin auf den Schultern.

„Inanna! Inanna!", schrien die Leute und warfen sich vor dem Bild zu Boden.

Abednego runzelte die Stirn. „Wer ist das?"

„Die Göttin der Unterwelt und der Liebe. Die Assyrer nennen sie Ischtar", erklärte Daniel.

Sadrach schüttelte den Kopf. „Seht euch das an! Die Babylonier halten sich für das klügste Volk der Erde – und knien vor einer Holzstatue."

Die Priester drehten das Bild hin und her, damit der Blick der starren Augen alle Bürger segnen sollte, und die Menge schrie ekstatisch auf.

„Man sollte es nicht glauben. Es ist noch keine vier Jahre her, als König Nebukadnezar sich öffentlich zum Schöpfer bekannte und eingestand, dass Jahwe ein lebendiger Gott ist", meinte Sadrach.

„Er hat seine Überzeugung propagiert, aber niemandem aufgedrängt", erinnerte Daniel. „Für die meisten ist es leichter, einen sichtbaren Gott anzubeten, als auf eine höhere Macht zu vertrauen."

„Aber diese Göttin ist in Wirklichkeit nur angemaltes Holz! Eine Puppe mit einem roten Kleid, weiter nichts!", protestierte Abednego. „Sie kann nicht hören und nicht sehen, sie kann nicht helfen, ja sie muss sogar getragen werden. Was für eine machtlose Göttin!"

„Sie ist nur in der Fantasie der Menschen mächtig. Wenn wir uns von Dingen abhängig machen, die wir selbst geschaffen haben, dann werden wir unfrei und versklavt. Das ist schon immer so gewesen", sagte Daniel.

Inzwischen war die Prozession näher gekommen. Abednego war auf einen Sockel geklettert und berichtete:

„Hinter dem Götterbild kommt König Neriglissar mit seinem Sohn Labaschimarduk. Sie gehen barfuß. Wahrscheinlich wollen sie damit ihre Frömmigkeit zeigen. Sie haben die Köpfe gesenkt und versuchen, immer im Schatten der Statue zu bleiben."

Sadrach fragte: „Trägt der Kronprinz heute einmal keinen Hund auf dem Arm?"

Abednego lächelte. „Wir haben in Ekbatana viel von Labaschimarduk gehört. Er soll ein richtiger Kindskopf sein."

Daniel nickte. „Ich habe ihn noch nie bei einer ernsthaften Arbeit beobachtet. Er tollt den ganzen Tag mit seinen Hunden herum und lacht über Späße, die außer ihm keiner lustig findet. Man kann ihm nicht böse ein, aber ..."

„... aber die Vorstellung, dass er einmal König von Babylon wird, könnte einen Minister zur Verzweiflung treiben, nicht wahr?", sagte Abednego. „Als Nächstes kommt General Nabonidus mit seinem Sohn."

Der blonde Riese war nicht zu übersehen, er überragte alle um einen Kopf.

„Sein Sohn Belsazar ist mächtig gewachsen, seit ich ihn das letzte Mal sah", sinnierte Abednego auf seinem erhöhten Platz. „Er ist nur ein Jahr älter als Labaschimarduk, nicht wahr? Zwanzig Jahre, schätze ich. Ein attraktiver Mann ... Sadrach, das müsstest du sehen – er bewegt sich leichtfüßig wie eine Antilope."

„Ja, er ist der Star, der Held am Hof", erklärte Daniel. „Wenn er ein Zimmer betritt, richten sich alle Augen auf ihn. Und wenn er hinausgeht, folgen ihm alle Blicke."

„Kein Wunder. Ich habe selten einen Menschen mit so viel Ausstrahlung gesehen ...", murmelte Abednego.

„Er verbindet den Charme seines Großvaters mit der Anmut seiner Großmutter."

„Ich hörte, dass Belsazar nicht gerade unter Komplexen leiden soll", sagte Sadrach trocken.

Abednego lachte. „Wenn man ihn so sieht, dann könnte man glauben, *er* wäre das Ziel der Anbetung und nicht Ischtar."

In diesem Augenblick drängelte sich ein Mann an den Freunden vorüber. Er stolperte über Daniels Fuß und wäre gefallen, wenn ihn der Minister nicht gehalten hätte.

„Vielen Dank!", grinste er und entblößte ein Raubtiergebiss. „Ich hoffe, ich habe niemandem wehgetan." Er tippte sich an den Turban und war in der Menschenmenge verschwunden.

„Wo habe ich dieses Gesicht schon einmal gesehen?", überlegte Daniel. „Diese Piratenaugen ... Er kommt mir bekannt vor. Ich habe ein seltsames Gefühl. Ich glaube, ich muss den König warnen."

„Wovor?", wollte Sadrach wissen.

Aber Daniel hatte sich schon ins Gedränge gestürzt und zupfte hier einen am Ärmel, sprach einen zweiten an. Man erkannte seine

Ministerrobe und ließ ihn durch. Daniel sah seinen „Piraten“ etwas weiter vorne und kämpfte sich vorwärts, und die Freunde folgten ihm, so schnell sie konnten.

Inzwischen war die Prozession der Hofbeamten und Priester an der Esagila angekommen, dem weitläufigen Tempelkomplex des Stadtgottes Marduk. Die Esagila, „Das Haus des erhobenen Hauptes“ mit ihrem Tempelturm Etemenanki wuchs 90 Meter in den Himmel. Abednego warf den Kopf in den Nacken, um den blauen Hochzeitstempel zu sehen, aber es gelang ihm nicht.

Sadrach sagte: „Seltsam, was die Menschen alles unternehmen, um Gott näher zu kommen. Sie bauen sich Stufentempel und meinen, sie könnten sich durch ihre eigene Leistung zur Vollkommenheit emporschwingen.“

Abednego bedachte ihn mit einem tiefgründigen Blick. „Das große Babylon kann tausendmal sein ‚Haupt erheben‘; es wird nicht veredelt, nicht über sich hinauswachsen, solange es den Blick nicht zum Schöpfer hinwendet.“

„Ja“, sagte Sadrach. „Und um ihn zu sehen, muss sich keiner den Hals verrenken. Er kommt uns entgegen. Er ist hier, bei jedem Menschen, der ihm vertraut und für seine Stimme offen ist.“

„Nebukadnezar hat das damals erkannt. Er unterstellte sich dem Schöpfer, und das machte ihn erst richtig groß“, sagte Abednego versonnen.

„Er fehlt dir, nicht wahr?“

„Ja. Er fehlt mir. Er ist erst seit drei Jahren tot, und schon geht es mit Babylon bergab.“

„Meinst du nicht, dass König Neriglissar den Verfall aufhalten kann?“, wollte Sadrach wissen.

„Für eine Zeit lang – vielleicht. Aber er hat nicht das Format – und wirf einen Blick auf seinen Sohn.“

Sie schoben sich weiter.

Daniel hatte endlich die Spitze des Zuges erreicht. Der Mann mit den Piratenaugen und dem Haifischgebiss wand sich durch die Reihen der Priester. Sie hatten sich durch ihren ekstatischen Gesang berauscht und achteten nicht auf ihn. Einen Augenblick später sprang er den König an. Ein Messer blitzte in seiner Hand, und er warf sich mit einem Panthersatz auf Neriglissar.

Panik brach aus. Die Leute schrien und flohen kopflos in alle Richtungen, stießen und traten sich aus dem Weg. Endlich hatte Daniel den König erreicht. Neriglissar lag auf der Seite, seine weiße Tunika zeigte einen roten Fleck auf der Brust, der sich rasch vergrößerte. Der breitschultrige General Nabonidus stand breitbeinig über dem König und hatte beide Hände um die Faust des Attentäters gekrallt, der immer noch das blutige Messer hielt. Nabonidus zwang ihm das Messer in den Hals, und er sank zusammen. Erst dann ließ der General los, das Messer schlitterte über die gebrannten Ziegel der Prozessionsstraße.

Daniel hatte sich über den König gebeugt und untersuchte die Wunde. Er fand einen zweiten Stich am Hals, und der blutete noch heftiger.

„Labaschimarduk!", rief Daniel. Der Kronprinz schrak zurück, seine Knie schlotterten. Der Minister schüttelte den Kopf und fasste einen Priester am Kleid.

„Schnell! Stellen Sie die Statue ab. Ich brauche Sie hier." Der Priester bückte sich gehorsam. Daniel riss einen Streifen Stoff von seinem weißen Baumwollärmel herunter und legte ihn auf die Halswunde.

„Sie drücken auf die Wunde, so fest Sie können. Nicht nachlassen!"

Er bat einen anderen Priester, die Wunde im Brustmuskel mit der flachen Hand zusammenzupressen. Während Nabonidus Befehle bellte und seine Soldaten die Leute von der Straße scheuchten, waren Sadrach und Abednego herangekommen. Sadrach schob seine Arme unter die Schultern des Königs, Abednego nahm ihn bei den Füßen, und Daniel stützte seinen Kopf. Sie hoben ihn behutsam in die Waagrechte, die restlichen Priester packten ebenfalls zu. Gemeinsam trugen sie den König in den Palast, während das Götterbild der Ischtar im Straßenstaub liegen blieb ...

Kurz darauf hatte Daniel festgestellt, dass der Attentäter ein ehemaliger Diener Nabunasirs war. Doch der Prinz beteuerte „bei allem, was mir lieb und heilig ist!", dass er den Mann schon vor Monaten in seine Heimat entlassen hätte – er selbst sei unschuldig und habe mit dem Anschlag „nichts, aber auch gar nichts zu tun". General Nabonidus, der den Prinzen seit dem Militärputsch unter Hausarrest hielt, glaubte ihm nicht. Aber er konnte ihm eine Beteiligung an dem Mordversuch auch nicht nachweisen. Da man keine Spur von irgendwelchen Komplizen fand und der „Pirat" von Nabonidus auf frischer Tat hingerichtet worden war – etwas voreilig, wie Daniel zu bedenken gab –, musste man die Nachforschungen einstellen.

Prinzessin Aspersi wich Tag und Nacht nicht vom Lager des Königs. Dass er den schweren Blutverlust überlebte, war hauptsächlich ihr zu verdanken, denn sie ließ ihre Schulkinder Nesseln sammeln und zerquetschen und träufelte ihm stündlich den Pflanzensaft zwischen die Lippen. Sie kühlte seine Stirn und legte ihm kalte Umschläge auf die Füße, als das Fieber in ihm tobte. Und danach, als sein Körper schwach und schwächer werden wollte, hielt sie seine Hand und rief ihn immer wieder beim Namen. Schritt für Schritt kämpfte sie sich mit ihm ins Leben zurück.

Nach drei Wochen war Neriglissar kräftig genug, um Besuch zu empfangen. Daniel kam als Erster. Der König war immer noch blass, seine Augen waren müde und lagen tief in den Höhlen.

„Sie haben mir geholfen", murmelte er.

„Und General Nabonidus rettete Euch das Leben. Er tat für Euch dasselbe, was Ihr einmal für Amelmarduk getan habt. Und vergessen wir Prinzessin Aspersi nicht. Ohne ihre Pflege ..."

Neriglissar nickte. „Aber warum musste das passieren, Daniel? Warum gerade mir?"

Der Minister seufzte. „Wer Macht hat, hat Feinde. So mancher streckt die Hand nach dem Thron aus und geht dabei über Leichen."

„Mutige Worte ...", sagte der König mit zusammengepresstem Kiefer. „Man könnte sie auch auf mich beziehen, schließlich habe ich damals auch ... Aber mir blieb keine andere Wahl. Amelmarduk hätte niemals freiwillig abgedankt."

Daniel dachte an Nebukadnezar, der gegen Ende seines Lebens einen anderen Weg entdeckt hatte, der wirksamer war als Gewalt: die Macht der Liebe und der Vergebung. Der Minister seufzte. „Kann ich irgendetwas für Euch tun, Majestät?"

„Ich werde gut versorgt, danke sehr." Sein Mund verzog sich zu der Andeutung eines Lächelns.

„Ihr seid bald wieder auf dem Posten", sagte Daniel.

„Darauf können Sie sich verlassen!"

Daniel betrachtete das Gesteck, das auf dem Tisch neben dem Bett stand. Die Blumen stammten aus dem Bergland und waren getrocknet, ohne welk zu wirken. Die grüne Farbe war zu einem leichten Sienna verblasst, aber die gelben und orangenen Töne hellten das Bild auf.

„Trockenblumen ...", murmelte Neriglissar. „Einmal etwas ganz anderes. Aus Zagros. Hübsch, nicht wahr?"

Er streckte die Hand aus und berührte die trockenen Blütenblätter, fuhr über die Stängel und ungeöffneten Knospen. „Wenn ich mich erholt habe, werde ich solche Blumen sammeln."

Daniel verabschiedete sich und dachte auf dem Heimweg: *Wie traurig, dass der König auflebt, wenn er tote Blumen sieht – und kein Gespür hat für den Schöpfer des Lebens!!*

Trockenblumen

Der Kurier sprang vom Pferd, als es noch nicht richtig stand, und warf einem Wächter die Zügel zu. „Neuigkeiten aus Anschan!", rief er und eilte in den Palast. Die Minister und Hofbeamten hatten sich gerade zur täglichen Besprechung mit dem König versammelt, so konnte er seine Nachricht einem aufmerksamen Publikum bringen.

„König Kambyses ist gestorben!"

Ein Raunen ging durch die Reihen.

„Thronfolger ist Kyros von Anschan, 30 Jahre alt, verheiratet mit Merab, der Tochter des Königs Jojachin von Judäa. Sie hat ihm zwei Söhne geboren, Kambyses II. und Bardiya Smerdis."

Neriglissar lächelte. „Kyros ist ein kluger Diplomat. Er hat in den letzten Jahren die meisten der persischen Stämme zusammengeführt und zu einem gemeinsamen Heer geeint."

„Aber ganz Persien und Anschan zahlen Tribut an Medien!", warf ein Beamter ein.

„König Astyages regiert mit harter Hand", sagte Neriglissar. „Noch unterwirft sich sein Enkel dem Diktat des Großvaters. Aber – wie lange?"

Er wechselte einen Blick mit Daniel. Der Minister nickte.

Am gleichen Nachmittag besuchte Daniel die Klinik und traf Prinzessin Aspersi. Sie schüttelte einem verwundeten Soldaten die Decke zurecht und bemerkte den Minister erst, als er hinter sie getreten war.

„Habt Ihr Zeit für einen kurzen Spaziergang?", fragte er. Aspersi nickte.

„Ich habe endlich genügend Helfer gefunden", sagte sie. „Auch für meine Schulen."

„Ich hörte, dass Ihr inzwischen mehrere Schulen in Babylon betreibt."

„Ja, und auch eine für behinderte Kinder. Ihr wisst ja, dass es in dieser Stadt so viel Armut und Elend gibt."

„In der reichsten, in der klügsten und größten Stadt der Welt ..."

„Je größer und reicher die Städte, umso mehr Not ist darin", sagte sie leise.

„Und wie steht es in Eurer Heimat, Prinzessin, in Ekbatana?", fragte er. „Ich habe oft darüber nachgedacht, warum Ihr hier geblieben seid, vor allem jetzt ..."

„Sie meinen, weil meine Mutter gestorben ist?", fragte sie und blieb stehen. „Sie hat sich nie um mich gekümmert. Ich war ihr gleichgültig. Sie hat mich nicht vermisst. Aber hier werde ich gebraucht."

„Ist das – der einzige Grund?"

Aspersi beantwortete die Frage nicht. Inzwischen waren sie zu den Hängenden Gärten gekommen und stiegen die erste Treppe hinauf. Dort fanden sie eine Steinbank vor einem blühenden Jasminstrauch. Die Prinzessin griff in die Blüten und begrub ihre Nase darin.

„Ich liebe diesen Duft!", sagte sie und schloss die Augen. Die Sonne malte Streifen in ihr braunes Haar. Nach einer Weile nahm sie den Gesprächsfaden wieder auf.

„Ich weiß selbst nicht genau, weshalb ich hier geblieben bin. Ich war hier so glücklich wie noch nie. Das alles erinnert mich ..."

Daniel ahnte, woran sie dachte: Ihre Liebe zu Kyros hatte hier begonnen. Mit ihm war sie durch die Palastgärten spaziert, vielleicht hatten sie sich in einem verschwiegenen Innenhof geküsst? Und in den tosenden Fluten des Euphrat hatten sie verzweifelt um das Leben gekämpft, Arm in Arm. Suchte sie in dieser Stadt immer noch nach einem Echo seiner Stimme, eine Spur seiner Füße im Sand, bis ihre Träume verblasst waren wie Trockenblumen?

Doch König Neriglissar hatte im Sammeln von getrockneten Blumen eine neue Leidenschaft entdeckt. Stundenlang sortierte er Stängel und Gräser und arrangierte sie immer wieder neu. Seine Soldaten zogen in die Berge und krochen zwischen den Büschen herum, immer auf der Suche nach seltenen Exemplaren. Schon bald hatte sich unter den Bürgern von Babylon herumgesprochen, dass der König für ausgesuchte Stücke gut zahle. Und natürlich verbreitete sich die neue „Mode" im ganzen Land. Die Offiziere wurden fett und faul, Schwerter und Lanzen lagen ungenutzt in den Lagerräumen, und die Mannschaften vergnügten sich mit Wettspielen.

Aber dann wurde das Land von einer Nachricht aufgerüttelt: Zilizien war in Gefahr. Aus dem Westen war König Appuaschu in die babylonische Kolonie einmarschiert und plünderte die Städte. Neriglissar schob seine Trockenblumen in die Ecke und mobilisierte die Armee. Tage später schob sich der Heerwurm nach Nordwesten am Euphrat entlang, durchquerte Syrien und das Amanusgebirge, bis sie Zilizien erreicht hatten. Die Babylonier warfen sich auf den Feind. Appuaschu floh in die Berge, Neriglissar jagte ihn in sein Land zurück. Sie eroberten seine Hauptstadt und plünderten sie, dann wandten sie sich nach Süden in Richtung Küste und griffen die Festung Pitusu an.

Nach wenigen Wochen hatten sie das Land bis an die Grenzen von Lydien unterworfen. Neriglissar kehrte mit seinem siegreichen Heer nach Babylon zurück.

Die Posaunenbläser auf der Mauer schmetterten. Von der Esagila her antworteten die Trommeln. Und dann stimmte das Orchester eine triumphale Musik an. Unter den Klängen der Nationalhymne ritt der König durchs Ischtartor nach Babylon ein. Die Zuschauer jubelten und schwangen die Arme im Takt der Hymne, und Neriglissar saß aufrecht und stolz im Sattel, das schwarze Haar wie immer mit einer Lederschnur im Nacken zusammengehalten, kühn sprang die Nase vor, willensstark das Kinn – ein Bild der Entschlossenheit und Kraft.

Endlich hatte er erreicht, was er sich schon immer gewünscht hatte. Die ganze Welt zitterte vor dem Marschtritt seiner Soldaten, seine Position am Hof war gesichert, sein Volk verehrte ihn. Und diesmal hätte es ein Attentäter wirklich schwer gehabt: Schulter an Schulter standen die Wachen und riegelten die Mittelgasse ab, hielten dem König die Leute vom Leibe, sodass ihm keiner nahe kam.

Und der große Eroberer kehrte zu seinen Trockenblumen zurück. Er überhörte den Ruf der Armen nach Gerechtigkeit, er übersah das Elend der Kranken, der Blinden, der Kriegswaisen und flüchtete sich in seine eigene Welt. Minister Daniel versuchte ihn aufzurütteln – erfolglos.

„Ich brauche diesen Ausgleich", sagte Neriglissar. „Das müssen Sie verstehen, Minister Daniel." Sein Mund verzog sich zu seinem berühmten Adlerlächeln. „Darf ich Sie daran erinnern, dass Sie ebenfalls viel Zeit für Ihr persönliches Hobby verwenden und mit Ihren Freunden musizieren?"

„Ich pflichte Ihnen bei, Majestät", gab Daniel zu. „Allerdings frönen wir nicht der Kunst an sich. Für uns ist das Dichten, das Musizieren kein Selbstzweck."

„Was dann?" Der König hob fragend die Augenbrauen.

„Wenn wir uns aus dem Lärm der Stadt zurückziehen und gemeinsam musizieren, dann suchen wir dadurch die Gemeinschaft mit unserem Schöpfer. Wir loben ihn durch die Musik. Wir zeigen ihm unsere Liebe."

Neriglissar hob die Schultern. „Religion ist nicht jedermanns Geschmack. Ich kann mit unseren Göttern nicht viel anfangen. Nein, unterbrechen Sie mich nicht, Daniel. Ich weiß, was Sie sagen wollen. Sie möchten darauf hinweisen, dass unsere babylonischen Götter nicht wirklich existieren. Aber sie sind in den Köpfen der Menschen lebendig, und darauf kommt es an. Das Volk braucht Religion, auch wenn sie in meinen Augen nur Illusion ist. Und wer kann mir beweisen, dass Ihr Gott Jahwe etwas anderes wäre als eine fromme Fiktion?"

Daniel sah ihn lange an. Dann sagte er leise: „Majestät, darf ich mir die Freiheit herausnehmen und an einige Szenen aus der Vergangenheit erinnern?"

Der König nickte, und Daniel erzählte von der Einweihung des Standbildes in der Ebene von Dura. Neriglissar hatte erlebt, wie drei Männer dem Tod trotzten, weil sie ihrem Gott treu bleiben wollten. Damals hatte ganz Babylon zugesehen, wie der Himmelsgott seine Diener vor dem Feuer bewahrte. Einige Jahre später hatte Neriglissar vom Traum seines Schwiegervaters erfahren, durch den er vor den Gefahren der Überheblichkeit und Anmaßung gewarnt worden war. Nebukadnezar hatte damals die Warnung in den Wind geschlagen und verlor den Verstand. Sieben Jahre lang vegetierte er wie ein Tier vor sich hin, bis er endlich zu sich kam und begriff, dass er in den Augen des Schöpfers nur ein Staubkorn war – und trotzdem geliebt wurde. Nebukadnezar beschloss, in Zukunft dem Himmelsgott zu vertrauen und zu dienen, weil er ihn als den lebendigen, den einzig existierenden Gott erkannt hatte.

„Das alles ist Euch nichts Neues, Majestät. Welche Schlüsse habt Ihr daraus gezogen?"

Der König hatte den Kopf in die Hände gestützt und schwieg lange. Schließlich sagte er:

„Gehen Sie, Minister Daniel. Lassen Sie mich allein. Ich muss nachdenken."

Leider sollte Daniel nie erfahren, zu welchem Ergebnis der König gekommen war. Später am gleichen Abend hatten zwei Boten einen Korb mit Trockenblumen gebracht. Die Soldaten am Wachhaus bewunderten das exotische Gesteck.

„Der König wartet schon auf die Blumen. Sie kommen aus Afrika", sagte einer der Fremden und drückte dem verantwortlichen Offizier ein Goldstück in die Hand. Der Hauptmann der Wache spähte in den Korb. „Gut verarbeitet", lobte er mit Kennerblick. „Man hat das Gesteck sogar mit Leinen befestigt. Ich bringe den Korb sofort hinüber. Die Blumen werden ihm schöne Träume bescheren."

Er marschierte hinüber zum Schlafraum des Königs.

Der Diener zögerte. „Es ist schon spät, und der König wollte seine Ruhe haben. Ich weiß wirklich nicht, ob ... Hat das nicht bis morgen Zeit?"

Neriglissar hatte die Stimmen draußen gehört und riss die Tür auf. „Was ist hier los? Ich habe absolute Ruhe befohlen. Wer wagt es ..." Der Diener zeigte fragend auf die Blumen. Neriglissar kam näher und beugte sich über den Korb.

„Sie sind wunderschön ...", murmelte der König. „Stell sie auf den Tisch." Neriglissar konnte es kaum erwarten, die Blumen aus dem Korb zu heben und neu zu arrangieren. Das war für ihn zu einer „heiligen" Handlung geworden, bei der er nicht gestört werden wollte. Im Hinausgehen sah der Diener noch, wie Neriglissar das Tuch aus dem Korb nahm, das den Blumen Halt und Stütze gegeben hatte, und das Leinen achtlos zu Boden gleiten ließ.

Am nächsten Morgen konnte der Diener die Tür nicht öffnen, weil etwas Schweres auf der Schwelle lag. Er holte Verstärkung. Zu dritt stemmten sie die Schultern gegen die Tür und konnten sie endlich aufschieben. Neriglissar lag zusammengekrümmt auf dem Boden, seine Lippen waren blau verfärbt, die Kiefer verkrampft, die starren Augen schienen um Hilfe zu betteln. Aber es war zu spät. Um seine Füße wand sich eine Schwarze Mamba.

Der Hundenarr

Einundzwanzig Jahre war Labaschimarduk, als er den Thron bestieg, und er war noch genauso verspielt und kindisch wie beim Tod seines Großvaters sechs Jahre zuvor. Sein erster offizieller Akt bestand darin, seinen Lehrer und väterlichen Freund Esalhar zum Ersten Ratgeber des Königs zu befördern. Eine Woche später hatte dieser schlaue Politiker die altgedienten und erfahrenen Minister und Beamten des Staates Babylon in Pension geschickt und stattdessen junge Leute eingesetzt, deren Ehrgeiz sie zu leichten Opfern seiner Manipulationskunst machten.

Von diesem Beschluss war natürlich auch Daniel betroffen, in dessen dunkles Lockenhaar sich erste Silberfäden woben. Kein Wunder, er ging auf die 70. Im Lauf der beinahe 50 Jahre seines Staatsdienstes hatte er verschiedene Posten innegehabt: Vorsitzender im Konzil der Weisen, Premierminister, Minister für Inneres, Minister für Forschung und Entwicklung, Finanzminister. Nun konnte er endlich ausruhen, ohne Zeitdruck lesen, forschen, lange Spaziergänge unternehmen, seine Freunde besuchen. Leider war der fröhliche Mesach auf seinem Gouverneursposten in Haran an Fieber gestorben. Umso fester hielten die anderen zusammen; sie trafen sich täglich und genossen das Beisammensein.

Nach einem Monat dieses beschaulichen Rentnerdaseins wurde Daniel zur Privataudienz bei der Königinmutter gerufen. Dort traf er Amytis und die Witwe des verstorbenen Neriglissar. Kuschmari war auf einer Couch zusammengesunken und hielt den Kopf gesenkt. Sie hatte den Tod ihres Mannes noch nicht verwunden.

„Daniel!“, lächelte Amytis. Ihr früher honigblondes Haar war grau geworden, aber sie hatte immer noch die Haltung einer Königin. „Ich danke Ihnen für Ihr Kommen. Sie haben uns in der Vergangenheit immer beigestanden, wenn wir nicht mehr weiterwussten. Jetzt sind wir wieder an einem solchen Punkt angelangt.“ Sie seufzte. „Vielleicht haben Sie gehört, dass mein Enkel Labaschimarduk nicht von allen Teilen unseres Landes als König anerkannt wird.“

Daniel nickte. „Hier in Babylon hat er genügend Anhänger, aber in einigen anderen Städten ..."

Kuschmari hob den Kopf und schluchzte: „Sie wollen meinen Sohn nicht!"

Amytis fügte hinzu: „Sie verlangen, dass General Nabonidus den Thron besteigt, damit das Reich stabil bleibt. Der arme Labaschimarduk muss sich gegen seinen eigenen Onkel wehren. Und auch meine Töchter sind in Gefahr, wenn es zum Bürgerkrieg kommt. Wie soll es weitergehen?"

Sie schlug die Hände zusammen und ließ sich auf einen Stuhl fallen.

„Minister Daniel. Ich bitte Sie, stehen Sie meinem Enkel zur Seite. Dieser Esalhar tut ihm gar nicht gut."

Daniel leckte sich die trockenen Lippen und holte tief Atem. „Königin Amytis", begann er vorsichtig, „ich muss Euch auf Folgendes hinweisen: Ich bin nicht mehr Minister. Man hat mich pensioniert. Wie soll ich da dem König helfen?"

Sie strich sich eine Strähne aus der Stirn. „Sie können ihn beraten, Sie können ihn dazu bringen, dass er richtig entscheidet, Sie können dem schlechten Einfluss entgegensteuern, den dieser Esalhar auf ihn ausübt."

„Damit Ihr mich richtig versteht, Majestät – genau dieser Mann hat dafür gesorgt, dass ich in den Ruhestand versetzt wurde. Er wird mich niemals in der Nähe des Königs dulden."

„Dann ernenne ich Sie zu meinem persönlichen Botschafter!", rief Amytis. Sie nahm ein Dokument von ihrem Schreibtisch und hielt es Daniel hin. Es trug ihr Siegel. „Also, wollen Sie mir helfen, Daniel? Wollen Sie als Puffer dienen zwischen dem König und seinem Onkel?"

„Diese Aufgabe erfordert viel Takt und eine Weisheit, die meine Fähigkeiten weit übersteigt", wandte Daniel ein.

„Sie haben in der Vergangenheit bewiesen, dass Sie Zugang zu einer übernatürlichen Weisheit haben. Nutzen Sie Ihre Quellen. Bitte enttäuschen Sie mich nicht!", bat Amytis.

Daniel seufzte. „Ich will es versuchen, Majestät. Obwohl ich mir, ehrlich gesagt, nicht viel Erfolg verspreche."

Die erste Hürde bestand in einem übernervösen Sekretär, der die Termine zu planen hatte. Über eine Stunde lang ließ er Daniel in seinem Büro warten, während er das Schreiben der Königinmutter vorwärts und rückwärts studierte. Daniel erinnerte sich daran, dass er früher keine Minute gebraucht hatte, um einen Termin für eine

Audienz beim König zu erhalten. Damals war er Minister gewesen; jetzt kam er als Privatmann und musste die neugierigen Blicke der Untersekretäre und Boten ertragen, die ihn musterten, als käme er von einem anderen Stern.

Die zweite Hürde erhob sich in Gestalt eines stiernackigen Generals, der endlos lange den Brief der Königinmutter anstarrte – wie einer, der noch nicht lesen kann, das aber nicht zugeben will. Er schürzte die Lippen und runzelte die Stirn, als hinge er tiefen Gedanken nach. Zwischendurch richtete er seine kurzsichtigen Augen auf Daniel und durchbohrte ihn beinahe. Daniel spürte sein Blut schneller durch die Adern jagen, aber er lächelte unverdrossen. Sollte ich jemals wieder bei Hof etwas zu sagen haben, dachte er, dann werde ich als Erstes in diesem Büro Großputz machen und einen kompetenten Mann an seine Stelle setzen.

Der General wiegte den Kopf und sagte: „Der König ist beschäftigt, sehr beschäftigt!“

„Das haben Könige so an sich“, sagte Daniel trocken. Der General warf ihm einen vernichtenden Blick zu und ließ ihn zur Strafe zwei Stunden lang in seinem Zimmer sitzen. Draußen im Hof zwitscherte ein Spatz seiner Spätzin nette Komplimente ins Vogelohr, Bienen summten geschäftig zum offenen Fenster herein und ließen sich auf dem Blumenstrauß nieder, der in der Ecke stand. Von weitem hörte man Hundegebell, eine Frau lachte. Daniel nutzte die Wartezeit zum Nachdenken und wurde darüber ruhig und froh.

Es war lange nach der Siestastunde, als Daniel endlich bis zum Ersten Rat des Königs vorgedrungen war. Esalhar war ein energischer, schlanker Mann, etwa Anfang vierzig. Daniel hatte beobachtet, wie er in verbissenem Ehrgeiz auf der Erfolgsleiter hinaufgeturnt war. Sein blasses Gesicht verriet, dass er seine Arbeit ernst nahm und darüber hinaus wenig Interessen hatte. Er arbeitete fleißig und systematisch. Seine Tüchtigkeit hatte ihn weit vorangebracht, und Daniel hatte häufig ein gutes Wort für ihn eingelegt, wo Lob am Platz gewesen war, aber er traute diesem Mann nicht über den Weg, weil er oft das Gefühl hatte, dass seine dunklen Augen etwas zu verbergen hatten.

Jetzt wetterleuchtete es über Esalhars ausgezehrten Zügen. Er fletschte die Zähne zu einem Lächeln, das sich schnell wieder aus seinem Gesicht zurückzog, als wäre es fehl am Platz. „Mein Freund, mein lieber Freund!“, rief er überschwänglich. „Wie schön, dass Sie mich besuchen. Ich dachte schon, Sie hätten Ihre alten Kollegen und Untergebenen völlig vergessen.“

„Heute Vormittag hatte ich reichlich Zeit, über meine alten Kollegen nachzudenken. Es war gar nicht leicht, bis zu Ihnen vorzudringen," sagte Daniel und gab das Lächeln zurück.

„Ach ja", murmelte Esalhar. „Sie wissen ja, wie das ist. Unsere Bürokratie." Er zuckte die Achseln. „Nehmen Sie Platz, lieber Kollege. Wie fühlen Sie sich im Ruhestand? Endlich kann man tun, wozu man schon immer Lust hatte, nicht wahr?" Wieder zuckte das Lächeln über seinen Mund, aber die Augen blieben kalt.

Daniel studierte dieses harte Gesicht, in dem sich die Haut über den Knochen spannte wie Pergament. Ganz im Gegensatz dazu standen die sinnlichen Lippen, die rot und feucht schimmerten, als wären sie bemalt. *Seltsam. Das ist mir früher nie aufgefallen. Oder hat er sich in meiner Gegenwart immer verstellt? Ich frage mich, wozu dieser Mann fähig ist.*

„Ich beneide Sie beinahe. Ja, der Ruhestand ist köstlich. Man kann sich ein bisschen gehen lassen, lange schlafen, seinen Hobbys frönen ...", schwärmte Esalhar.

„Jawohl, Minister", sagte Daniel. „Ich habe meinen Ruhestand sehr genossen. Jedenfalls bis gestern, als Königinmutter Amytis mich zu sich rufen ließ." Der Brief der Königin lag auf Esalhars Tisch.

„Ach ja? Haben Sie ein bisschen miteinander geplaudert ..." Seine Fingerspitzen trommelten einen Marsch auf dem Tisch.

„So würde ich es nicht ausdrücken. Die Königin hat mir einen Auftrag erteilt."

„Und der führt Sie hierher?"

„Jawohl."

„Wollen Sie etwa den König sprechen?"

„Ganz genau."

„Peinlich, peinlich ... Sie müssen wissen, dass unser junger König sehr beschäftigt ist. Niemand darf ihn stören, unter keinen Umständen. Auch ich darf nur selten diese Tür durchschreiten." Er zeigte mit dem Kopf auf eine Tür. Der König war also nicht in seinem Arbeitszimmer, nicht im Thronsaal, sondern ausgerechnet im sonnigen Innenhof, und das an einem so heißen Tag.

„Sie haben den Brief der Königinmutter gelesen?"

Er hob die Augenbrauen. „Was für ein Brief? Ach, Sie meinen dieses Schreiben ... Tja, er ist eigentlich nicht an mich gerichtet ..." Er zuckte die Achseln.

„Aber Sie haben ihn trotzdem gelesen?"

„Ja natürlich." Seine Stimme wurde samtweich. Er lehnte sich in seinem Stuhl zurück und schaute zur Decke hinauf. „Sehen Sie, lieber Kollege – oder vielmehr Exkollege ... wir wollen offen miteinander sprechen. Ich schlage vor, dass Sie mir mitteilen, was Sie vom König wollen."

„Was würde mit Ihnen geschehen, wenn König Labaschimarduk durch einen Militärputsch abgesetzt würde?"

Seine Fingerknöchel wurden weiß. Er beugte sich vor und zischte: „Auf welcher Seite stehen Sie eigentlich, Daniel? Halten Sie es mit Labaschimarduk – oder mit General Nabonidus?"

„Ich vertrete die Interessen der Königinmutter", sagte Daniel ruhig.

Er sprang auf und lief zur Tür. Ohne Zögern, ohne Klopfen riss er sie auf.

Der König von Babylon trug kurze Hosen und lag auf einer niedrigen Couch auf dem Rücken. Er grinste einen Welpen an, der ihm die Wangen leckte. Mit der freien Hand streichelte er einen anderen Hund, der neben ihm lag. Einer der Hunde knurrte.

„Keine Angst, Baschi", sagte der junge König. „Das ist nur Onkel Esalhar mit einem anderen Onkel. Sie beißen dich nicht!" Er kicherte und schnappte spielerisch nach dem Ohr des Welpen.

Esalhars winkte Daniel mit dem Kopf. „Gehen Sie nur ...", sagte er und musterte ihn scharf.

Daniel deutete eine Verneigung an und ging hinüber zur Couch, zog einen Sessel herbei und setzte sich neben den jungen König.

„Mögen Sie Hunde?", fragte Labaschimarduk.

Daniel nickte.

„O ja?" Er nahm den Welpen von seinem Bauch und richtete sich zum Sitzen auf. „Onkel Esalhar hat nämlich nichts für Hunde übrig." Er streifte den Ersten Rat mit einem vorwurfsvollen Blick und wandte sich dann wieder an Daniel.

„Wenn man Hunde erst einmal richtig kennen gelernt hat, dann muss man sie einfach mögen, nicht wahr? ... Wollen Sie wissen, wie meine Hunde heißen?"

„Gerne, Majestät."

„Dieser weiße Welpe heißt Schari. Er ist sehr verschmust. Und der große Kerl da ist Harrum. Er spielt gern, aber er kann seine Kraft nicht einschätzen. Man muss aufpassen, dass man nicht verletzt wird. Das Windspiel habe ich Baschi genannt. Und der Hirtenhund unter der Couch heißt Luscha."

Er kicherte. „Welcher gefällt Ihnen am besten?"

Harrum legte Daniel die Pfoten auf die Brust und wischte ihm mit der Zunge über das Gesicht.

„Majestät", sagte Daniel, um Selbstbeherrschung bemüht, „ich mag Hunde, aber ..."

„Hierher, Harrum!“, befahl der König. Der Hund gehorchte. „Harrum hat einen Blick für gute Menschen. Er hat was für Sie übrig, sonst hätte er Sie nicht abgeschleckt. Ja, mein Großer – du hast einen guten Geschmack.“ Er gab dem Hund einen Klaps. „Auf seine Nase kann man sich verlassen, nicht wahr, Esalharsi?“

Falls es dem Ersten Rat peinlich war, bei einem Kosenamen gerufen zu werden, so zeigte er es nicht. Er lutschte an seinen üppigen Lippen und schien in Gedanken versunken, als er sich auf der Couch niederließ und den König im Nacken kraulte. Labaschimarduk schnurrte vor Vergnügen und schaute Esalhar mit hündischer Ergebung an. Daniel räusperte sich, und Esalhar nahm seine Hand zurück. Er stand auf und blieb neben der Couch stehen, drohend, finster.

Die Sonne schien durch den Säulengang, das Farnkraut teilte sich und spuckte zwei riesige Doggen aus, die über das hellrote Bodenmosaik wanderten und sich schließlich bei der Couch des Königs zusammenrollten. Labaschimarduk blickte verträumt in die Ferne. Ob er wusste, dass die meisten Städte im Südreich – nämlich Larsa, Ur, Erech, Borsippa und sogar das nahe gelegene Kisch – den Treueid verweigerten? Sie wollten ihren König nicht anerkennen. Vielleicht waren dies die letzten ruhigen Minuten, bevor das Land von einem Bürgerkrieg zerrissen wurde.

„Majestät!“, sagte Daniel entschlossen. „Darf ich Euch fragen, wie es zurzeit mit dem Reich steht?“

„Fragen Sie den Ersten Rat“, murmelte Labaschimarduk und zeigte auf Esalhar. „Für die Politik ist er zuständig. Da kenne ich mich nicht aus.“

Esalhar hob das Kinn und funkelte kriegerisch.

Zögernd schob sich Daniel aus dem Sessel und wollte sich verabschieden.

„Hier! Fassen Sie einmal Schari an. Wie weich sie ist!“, gurrte der König und schob Daniel den Welpen zu. Daniel streichelte das seidige Ohr.

Schüchtern fragte Labaschimarduk: „Sie sind einer von meinen Ministern, nicht wahr?“

Esalhar schnappte: „Er ist pensioniert!“

Der Erste Rat lehnte sich schwer gegen die Tür und fuhr sich durchs dünne Haar.

„Jetzt wissen Sie, wie viel auf meinen Schultern ruht, verehrter Kollege“, seufzte er. „Aber er lernt schnell. Er vertraut mir, und ich bin bereit, ihm die Last abzunehmen, bis er sie selbst tragen kann.

Jeden Tag wird es besser mit ihm ... Manche Kronprinzen kommen schon mit acht oder zehn auf den Thron. Er wird wachsen, das weiß ich. Eines Tages wird er ein großer König sein. Wir müssen ihm einfach die Chance geben. Bis dahin will ich gerne das Opfer bringen und ihn ausbilden, ihn stützen, ihm beistehen." Seine Stimme wurde feierlich, und er streckte die Arme aus. „Sind Sie bereit, ihm diese Chance einzuräumen, Daniel? Um seines Großvaters willen?"

„Was erwarten Sie von mir?"

„Sagen Sie der Königinmutter und allen anderen Familienangehörigen, dass der Junge bei mir in guten Händen ist, in liebevollen Händen. Versichern Sie allen, dass er sich schon bald in einen tatkräftigen Mann verwandeln wird, in einen König, auf den das ganze Land stolz sein kann. Bitten Sie alle um etwas Geduld – er braucht Zeit, dann wird er sich bessern." Sein Gesicht glänzte vor Schweiß.

„Eines möchte ich Sie fragen, Erster Rat: Wie ist Ihnen zumute, wenn Sie an den Onkel dieses Jungen denken, an General Nabonidus? Es kann Ihnen nicht entgangen sein, dass viele Städte unseres Landes den General zum König ausrufen wollen?"

Seine Augen wurden ängstlich, ärgerlich, dann spuckten sie Feuer. Die vollen Lippen verkrampften sich zu einem dünnen Strich. Er stieß eine Faust in die Luft.

„Haben Sie den Verstand verloren? Bei Marduk und Ischtar und allen guten Göttern!", schrie er. „Wir haben einen König, der gekrönt und offiziell eingesetzt wurde. Er ist der legitime Sohn unseres letzten Königs, er ist der Enkel des großen Nebukadnezar! Was für ein teuflisches Komplott brüten Sie aus? Warum reden Sie den ganzen Tag von Nabonidus?"

„Sie müssen der Wirklichkeit ins Auge sehen, Esalhar!", mahnte Daniel.

„Hören Sie zu, Daniel!", keuchte der Erste Rat. „Ich werde den König schützen. Ich werde für ihn einstehen, und wenn es mich das Leben kostet. Ich bin dazu fest entschlossen. Sein Schicksal liegt in meiner Hand, und dort liegt es gut und sicher. Haben Sie das verstanden?!" Er packte Daniel bei den Schultern und schüttelte ihn heftig.

„Nabonidus wird niemals König. Nicht heute, nicht morgen, nie im Leben. Das schwöre ich bei Marduk und allen Göttern!"

Daniel dachte: Natürlich wirst du dafür sorgen, dass Nabonidus niemals König wird. Sonst bist du ja erledigt und kannst die Puppen nicht mehr für dich tanzen lassen.

„Begreifen Sie das, Daniel?!"

„Selbstverständlich begreife ich", sagte Daniel, und Esalhar ließ die Hände sinken.

Daniel eilte zur Königinmutter. „General Nabonidus muss sofort fliehen. Es geht um sein Leben!", rief er. „Und seine Familie muss ebenfalls fortgeschafft werden. Esalhar kennt keine Gnade." Die Tür zum Nebenraum flog auf. Dort stand Nabonidus und füllte mit seinen Schultern den Rahmen aus.

„Ist das sicher?"

Daniel berichtete hastig, was er soeben erlebt hatte. „Ich bin überzeugt, dass Ihr Todfeind gerüstet ist, General", schloss er.

Nabonidus zeigte weder Schock noch Ärger. Keine Trauer. Seine Augen blitzten vor Unternehmungslust.

„Also gut. Gehen wir. Nitocris? Sind die Kinder fertig?" Auch er hatte sich auf diese Stunde vorbereitet.

In derselben Nacht brachen die Männer der königlichen Garde in die Wohnung des Generals ein. Ihr Befehl war von König Labaschimarduk unterzeichnet, der höchstwahrscheinlich gar nicht wusste, was er da unterschrieben hatte. Aber die Räume waren leer. Nabonidus und seine Familie waren spurlos verschwunden.

Bürgerkrieg

Daniel saß in seinem Garten und goss frischen Traubensaft in drei Becher.

„Wie wird Esalhar vorgehen?“, fragte Sadrach. Abednego, der Denker, legte seine Stirn in Falten und brütete. „Ich nehme an, er wird sich die aufsässigen Städte nacheinander vornehmen“, sagte er schließlich.

„Aber wer wird die Truppen anführen? Scharoflu vielleicht?“

Der stämmige, zuverlässige General war eine Möglichkeit, aber Daniel tippte eher auf Gobryas.

„Wir sollten ihn darauf vorbereiten“, meinte Abednego, und die Freunde stimmten ihm zu. Daniel schickte einen Boten zu Gobryas und bat ihn dringend um seinen Besuch. Wenig später trat der General in den Hof und begrüßte die Männer.

„Gobryas, Sie haben sicher erfahren, dass General Nabonidus geflohen ist?“, fragte Daniel.

Der General nickte.

Daniel fuhr fort: „Ich weiß nicht, wo er sich zurzeit aufhält. Sein Leben war bedroht. Sie wissen warum. Viele Städte des Landes wollen Labaschimarduk nicht als König anerkennen. Sie fordern Nabonidus.“

„Aber er hat sich geweigert“, sagte Gobryas leise.

„Gestern noch“, nickte Daniel. „Aber in der Nacht sollte er beiseite geschafft werden, damit er keine Gefahr für Labaschimarduk darstellt. Könnte das seine Meinung geändert haben?“

Er schwieg.

„Wird General Gobryas von Babylon hingehen und gegen General Nabonidus von Babylon Krieg führen?“, fragte Sadrach.

Gobryas’ Finger krampften sich um die Stuhllehne, und er spannte die Wangenmuskeln an. „Sie sprechen hier von Bürgerkrieg!“

„Oder vom Gehorsam. Sie haben geschworen, Ihrem König zu gehorchen, auch wenn dieser König Labaschimarduk heißt und noch ein halbes Kind ist“, sagte Abednego.

Gobryas runzelte die Stirn. „Das – das ist eine schwere Entscheidung."

Daniel legte ihm die Hand auf die Schulter. „Sie muss gründlich bedacht werden, denn davon hängt das Schicksal unseres Landes ab."

„Ich danke Ihnen allen", sagte Gobryas und stand auf. „Sie haben mir einen großen Dienst erwiesen. Das werde ich nie vergessen."

Schon zwei Stunden später wurde der General in Esalhars Büro zitiert und empfing seine Befehle. In der folgenden Woche erwachte Babylons Militärmaschinerie aus ihrem Trockenblumenschlummer. Offiziere brüllten auf den Mauern, Soldaten hoben zwischen den Sanddünen Übungsgräben aus und verschanzten sich im Gewirr der Kanäle. Die Belagerungsmaschinen wurden überprüft und eingestellt. In den Waffenschmieden glühte Tag und Nacht die Esse, und die Herolde durchsuchten jedes Haus nach waffenfähigen Männern.

Inzwischen war Nabonidus in Nippur zum König ausgerufen worden, kurz darauf in Adab. General Gobryas machte sich mit einem kleinen Teil der Soldaten auf den Weg. Daniel konnte ihm vor der Abreise noch eine kurze Botschaft zustecken lassen:

„Ich bitte Sie, tun Sie alles Menschenmögliche, um Blutvergießen zu vermeiden – im Namen der Vernunft, im Namen der Menschlichkeit!" Eine Antwort kam nicht.

Borsippa verrammelte vor Gobryas die Tore. Der General baute seine Belagerungsmaschinen auf. Daraufhin schickte Nabonidus eine Delegation aus der Stadt Dilbat. Sein neues Heer hatte sich bei Nippur gesammelt. Zwei Tage später brach Gobryas die Belagerung ab und wandte sich nach Süden. Das Heer war kaum abgezogen, als Borsippa die Tore öffnete und Krieger ausspuckte. Sie griffen Gobryas von hinten an. Das Blutbad schien unausweichlich.

Doch Gobryas schlug nicht zurück. Er schickte nach der Abordnung von Dilbat und übergab ihnen ein versiegeltes Schreiben an Nabonidus. Dann wichen seine Truppen aus und kehrten nach Babylon zurück.

Zwei Wochen marschierte Nabonidus mit seinem Heer auf Babylon zu. Gobryas mobilisierte die gesamte Armee und rückte aus. Die beiden Generäle trafen sich vor der Stadt und umarmten sich öffentlich. Daraufhin vereinten sich ihre Truppen und riefen Nabonidus zum König aus.

Das Heer schlug südlich von Babylon sein Lager auf. Ein Tag nach dem anderen verstrich, und kein Stein wurde nach Babylon hineingeschleudert, keine Sturmleiter wurde angelegt. Die Soldaten waren vor der Stadt präsent, aber sie griffen nicht an. Bald konnten die Minister und Beamten bei Hof keinen klaren Gedanken mehr fassen, so nervös waren sie.

Eines Morgens holten zwei Palastwächter den pensionierten Minister Daniel in den Palast. Diesmal brauchte er keine fünf Stunden, bis er ins Büro des Ersten Rates vorgelassen wurde, sondern nur fünf Minuten. Esalhar starrte ihn wortlos an und winkte mit der Hand in Richtung Tür.

Der König lag auf den Knien und versuchte, seinem großen Hund den Hinterlauf zu schienen. Er schaute auf und fragte ängstlich:

„Können Sie das Bein wieder richten?"

Daniel beugte sich über den Hund und betrachtete die Schiene.

„Besser hätte ich es auch nicht machen können, Majestät. Die Schiene sitzt gut. Wenn Ihr das Bein jetzt fest umwickelt, dann wird es heilen. Wie ist das passiert?"

Die Tränen liefen dem jungen König übers Gesicht, und seine Lippen zitterten. „Der arme Harrum! Er rannte unter einen Karren und wurde überfahren. Er hat solche Schmerzen, dass er nicht einmal heulen kann. Hören Sie nur, wie er bei jedem Atemzug stöhnt!"

„Armer Harrum", wiederholte Daniel und bewunderte die schlanke Schnauze, die wachen Ohren, die klugen Augen des Hundes. „Ein schönes Tier. Er ist bestimmt sehr anhänglich, nicht wahr?"

Labaschimarduk nickte. „Und er hat Sie von Anfang an gemocht. Sie sind ein guter Mensch ..." Der Junge seufzte. „Warum sind die Menschen so ganz anders als Hunde? Wenn alle damit zufrieden wären, dass sie sich satt essen und gemütlich in der Sonne liegen und ab und zu mal draußen herumtollen können, dann gäbe es keinen Streit und keinen Krieg."

Er stand auf und sah Daniel bittend an. *Er wirkt so zart und zerbrechlich wie Amytis, als sie jung war,* dachte Daniel. *Aber von wem hat er die grünen Augen?*

„Onkel Daniel, was soll ich tun? Jeder rät mir etwas anderes. Ich habe Angst."

Daniel fasste ihn an der Schulter und näherte seinen Mund dem Ohr des Jungen. „Majestät, Ihr müsst fliehen. Sofort!"

Labaschimarduk wurde blass und fuhr mit der Hand zum Mund. „Sie glauben, dass ...?"

Daniel flüsterte noch dringlicher: „Euer Leben hängt nur noch an einem Seidenfaden. Ihr müsst fliehen! Verliert keine Zeit."

„Sie meinen – man will mich umbringen?" Seine Lippen zitterten, und seine Augen standen voller Tränen. „Aber ich hab doch keinem was getan!", jammerte er.

Esalhar tauchte plötzlich auf und legte Daniel die Hand auf den Arm.

„Es hat keinen Sinn, dem Jungen Angst zu machen. Kommen Sie, lassen Sie ihn in Ruhe."

Er ließ Daniel den Vortritt und drückte die Tür zum Vorzimmer hinter sich ins Schloss.

„Das Spiel ist aus", sagte er und fiel schwer auf einen Stuhl.

„Der König könnte fliehen ...", gab Daniel zu bedenken.

„Und wohin?"

„Oder abdanken."

„Ein König dankt nicht ab und gibt seinen Thron so mir-nichts-dir-nichts einem anderen. Man kann Könige nur auf einem Weg loswerden ...", er fuhr sich mit dem Zeigefinger über den Hals. „Ein Exkönig gleicht einer latenten Drohung. Wenn sich die Stimmung gegen den neuen König wendet, könnte er jederzeit wieder den Thron beanspruchen. Deshalb lässt man Exkönige nicht am Leben."

„Aber Sie könnten fliehen. Oder Ihre Dienste dem Nabonidus anbieten", versuchte Daniel die Gedanken weiterzuspinnen.

„Vielen Dank für Ihre Anteilnahme. Wie steht es mit Ihnen? Würden Sie gerne zu Nabonidus überlaufen?"

„Überlaufen? Ich bin Privatperson und fühle mich beiden Männern verpflichtet. Darf ich Sie daran erinnern, dass Sie mich in den Ruhestand geschickt haben?"

„Ich weiß, ich weiß ... Ich würde Sie gerne zu Nabonidus schicken."

„Sozusagen als Vermittler?"

„Sozusagen als Unterhändler ..." Esalhar fingerte an seinem Griffel herum und drückte die Spitze unter seinen Daumennagel. „Vielleicht könnte ich Ihnen hundert Goldstücke mitgeben – als Kaufpreis für mein Leben."

„Und als Lösegeld für Labaschimarduk?"

Esalhar seufzte. „Sie haben mir vorhin nicht richtig zugehört. Der Junge ist nicht zu retten."

Daniel schüttelte energisch den Kopf. „Da bin ich mir nicht sicher. Nabonidus ist sein Onkel und selbst ein guter Familienvater. Ich könnte an seine Menschlichkeit appellieren."

„Ehrlich gesagt, ist es mir ziemlich gleichgültig, was aus dem Jungen wird."

„Aber mir nicht!“, sagte Daniel. Er war empört. „Wie können Sie so über Ihren König sprechen?! Als wir uns das letzte Mal trafen, konnten Sie nicht genug beteuern, wie groß Ihre Liebe zum König wäre!“

Esalhar zuckte die Achseln. „Die Umstände haben sich geändert.“

„Ach ja?“, sagte Daniel scharf. „Unter diesen neuen Umständen werde ich nicht den Unterhändler spielen!“

Der Erste Rat stand auf. „So, wie ich Sie kenne, werden Sie trotzdem gehen. Sie waren schon immer viel zu sentimental. Wenn Sie Labaschimarduk helfen wollen, dann arbeiten Sie mit mir zusammen. Ich bin nämlich der Einzige, der diese Situation noch retten kann.“ Er strich sich das schüttere Haar zurück und straffte die Schultern, als wollte er Daniel von der eigenen Wichtigkeit überzeugen.

„Ich erwarte Ihre Antwort bald – spätestens morgen früh!“

Daniel wandte sich an der Tür noch einmal um. „Sollte irgendeiner mit dem Gedanken spielen, den König zu ermorden und seine Leiche dem General Nabonidus auszuliefern, dann sei er gewarnt: So weit ich den General kenne, wird er den Mörder zur Belohnung von seinem Kopf befreien!“

Esalhar hielt seinem Blick stand und zuckte die Achseln.

Von dort aus lief Daniel hinüber zur Wohnung der Königinmutter. Doch Amytis war nirgends zu finden. Daniel hinterließ auf einer versiegelten Tontafel die Nachricht: „Dringend: König Labaschimarduk muss sofort in Eure Privatwohnung geholt werden. Bitte versteckt ihn dort zusammen mit seiner Mutter, bis der Sturm vorübergezogen ist!“

Dann ging er nach Hause und versuchte, zur Ruhe zu kommen. Drei Stunden lang wälzte er sich schlaflos im Bett. Gegen Morgen sank er in einen unruhigen Schlummer, wurde aber von Albträumen geplagt und erwachte schweißnass und völlig durcheinander.

Früh eilte Daniel wieder in den Palast. Er fragte nach dem Ersten Rat und wartete. Die Sekretäre ignorierten ihn wie immer, schlurften umher wie immer, taten wichtig wie immer, als trügen sie die Last der ganzen Welt auf ihren Schultern. Nach einer halben Stunde legte Daniel einem dicken Mann die Hand auf den Arm. „So geht es nicht weiter“, sagte er. „Ich möchte sofort zum König gebracht werden.“ Der Sekretär ließ sein Doppelkinn erzittern und kniff die Augen zusammen.

„Zum König? Das ist unmöglich. Der Erste Rat hat angeordnet, dass der König nicht ..."

„Keine Ausflüchte jetzt. Kommen Sie, melden Sie mich an", sagte Daniel kurz und ließ seinen Arm nicht los, während er den Mann zur Tür schob. Der Dicke wollte protestieren, aber es half nichts. Sie durchquerten einen Flur und zwei weitere Zimmer. Schließlich waren sie im Vorzimmer des Ersten Rates angelangt. Dort hockte ein mausgraues Männlein mit Quecksilberaugen an einem riesigen Schreibtisch und nagte an den Fingerknöcheln.

„Wo ist der Erste Rat?", fragte Daniel, und seine Stimme verriet, dass er sich nicht mit Ausreden abspeisen lassen würde.

Der Kleine starrte Daniel an. Sein Wangenmuskel zuckte.

„Der Erste Rat? Ich weiß auch nicht, wo er steckt!", sagte er kläglich. „Er ist heute noch nicht aufgetaucht, und das macht mir Sorgen."

„Mir auch!" Daniel winkte den Mann zu sich und packte ihn ebenfalls am Arm. „Meine Herren, bitte bringen Sie mich zum König, wo immer er sich auch aufhalten mag", sagte er fest.

Sie führten ihn an der Doppelwache vorbei in Esalhars Arbeitszimmer und schoben die Tür zum Innenhof auf, während sie ängstliche Blicke wechselten. Daniel trat auf den Hof und näherte sich der Couch.

Dort lag Labaschimarduk mit ängstlich verzerrtem Gesicht. Er hatte die Augen weit aufgerissen. Die Zunge hing ihm halb aus dem Mund, und er atmete nicht. Daniel griff nach seiner Hand – sie war eiskalt. Neben der Couch lag in einer Blutlache der große Hund, dem der König noch gestern sorgfältig den Hinterlauf geschient hatte.

„Hast du deinen Herrn beschützen wollen, Harrum?", sagte Daniel leise. „Aber gegen solche Meuchelmörder hat auch ein guter Hund keine Chance."

Daniel wandte sich an die beiden Sekretäre und winkte sie herbei. Der Mausgraue zog scharf die Luft ein, der Dicke stöhnte, als Daniel den Schal beiseite zog und die Schnur sichtbar wurde, die sich tief in den Hals des Jungen eingegraben hatte.

„Erwürgt ...", keuchte der Graue. „Sie haben ihn heute Nacht erwürgt!"

Sein Kollege schüttelte den Kopf. „Es ist mir ein Rätsel! Wie konnte sich der Mörder unbemerkt an den Wachen vorbeischleichen? Und an Esalhar?" Dann dämmerte ihm die Wahrheit, und er wurde blass.

„Bei Ischtar ...", flüsterte er.

Der Graue kam schneller zu sich und zupfte ihn am Ärmel. „Das müssen wir melden!“ Sie liefen hinaus.

Daniel lächelte bitter, denn er wusste, warum sie es so eilig hatten: Sie spekulierten auf eine Belohnung, wenn sie dem neuen König diese „gute Nachricht“ überbringen konnten. Der kleine Hund wimmerte vor sich hin und leckte dem Toten das Gesicht. Daniel hockte sich auf die Kante der Couch und hielt einsame Wache bei seinem toten König. In Gedanken versunken streichelte er den Welpen, der dann und wann seine Klage laut hinausheulte.

Staatsbesuch

Der offene Wagen rumpelte über die steinige Gebirgsstraße. General Gobryas, der mit fünfzehn Reitern vorangeprescht war, hielt seinen Hengst an und wandte sich an den einzigen Reisenden im Wagen. „Da unten liegt Anschan, Minister Daniel", sagte er und schüttelte den Kopf. „Nicht mehr als ein großes Dorf – und das soll die Hauptstadt der Perser sein?"

„Wir dürfen nicht vergessen, dass die Perser ursprünglich ein Nomadenvolk waren", erklärte Daniel. Sie haben sich erst im letzten Jahrhundert in den Tälern der Zagrosberge und auf der Hochebene niedergelassen."

„Wissen Sie Näheres über dieses Volk? Über Ihre Sitten und Ihre Kultur?", wollte Gobryas wissen.

„Ich habe mich ein wenig damit beschäftigt, als ich Kyros kennen lernte", gab Daniel zu. „Sie sind fröhliche und ausgelassene Menschen, gleichzeitig aber auch Mystiker und Eigenbrötler. Sehr stolz, sehr eigenwillig. Sie feiern ihre Geburtstage als großes Fest. Sie trinken viel und gern."

„Das ist ja nichts typisch Persisches", lächelte Gobryas.

„Ja, aber sie haben eine außergewöhnliche Regel. Eine Entscheidung oder ein Handel ist nur dann gültig, wenn alle Beteiligten nüchtern waren."

„Sehr vernünftig!"

„Die Perser sind außergewöhnlich gastfreundlich. Polygamie ist bei ihnen normal, aber es gibt Ausnahmen, zum Beispiel König Kyros. Die Kinder bleiben bis zum Alter von fünf Jahren bei den Frauen und sehen ihre Väter nie. Danach lernen die Jungen reiten und Bogenschießen und müssen sich das Lügen abgewöhnen."

Gobryas schmunzelte. „Ob das allen gelingt?"

Daniel schob sich ein Kissen in den Rücken. „Sie haben Recht, die Liebe zur Wahrheit kann nicht anerzogen werden. Da muss sich der Mensch persönlich entscheiden."

„Da wir gerade bei ethischen Fragen sind – welche Religion haben die Perser?"

„Von ihrer Tradition her beten sie die Natur an. Ihre Priester sind Magier und Zauberer. Sie überlassen ihre Toten den Geiern und den wilden Tieren. Nur von Hunden dürfen die Leichen nicht berührt werden."

Der General winkte einem seiner Männer und befahl ihm, als Bote vorauszureiten. „Er soll uns anmelden. Aber erzählen Sie bitte weiter, Daniel."

„In den letzten Jahren hat ein Lehrer namens Zarathustra großen Einfluss auf das Volk. Er lehrt, dass es nur einen Gott gäbe, Ahura-Mazda, den weisen Schöpfergeist, der sich im Licht und im Feuer manifestiert."

„Ein einziger Gott ...", murmelte Gobryas.

„Das Böse verkörpert sich in dem Dämon Angru Manyu, der gegen das Gute kämpft. Der Kampf tobt im gesamten Kosmos, nicht nur auf dieser Erde. Und wenn man in die Reihen des Guten treten will, muss man zwei Bedingungen erfüllen: Man muss sich um Reinheit bemühen, und man muss anderen nützlich sein. Außerdem glaubt Zarathustra an einen Tag der Vergeltung. Da muss sich jeder Mensch vor Ahura-Mazda verantworten und wird dann belohnt oder bestraft, je nachdem."

„Das klingt sehr ähnlich wie das, was in euren Heiligen Schriften steht", sagte Gobryas nachdenklich.

„Einige Gedanken sind ähnlich", nickte Daniel, „aber in der Hauptsache unterscheidet sich Zarathustra von dem, was unsere hebräischen Propheten über Gott geschrieben haben. Zarathustra fordert, dass sich der Mensch zum Guten hin ausstreckt und rein ist. In unseren Schriften aber steht, dass der Mensch von sich aus gar nicht zum Guten fähig ist. Er muss erst gereinigt werden. Er braucht einen Fürsprecher, einen Vermittler."

„Den Messias, wie ihr Juden ihn nennt?"

„Ja, aber woher wissen Sie das?"

Gobryas strich sich die Haare aus der Stirn. „Prinzessin Aspersi hat sich öfter mit mir darüber unterhalten."

„Aspersi?"

„Sie liest viel. In den letzten Monaten hat sie sich mit verschiedenen Religionen beschäftigt, auch mit Ihrem Glauben, Daniel."

„Wenn sie sich dafür interessiert, kann ich ihr einiges erklären."

„Sicher", nickte Gobryas, „aber in den nächsten Stunden werden wir anderes im Kopf haben." Er rief seinen Männern einen Befehl zu und wies den Kutscher an, langsamer zu fahren, denn die Straße war voll gestopft mit Ochsenkarren, Pferden und Fußgängern. Der General neigte sich näher zu Daniels Ohr und flüsterte:

„Hoffentlich kann ich meinen Auftrag erfüllen. König Nabonidus möchte, dass ich die militärische Stärke der Perser einschätze und ihm über die Vorgänge in Anschan berichte."

Daniel nickte. „Wir werden unsere Augen offen halten. Wenn Kyros sich nicht verändert hat, dann werden wir schnell herausfinden, was wir wissen müssen."

Gobryas runzelte die Stirn. „Wie meinen Sie das?"

„Kyros ist ein Mensch, der sich seiner Sache sicher ist. Durch sein diplomatisches Geschick und seine Ausstrahlung verwandelt er potenzielle Gegner in Freunde. Er hat es nicht nötig, hinterm Berg zu halten. Er ist offen und geradeheraus."

„Ja. So habe ich ihn auch kennen gelernt. Das ist mir sehr sympathisch."

Plötzlich kam von hinten lautes Pferdegetrappel. Etwa hundert Reiter galoppierten heran und bogen vor dem Stadttor nach links ab. Sie donnerten an der Stadtmauer entlang. Gobryas nickte anerkennend. Die Stadt pulsierte vor Leben. Hier und dort ratterten Pferdewagen, Händler priesen ihre Waren an, auf dem Marktplatz stand ein Redner auf einer Kiste und wurde von den Zuhörern angefeuert. Überall wimmelte es vor Kindern.

„Ich weiß nicht genau, wo wir hin müssen", gestand Gobryas. „Der Palast – wenn es hier überhaupt einen gibt – ist wohl nicht so groß, dass man ihn von weitem sehen könnte." Er rümpfte die Nase. „Dieser Gestank – was ist das, Pferdeschweiß?"

Daniel schnupperte. „Ich weiß nicht, es riecht nach schwerer Arbeit, nach Aufregung, nach Spannung."

„Aber man sieht doch, dass die Perser ursprünglich Nomaden waren, immer unterwegs, immer auf der Reise", meinte Gobryas nach einer Weile. „Da schleppen sie Bündel und Kisten herum, als würden sie die Stadt evakuieren."

Daniel winkte einem Passanten und fragte ihn nach dem Weg. Der Mann verstand sein Aramäisch und zeigte nach rechts und nickte bestätigend.

Das Königsschloss stand in einem Park und nahm sich – nach babylonischen Maßstäben – ziemlich bescheiden aus: ein zweistöckiges Wohnhaus. Rechts daneben war ein kleines Wäldchen gerodet worden, um einem flachen, rechteckigen Bau Platz zu machen. Davor waren etwa 80 Pferde angebunden. Zwischen diesem Gebäude und dem Schloss eilten Männer hin und her, Reiter trafen ein und sprangen vor dem niedrigen Bauwerk ab.

Dann spuckte das Schlosstor drei Beamte aus, die auf Daniel und seine Reisegesellschaft zuliefen. „Willkommen!“, rief der Anführer und verneigte sich. „König Kyros bedauert, die Herren im Augenblick noch nicht empfangen zu können. Aber in den nächsten Tagen wird er sich Zeit nehmen.“ Die anderen beiden brüllten Befehle, Knechte tauchten auf und versorgten die Pferde, Diener übernahmen das Gepäck und führten Daniel und seine Begleiter auf ihre Gästezimmer. Nachdem sie sich von der Reise ausgeruht und gewaschen hatten, klopfte Gobryas an Daniels Tür und trat ein.

„Wie haben Sie die lange Fahrt verkraftet, Minister? Es war sehr anstrengend, nicht wahr?“

„Ich bin froh, dass ich die Reise nicht im Sattel bewältigen musste. Bin nie ein guter Reiter gewesen. Der Wagen war bequem, nur der Rücken tut mir weh, und die Muskeln sind verkrampft.“

„Jeder andere in Ihrem Alter hätte sich geweigert, wieder in den Staatsdienst einzutreten. Aber Sie – sind unverwüstlich! Man könnte meinen, Sie hätten irgendwo in Ihrem Haus einen Jungbrunnen“, sagte Gobryas.

Daniel lächelte rätselhaft. „Richtig geraten!“

„Tatsächlich? Sie machen mich neugierig.“

„Mein Jungbrunnen, wie Sie das nennen, ist der Kontakt mit meinem Schöpfer. Ich nehme mir dreimal täglich Zeit, über ihn nachzudenken und mit ihm zu sprechen. Danach bin ich erholt, als käme ich gerade aus dem Urlaub zurück.“

Der General schüttelte den Kopf. „Es ist mir völlig neu, dass Religion eine solche Wirkung haben kann. Wenn ich in den Tempel gehe, spüre ich überhaupt nichts.“

Daniel schwieg.

„Manchmal habe ich den Eindruck, dass Marduk und Ischtar nur in den Köpfen der Menschen Götter sind. Und wenn das wirklich nur leblose Figuren wären, vor denen wir niederknien? Man denke nur: Der König demütigt sich vor einem Stück Schnitzwerk! Es ist zwar kunstvoll verarbeitet und dekoriert, aber Holz bleibt Holz ...“ Gobryas hatte sich auf einem Hocker niedergelassen und massierte seine Schläfen.

Daniel sagte: „Ich stelle mir gerade vor, wie der Holzschnitzer einen Baum auswählt, ein Götterbild schnitzt und den Rest des Stammes in seinem Küchenherd verfeuert. Seine Frau kocht die Mittagssuppe auf der Glut, oder sie backt Brotfladen, und das Holz zerfällt zu Asche.“

„Ich weiß, was Sie damit sagen wollen: Eigentlich beten wir Asche an, wenn wir vor Bildern niederknien. Lebloses Material, das nichts wert ist.“

„Den Wert bekommen die Götterbilder nur durch das, was die Menschen in ihnen sehen", meinte Daniel.

Gobryas seufzte. „Darüber muss ich in Ruhe nachdenken ... Übrigens, was halten Sie von einem Erkundungsgang, damit unsere steifen Gelenke und Muskeln wieder locker werden?"

„Ausgezeichnete Idee! Gehen ist jetzt das Beste!", stimmte Daniel zu.

Sie schlenderten hinüber zum geheimnisvollen Flachbau. Niemand hielt sie auf, als sie eintraten. Der große Innenraum war mit einem Holzdach gedeckt, das auf schlanken Säulen ruhte. Die Südseite bestand fast nur aus Fenstern, durch die das Sonnenlicht hereinschien. Überall standen Schreibpulte, und alle waren besetzt von eifrigen Männern, die sich nicht stören ließen. Einige schrieben oder lasen, einige standen in der Mitte um einen großen Sandkasten herum, in dem man eine Modell-Landschaft aufgebaut hatte, und debattierten angeregt.

Immer mehr Leute strömten herein.

„Hier ist allerhand los", sagte Gobryas. „Man hat mir erzählt, Anschan wäre ein kleines, verschlafenes Nest. Auf diesen Bienenstock war ich nicht gefasst."

„Ja, hier hat sich vieles verändert. Und wissen Sie, wer dafür verantwortlich zeichnet? Ein einziger Mann. Ein Mann mit einer Vision."

Am nächsten Vormittag war die Stadt ausgestorben, als wären alle Bewohner geflüchtet. Daniel ging mit Gobryas zum Osttor hinaus. Die Hügel waren mit Menschen übersät, die in die Talsohle hinunterschauten. Dort hatte sich das Heer zu einer Parade aufgestellt. Hunderte von bronzenen Kriegswagen, Kavallerie, Infanterie – man konnte die Soldaten nicht zählen.

„Was sagen Sie dazu?", fragte Daniel.

Der General ließ seinen Blick über das Militär schweifen und sagte ernst:

„Ich habe mich erkundigt. Das da ist nur ein kleiner Teil der Armee, die Kyros zusammengetrommelt hat." Seine Augen wurden schmal. „Er kann sich natürlich nicht mit Babylon messen, auch nicht mit Medien, soweit ich das beurteilen kann. Aber er hat Enormes geleistet."

„Und das in vier bis fünf Jahren. Wer weiß, was er in den nächsten fünf Jahren auf die Beine stellt?", gab Daniel zu bedenken.

„Ich glaube, wir haben Kyros unterschätzt", sagte Gobryas.

Kommandos flogen hin und her, die Soldaten und die Wagen formierten sich zu einer langen Kriegsmaschine. Hinter ihnen baute sich die undurchdringliche Wand der Speerwerfer und Bogenschützen auf. Das alles geschah so schnell und spielerisch, dass Gobryas durch die Zähne pfiff. Die Menschenmenge jubelte.

In einiger Entfernung näherten sich zwei Kavallerie-Regimenter, an der Spitze jeweils eine Königskarosse.

„Deshalb also die Parade", sagte Gobryas. „Zwei persische Unterkönige schließen sich Kyros an."

Die Leute winkten und riefen die Namen „Dystarkhus" und „Oslamantu". Die Karossen blieben stehen. In diesem Augenblick tauchte Kyros auf seinem weißen Hengst am Stadttor auf und ritt an der Paradelinie entlang bis zu den beiden Karossen. Dann schmetterten die Trompeten los, und die Besucher wurden feierlich an den Soldaten vorübergeführt.

„Wahrscheinlich sind die beiden Könige derart beeindruckt von diesem Pomp, dass sie sich leicht zu einem Bündnis überreden lassen. Sie werden den Vertrag unterschreiben, und Kyros ist um zwei Stämme reicher", sagte Daniel.

„Ich kann die Audienz kaum erwarten", murmelte Gobryas. „Heute hat er noch keine Zeit, uns zu empfangen, aber hoffentlich morgen."

Audienz

Gobryas und Daniel wurden am nächsten Vormittag in den Thronsaal geholt. Aber wenn sie Pomp und Flitter erwartet hatten, steinerne Mienen und ein strenges Hofzeremoniell, dann wurden sie enttäuscht: Kyros stand mitten unter seinen Offizieren, war einfacher gekleidet als sie und unterhielt sich angeregt. Als die Gäste aus Babylon angemeldet wurden, unterbrach er sein Gespräch und kam mit ausgestreckten Armen auf sie zu.

„Meine lieben Freunde! Ich fühle mich geehrt durch euren Besuch", sagte er herzlich. „Seid ihr auch gut untergebracht? Leider konnte ich mich vorher keine Minute frei machen, aber jetzt haben wir Zeit füreinander, nicht wahr?"

Er hatte sich in all den Jahren kaum verändert. Seine rötlichen Locken hingen ihm in die Stirn wie damals, als er noch ein halber Junge gewesen war, und die Stimme hatte dieselbe Wärme. Und doch war etwas neu in diesem hellwachen Gesicht: Die Züge waren schärfer ausgemeißelt, und seine Augen fuhren hin und her, als müsste er alles auf einmal erfassen und wäre sich der verrinnenden Sekunden bewusst.

„Darf ich Ihnen meinen General vorstellen, Minister Daniel? Das ist Ahasros, mein oberster Heerführer. Und das ist Daniel, mein alter Freund aus Babylon – oder soll ich sagen, aus Jerusalem? Er steht seit vielen Jahren im Staatsdienst. Ihm verdanke ich die Bekanntschaft mit Königin Merab. Und das ist General Gobryas, von dem ich Ihnen erzählt habe, Ahasros."

Der Offizier nickte und sagte: „Der tapfere Schwimmer ..."

„Er hat sein Leben für mich riskiert", nickte Kyros.

„Entschuldigen Sie mich, meine Herren", sagte Ahasros und zog sich taktvoll zurück.

Kyros nahm Gobryas und Daniel am Arm und zog die Männer in eine ruhige Ecke. „Sie sind von König Nabonidus geschickt worden", sagte er ohne Umschweife. Daniel erinnerte sich an Nebukadnezars Abneigung gegen lange Vorreden und antwortete:

„Jawohl Majestät. Und König Nabonidus wurde in Haran geboren."

Kyros überlegte einen Wimpernschlag lang, dann nickte er. „Ich verstehe. Haran wurde vor sechzig Jahren von den Medern eingenommen – oder ist es erst fünfundfünfzig Jahre her? Jedenfalls sind sie kürzlich wieder einmarschiert. Möchte König Nabonidus seine Geburtsstadt den Medern abjagen?"

Gobryas schnappte nach Luft. „Eure Schnelligkeit überwältigt mich, Majestät."

Daniel warf ein: „Doch ohne Unterstützung wird Nabonidus einen solchen Angriff nicht wagen."

Kyros zog die Lippe ein, seine Augen wurden schmal. „Denkt Nabonidus an direkte Hilfe oder an ein Ablenkungsmanöver?"

„Natürlich ein Ablenkungsmanöver, Majestät, denn Ihr könnt Euren Großvater Astyages nicht vor den Kopf stoßen."

„So, kann ich nicht?" Er lächelte jungenhaft. „Ich werde es überschlafen und gebe Ihnen morgen meine Antwort." Er rieb sich das Kinn, und wieder wurde Daniel an Nebukadnezar erinnert.

„Bitte erzählen Sie mir etwas über Nabonidus, meine Herren. Er muss Ende Fünfzig sein, nicht wahr?"

Ein Diener schob drei Stühle heran, und die Männer ließen sich nieder. Gobryas nickte Daniel auffordernd zu; er selbst war ein Mann von wenigen Worten und ließ lieber andere erzählen. Der Minister begann:

„König Nabonidus wurde in der syrischen Stadt Haran geboren. Sein Vater hieß Nabubalatsiqubi und gehörte zum syrischen Königshaus, seine Mutter war Hohepriesterin des Mondgottes und zog ihren Sohn im Tempel auf. Nach der Zerstörung Ninives wurde Haran eine Zeit lang von Nebukadnezar belagert, später auch eingenommen, die Tempel wurden geplündert, die Hohepriesterin wurde mit ihrem Sohn nach Babylon deportiert. Ich vermute, dass der Vater im Krieg umgekommen ist."

Daniel legte die Fingerspitzen zusammen und überlegte eine Weile. Dann sprach er weiter. „Die Klugheit, die Ausstrahlung dieses Jungen weckte die Aufmerksamkeit des babylonischen Königs. Nebukadnezar hatte ein Auge für begabte Männer und förderte sie nach Kräften. So wurde Prinz Nabonidus schon als junger Mann Gouverneur einer kleinen Stadt. Prinzessin Nitocris, die zweite Tochter Nebukadnezars, verliebte sich in ihn. Nebukadnezar rief ihn in die Armee und beförderte ihn zum General. Er diente als Vermittler im Streit zwischen Lydien und Medien, bewährte sich in vielen Schlachten – und den Rest wisst Ihr wahrscheinlich, Majestät."

„Verehrt Nabonidus den Mondgott Sin?"
„Ja, Majestät."
„Wie geht er mit der Religion der unterworfenen Völker um? Unterdrückt er sie?"
„Im Gegenteil, Majestät. Er ist sehr tolerant und fördert die anderen Religionen sogar."
Kyros nickte beifällig. „Er ist also immer noch so diplomatisch wie früher ... Aber jetzt verraten Sie mir, Gobryas", er wandte sich an den schweigsamen General, „warum hat er gerade mich gewählt? Er weiß doch, dass ich Medien tributpflichtig bin."
Daniel und Gobryas wechselten einen viel sagenden Blick. Dann sagte Gobryas langsam:
„König Nabonidus hat uns angewiesen, Euch mitzuteilen, dass er sich den Rat des Orakels geholt hat. Darin wurdet Ihr als Günstling der Götter bezeichnet."
„Wie rührend!", lächelte Kyros. „Und welche Analyse hat ihn ausgerechnet auf mich gebracht?"
Gobryas zog hilflos die Schultern hoch, und Daniel sprang in die Bresche.
„Es ist uns nicht entgangen, dass Ihr die Zügel fest in die Hand genommen habt, Majestät. Wir können nur darüber staunen, wie viele Könige Ihr schon zur Allianz mit Persien überreden konntet."
„Ich verstehe. Ich habe neue Muskeln angesetzt und könnte Medien in den Magen schlagen, während Babylon durch seinen Angriff auf Haran einen Kinnhaken landet."
Falls Minister Daniel von diesem Mangel an diplomatischer Verstellung irritiert war, ließ er es sich nicht anmerken. „Darf ich Euch zwei Fragen stellen, Majestät?"
Kyros schmunzelte. „Sie haben wieder einmal sehr elegant abgelenkt, Daniel. Mein Kompliment!" Er zwinkerte Gobryas zu. „Also bitte, Ihre Fragen!"
„Hat Euch König Nebukadnezar einmal gesagt, dass Ihr es noch weit bringen werdet?"
„Aber ja. Woher wissen Sie das? Damals war ich – knapp siebzehn. Ja, ich habe seine Worte nie vergessen. Es war auf dem Schlossdach in Babylon. Man sollte solche Bemerkungen natürlich nicht ernst nehmen ... Und die zweite Frage?"
„Wie kommt es, dass Medien bisher untätig zugesehen hat, wie Ihr aufrüstet und Eure militärische Macht und Euren Einfluss immer weiter ausdehnt?"
„Das liegt auf der Hand", sagte Kyros leichthin. „Solange Persien schwächer bleibt als Medien – und das wird als selbstverständlich

vorausgesetzt –, solange sieht Großvater keinen Grund zur Sorge. Ein starkes Persien bedeutet für ihn gleichzeitig ein stärkeres Medien." Er lächelte und fügte hinzu. „Und ein stärkeres Medien könnte sogar eines Tages Babylon vernaschen."

Er sagte das so locker, als hätte er gerade darüber gesprochen, wie man ein Pferd aufzäumt, und er zwinkerte dabei, sodass man nicht wusste: Hatte er im Ernst gesprochen oder im Spaß? Gobryas entschied sich offensichtlich für die zweite Möglichkeit und strahlte den jungen König an.

„Also gut, meine Herren, morgen erobern wir die Welt, aber heute Abend essen wir erst einmal zusammen." Mit einer Handbewegung waren Daniel und Gobryas entlassen.

„General Gobryas", sagte Daniel, als sie auf ihre Zimmer gingen, „wie schwer hätte es Medien, diesen Heißsporn abzukühlen?"

Gobryas ließ seine Fingerknöchel knacken und schaute in die Ferne. „Ich habe keine Ahnung, Daniel."

„Was sagt Ihre Intuition, Ihre Erfahrung?"

„Das ist schwer zu raten, Minister. Ohne Kyros könnten die Meder ganz Persien in wenigen Wochen überrennen."

„Und mit Kyros?"

Der General breitete die Arme aus. „Wenn er ein Genie ist, dann kann alles Mögliche passieren."

Daniel blieb stehn. „Kennen Sie Nebukadnezars Zukunftstraum?"

„Sie meinen den Traum vom Metallstandbild?"

„Ja. Damals wurde Nebukadnezar gezeigt, dass sein Reich eines Tages von einer anderen Macht erobert werden würde."

Gobryas riss die Augen auf. „Natürlich! Deshalb baute er die medische Mauer. Er warnte immer vor der Gefahr aus dem Osten."

Gobryas seufzte. „Vielleicht hat Nabonidus einen Fehler gemacht, als er Kyros eine Allianz vorschlug. Andererseits schwächt er damit die Meder, und das könnte Babylon retten."

Er sah Daniels Stirnrunzeln und sagte schnell:

„Oder aber die Meder rächen sich an Kyros für diesen Treuebruch und wenden sich danach nach Babylon und schlucken uns?"

„Wir wissen es nicht ...", sagte Daniel nachdenklich. „Wie Sie schon vorhin sagten, es kann alles Mögliche passieren."

Beim Abendessen wurde Daniel neben Königin Merab platziert. Sie war immer noch mädchenhaft scheu und sanft, ihre Haut hatte nichts vom Seidenschimmer eingebüßt, ihre Lippen waren immer noch voll und weich, nur um die lebhaften schwarzen Augen zog sich ein Netz von feinen Fältchen. Sie schüttelte ihr dunkles Haar zurück und wandte sich dem Minister zu.

„Ich kann es noch kaum fassen, dass du hier bist, Onkel Daniel", sagte sie aus alter Gewohnheit.

„Bitte, lass den ‚Onkel' weg", bat Daniel. „Du bist eine erwachsene Frau und Mutter."

Sie lachte und ließ ihr Grübchen tanzen. „Ja, ich bin vor einigen Wochen 30 geworden. Und inzwischen habe ich drei Kinder, wusstest du das schon?"

„Ich weiß von Kambyses, der jetzt sieben Jahre alt sein müsste, und von Bardiya Smerdis."

„Und Atossa, unsere Jüngste!", strahlte Merab. „Sie ist zwei Jahre und vier Monate, und hat die roten Locken von ihrem Vater und außerdem grüne Augen. Und sie spricht schon dreiunddreißig Worte und wickelt alle am Hof um den kleinen Finger!"

Daniel lachte.

„Und soll ich dir ein Geheimnis verraten, Daniel?" Sie flüsterte: „Kyros ist natürlich stolz auf seine Söhne, aber seine Tochter hat ihm den Kopf verdreht. Er trägt sie dauernd auf dem Rücken oder auf den Schultern, auf dem Arm. Er spricht mit ihr, als könnte sie alles verstehen. Er küsst sie dauernd auf die Augen, was sie überhaupt nicht leiden kann. Und abends krault er ihr den Rücken, bis sie eingeschlafen ist. Er ist völlig in sie vernarrt – auf meine Kosten."

Daniel schaute über ihre Schulter zum König hinüber, der gerade mit zwei Generälen sprach, die Arme vor der Brust verschränkt, die Brauen gerunzelt. Wie mochte er aussehen mit seiner kleinen Tochter auf dem Arm? Plötzlich spürte der alte Minister ein Ziehen im Herzen: *Schade ... das durfte ich nie erleben ...*

Merab zupfte ihn am Ärmel. „Du warst dabei, als meine Eltern ...?", fragte sie leise.

Daniel nickte. „Ja, liebe Merab. Ich war dort."

Sie räusperte sich und sagte heiser: „Es fällt mir immer noch schwer. Ach, Daniel – warum beide? Und warum so?"

Er drückte ihr die Hand.

„Merab, der Tod ist aus unserem Leben nicht wegzudenken. Sobald wir geboren werden, beginnen wir zu sterben. Du wusstest ja, dass du deine Eltern nicht immer haben würdest. Sie haben dich eine Zeit lang begleitet, dann musstest du sie loslassen. Du bist mit Kyros gegangen. Deine Mutter wurde kurz darauf krank. Es ging langsam, aber stetig abwärts mit ihr. Da konnte kein Arzt helfen. Stell dir vor, wie traurig dein Vater gewesen wäre, wenn sie vor ihm gestorben wäre! Wenigstens das blieb ihm erspart."

Sie wischte sich die Augen und unterdrückte ein Schluchzen.

„Wollen wir nur das Gute aus der Hand des Allmächtigen annehmen? Sträuben wir uns, wenn er uns einen bitteren Kelch einschenkt? Vieles an Leid bringen wir selbst über uns oder über andere – durch Unwissenheit oder Selbstsucht. Auch die Mächte der Finsternis bereiten uns Schmerzen. Und wir machen Gott verantwortlich und lehnen uns gegen ihn auf, weil er das alles hätte verhindern können. Aber wie kann er alles Leid verhindern, ohne dem Menschen die Freiheit zu rauben?"

Merab nickte unter Tränen, und trotzdem bezweifelte Daniel, ob seine Worte zu ihr durchgedrungen waren, ob sie den Stachel der Trauer mindern konnten, ob sie trösten und heilen würden. Er seufzte und dachte an den jungen König Jojachin, der damals im Alter von siebzehn Jahren auf die falschen Ratgeber gehört und seinen Treueschwur gebrochen hatte. Hätte er sich nicht gegen Nebukadnezar empört, dann wäre er König von Jerusalem geblieben und dort wahrscheinlich in Frieden gestorben. Aber Daniel wusste, dass solche Überlegungen keinen Trost spenden können. Deshalb schwieg er taktvoll, bis die Königin sich wieder gefasst hatte.

„Und wie geht es Aspersi?", fragte sie.

Daniel zuckte zusammen. „Woher weißt du das?"

„Ich habe erst später erfahren, dass Kyros und sie ..." Sie schüttelte den Kopf. „Wenn ich das vorher gewusst hätte ..." Dann straffte sie die Schultern und sagte fest: „Aber ich glaube nicht, dass sich Kyros etwas vorwerfen muss. Er war nicht mit ihr verlobt, er hatte ihr nichts versprochen."

Und er hat ihr trotzdem das Herz gebrochen, dachte Daniel, aber das sagte er nicht.

„Es tut mir Leid, dass wir Aspersi Kummer bereitet haben", murmelte Merab. „Wie hat sie es verkraftet?"

„Sie ist immer noch unverheiratet. Ab und zu interessieren sich Männer für sie, aber sie weist jeden ab, sogar ..." Daniel verschluckte das Wort „Gobryas" gerade noch rechtzeitig. „Doch inzwischen hat Aspersi eine neue Liebe gefunden. Sie kümmert sich um Waisenkinder, um Witwen, um Blinde und Behinderte. Sie schenkt ihnen Liebe und Fürsorge."

„Das ist gut", sagte Merab. „Sie hat eine Lebensaufgabe gefunden. So etwas macht den Menschen reif und erwachsen. Es schenkt ihm Erfüllung und echtes Glück, wenn er sich nicht mehr um sich selbst dreht."

„Ich nehme an, dass du auch keine Zeit findest, dich um dich selbst zu drehen", neckte Daniel.

Sie strahlte: „Stell dir vor, wir sind immer noch verliebt! Es kommt immer wieder! In jedem Frühling!"

„Dann bist du eine kluge und geschickte Ehefrau", lächelte Daniel.

„Es liegt nicht an mir", stellte sie klar. „Kyros ist einfach wunderbar. Ich bewundere ihn so sehr! Du ahnst ja gar nicht, was er alles fertig bringt. Er überzeugt all diese Könige durch seine Worte, durch seine Persönlichkeit. Sie können ihm nicht widerstehen." Sie hatte sich in Eifer geredet. „Und Daniel, jetzt sage ich dir etwas, aber bitte glaube nicht, dass ich nur eine verliebte Ehefrau bin. Ich kann das beurteilen: Eines Tages wird man in aller Welt von Kyros sprechen. Er ist der Größte!"

Daniel lächelte nicht. Blitzartig dachte er an die große medische Mauer, die Babylons Ostflanke schützen sollte. Er zählte zusammen, was er bisher von Kyros erfahren hatte – sein Charisma, seine Persönlichkeit, seinen Ehrgeiz. Ja, hier war ein Mann, der Geschichte machte. Und er vergeudete seine Kraft nicht mit rauschenden Festen, mit Schlemmereien und Saufgelagen, auch nicht mit Frauen, sondern konzentrierte sich auf ein Ziel.

„Ich glaube, du hast Recht, Merab", sagte Daniel. „Kyros *ist* ein Genie."

Umbruch

Viele waren der Meinung, König Astyages hätte sich als kahlköpfiger Priester in einem mystischen Kult wohler gefühlt als auf dem Thron von Medien. Er war seit jeher ein Grübler gewesen, der mit leicht entrücktem Blick am Hof herumschlich, ohne die Wirklichkeit wahrzunehmen. Sein Vater Kyaxares I., ein ungeduldiger und energischer Mann, hatte vergeblich versucht, einen tatkräftigen Mann aus seinem Sohn zu formen. Je mehr er an ihm herummäkelte und tadelte, umso stärker zog sich Astyages in seine Traumwelt zurück.

Aber dann bestieg er den Thron und war gezwungen, sich der Politik zu stellen. Er entsagte seiner Fantasiewelt jedoch nur halbherzig und blieb sein Leben lang ein Wanderer zwischen zwei Welten, hin- und hergerissen zwischen Zaghaftigkeit und Grausamkeit. Manchmal sah er sich als einen Mann der Tat, einen entschlossenen König und unerbittlichen Kriegshelden, als wäre er ein verlängerter Schatten seines berühmten Vaters. Aber nicht lange, dann ging dieses Selbstbild wieder vor den Geistern der Mystik und des Aberglaubens in die Knie. Am Ende tauchte Astyages dann in seine versponnenen Gedanken ein; was um ihn herum geschah, kümmerte ihn nicht. Er widmete sich der Nabelschau und ließ sich nicht durch die Realität beirren. Deshalb wusste keiner, wie Astyages einzuschätzen war. Man konnte sich höchstens auf eins verlassen: dass er total unberechenbar reagierte und nie das tat, was vernünftig und vorhersehbar gewesen wäre.

Prinzessin Aspersi war einen Tag zuvor aus Ekbatana zurückgekehrt, als Minister Daniel an die Tür ihrer Schule klopfte. Eine junge Frau ließ ihn herein, und er setzte sich in eine ruhige Ecke und beobachtete den Unterricht. Diesmal saßen keine Kinder auf den Schulbänken, sondern Frauen, die Aspersi in der Kunst des Lehrens unterwies. Sie stellten viele Fragen, und die Prinzessin konnte sie aus ihrer Erfahrung als Lehrerin restlos beantworten. Dann gingen die Frauen, und Aspersi winkte dem Minister.

„Bitte kommen Sie doch zu mir ans Pult, Minister Daniel. Ich freue mich immer über Ihren Besuch."

Sie lächelte, und die Sonne malte goldene Kringel auf ihr Haar.

„Was Ihr in den letzten Jahren aufgebaut habt, Hoheit, ist außergewöhnlich. Es gibt bereits sechs Schulen für Waisenkinder in Babylon, ist das richtig?"

Aspersi nickte glücklich. „Ich bin so froh, dass ich nicht mehr alleine arbeiten muss. Jeden Tag kommen neue Mädchen und Frauen dazu. Ich schule sie einige Monate, dann machen sie ihre Arbeit selbstständig."

„Der Dank Babylons ist Euch sicher, Hoheit!", sagte Daniel.

„Aber Sie sind bestimmt nicht hergekommen, um mir Komplimente zu machen", lächelte die Prinzessin.

„Nicht ausschließlich ...", gab Daniel zu. „Ich würde mich gerne mit Euch über Euren Großvater Astyages unterhalten."

„Ach ja, Großvater ...", seufzte sie. „Sie haben sicher schon von seiner neuesten Leidenschaft gehört?"

Daniel hob fragend die Augenbrauen, und sie erklärte. „Sie wissen vielleicht, dass er seit Jahren Träume und ihre Deutung gesammelt hat. Er ist wie verrückt nach Orakeln und Zeichen. Manche Leute behaupten, er hätte in den 34 Jahren seiner Regierung keine Entscheidung getroffen, ohne vorher ein Orakel zu befragen oder einen Traumdeuter oder Astrologen. Diese Wahrsager umschwirren ihn wie die Fliegen. Man kommt gar nicht mehr an ihn heran. Und das Schlimmste – sie widersprechen sich ständig. Das lähmt meinen Großvater. Wenn er sich nicht sicher ist, dann tut er gar nichts. Aber jetzt fährt er einen neuen Kurs."

„Ihr meint, er hätte die Astrologen auf die Straße gesetzt?"

„Leider nicht. Die Seher sind immer noch am Hof. Aber er lässt sich in letzter Zeit weniger von ihnen sagen. Können Sie erraten, woher das kommt?"

Daniel nickte. „Haran, nicht wahr? Haran und Kyros."

Sie lächelte. „Treffer, Minister Daniel! Woher wussten Sie das?"

„Ich vermute, dass er nach Haran einmarschierte, weil ihn seine Seher dazu ermutigt hatten. Aber sie haben ihn nicht davor gewarnt, dass er die Stadt so bald wieder hergeben müsste."

„Außerdem hat ihn keiner darauf vorbereitet, dass sich Kyros zur gleichen Zeit gegen die Tributzahlungen auflehnen würde. Stellen Sie sich vor, Daniel: Babylon greift die medischen Truppen in Haran an, während Kyros die Unabhängigkeit ausruft und sämtliche Festungen in Südmedien erobert. Und nicht ein Einziger seiner Wahrsager und Astrologen hat das vorausgesehen. Daraufhin machte

Großvater kurzen Prozess und verbannte die führenden Astrologen vom Hof. Einige ließ er sogar hinrichten."

„Und seither?"

„... hat er eine neue Marotte. Ein Geistlehrer vom Indus namens Schimahischi hat ihm ein Geheimwort verraten. Und jetzt sitzt er stundenlang da und konzentriert sich auf dieses Wort."

Prinzessin Aspersi lachte laut heraus, und Daniel stimmte höflich ein. Dann wurde sie wieder ernst. „Dabei geht es nicht so sehr um das Wort an sich. So viel ich begriffen habe, ist der Klang des Wortes wichtig. Der Magier sagt, dass der richtige Klang – wenn er nur oft genug wiederholt wird – unter günstigen Umständen die verborgenen Kräfte des Denkens an die Oberfläche bringt. Und jetzt sagt Großvater das Wort pausenlos auf, bis er in eine Welt hindurchbricht, in der es nichts gibt außer Licht und Weisheit. So jedenfalls hat es mir mein Vater erklärt – Vater glaubt natürlich nicht daran. Und dann lässt sich Großvater vom Licht und von der Weisheit unterweisen – und handelt."

„Aber bis jetzt hat er noch nichts unternommen!", warf Daniel ein. „Seine Truppen sind vor den babylonischen Soldaten geflohen. Er hat Haran verloren, und er hat die südlichen Festungen an Kyros abgeben müssen, wahrscheinlich mit hohen Verlusten. Astyages hat das alles über sich ergehen lassen und nicht reagiert."

„Er reagiert eben nur theoretisch, die Praxis lässt auf sich warten. Ich nehme an, dass das Licht und die Weisheit nicht stark genug durchbrechen konnten. Oder die mystische Stunde hat noch nicht geschlagen."

„Ich vermute, dass er dann sein Heer gegen Kyros losschicken wird ..." Daniel sah mit einem Auge, wie sich Aspersis Finger verkrampften. „Hoheit – wie denkt König Astyages über Kyros?"

Sie starrte hinaus in den Garten. „Ich glaube, er hasst ihn", sagte sie leise.

„Aber warum? Er ist doch sein Enkel?", wunderte sich Daniel.

„Man erzählt sich in Ekbatana, dass ein Orakel prophezeit hätte, Kyros würde seinen Großvater vom Thron stoßen. Daraufhin hätte Großvater angeblich befohlen, das Baby zu töten. Aber das Kind wurde versteckt und überlebte."

„Kyros ist jetzt 33, nicht wahr? Er wurde ein Jahr nach der Thronbesteigung des Astyages geboren ...", überlegte Daniel.

Aspersi sagte energisch: „Also, ich halte diese Geschichte für ein Märchen, und mein Vater glaubt auch nicht daran. In Wirklichkeit hat Großvater Vorurteile gegen Kyros, weil er schon seinen Vater nicht leiden konnte. Kannten Sie Kambyses?"

„Nicht persönlich, Hoheit, aber ich hörte, dass man ihn den „Gärtnerkönig" nannte."

Sie nickte. „Jedenfalls bekommt die Legende vom gefährlichen Enkel neue Nahrung, wenn Kyros seine Hände jetzt nach Medien ausstreckt."

Daniel stand auf und ging nachdenklich ein paar Schritte in den Garten hinein. Er schnupperte an einer Rose und lächelte. Dann wandte er sich wieder an Aspersi.

„Hat Kyros genügend Truppen, um es mit Medien aufzunehmen?"

„Mein Vater sagt Nein. Ich kann mir auch nicht vorstellen, dass Kyros gegen seinen eigenen Großvater Krieg führt. Nur eins weiß ich: Großvater mag Kyros nicht. Er ist so brummig geworden in letzter Zeit, misstraut allem und jedem, und er fühlt sich ständig bedroht. Und Kyros hat Ehrgeiz, nicht wahr?"

„Ja", sagte Daniel und hielt ihren Blick fest.

„Dann ...", sie hob hilflos die Hände, „dann ist ein Zusammenstoß unvermeidlich, nicht wahr?"

„Es sei denn, König Astyages würde in seiner Meditation zur Überzeugung gelangen, dass er seine Streitmacht nicht gegen eine lästige Fliege im Süden auszusenden braucht. Aber wenn doch ..." Daniel massierte sein Kinn.

Aspersi sprang auf und griff nach seinem Arm. „Minister, was wird geschehen, wenn Großvater sein Heer gegen Kyros schickt?"

Daniel schüttelte den Kopf. „Liebe Prinzessin Aspersi, ich weiß aus Nebukadnezars Traum, dass Babylon eines Tages von einem anderen Volk erobert wird."

„Von den Medern, nicht wahr?"

„Woher wisst Ihr das, Hoheit?"

Sie zuckte die Achseln. „Tante Amytis hat mir von Nebukadnezars Traum erzählt, den Sie ihm damals gedeutet haben. Der Traum vom Metallstandbild. Mein Onkel muss später herausgefunden haben, dass es die Meder sind, die sein Reich einnehmen. Sonst hätte er nicht die große Mauer gebaut."

Daniel setzte sich wieder auf die Bank. „Wir fanden Hinweise in der Buchrolle des Jesaja ...", sagte er zögernd. Er überlegte, ob er mehr sagen sollte, beschloss, es dabei zu belassen und auf ein anderes Thema umzuleiten. „Ihr kennt also den Traum und seine Bedeutung."

„Ja", sagte Aspersi, „jedes Reich wird von einem anderen abgelöst, und jedes Mal verliert das Material an Wert und Festigkeit. Die Geschichte wiederholt sich wie ein Rad, das sich immer weiterdreht."

„Aber nicht immer", wandte Daniel ein. „Das vierte Reich wird nicht von einem fünften eingenommen. Im Gegenteil. Es zerfällt in Einzelteile, die sich zwar miteinander verbünden, aber nicht zusammenhalten."

Aspersi hatte sich vorgebeugt, als wollte sie Daniel jedes Wort von den Lippen ziehen. „Und dann? Was kommt dann?", drängte sie.

„Zur Zeit der zerteilten Reiche rollt ein großer Stein herab, ohne dass ein Mensch ihn losgebrochen hätte. Er trifft die Statue an den Füßen und zermalmt sie. Dann wächst der Stein, bis er die ganze Erde füllt."

„Ein Stein ...", murmelte Aspersi. „Was bedeutet das?"

„Das ist ein Symbol für das Eingreifen des allmächtigen Gottes", erklärte Daniel. „Er wird die Geschichte in die Hand nehmen, nachdem die Menschheit versagt hat."

„Sie sprechen so natürlich vom – vom Allmächtigen, als wäre er Ihr guter Freund."

Daniel lächelte. „Ich kenne ihn, und ich vertraue ihm."

Aspersi betrachtete ihre Hände und schwieg. Im Garten begann eine Nachtigall ihr Abendlied. Die Rosen schickten einen Duftgruß unter das Dach. Die Schatten wurden länger, der Wind fuhr herein und spielte mit Aspersis Kleid. Sie seufzte. „Darüber möchte ich ein anderes Mal mit Ihnen sprechen. Ausführlich."

„Gerne, Hoheit", lächelte Daniel. „Darf ich Euch nach Hause begleiten?"

Sie nickte stumm und packte ihr Schreibzeug in den Lederbeutel.

Auf dem Heimweg kamen sie an einer Statue vorüber: Der geflügelte Löwe schritt majestätisch über die blau glasierten Ziegel. Sie streckte die Hand aus und berührte den Löwen. „Der König der Tiere", murmelte sie. „Warum hat er Flügel?"

Daniel sagte: „Damit wollte Nebukadnezar ausdrücken, dass seine Truppen pfeilschnell operierten. Im Alter von sechsundzwanzig Jahren schlug er die Ägypter bei Karkemisch. Von dort aus eroberte er alle kleineren Länder im Norden und Nordwesten. Er nahm Jerusalem ein und schwenkte nach Süden auf die ägyptische Grenze zu. Wäre sein Vater Nabopolassar damals nicht gestorben, dann hätte er auch Ägypten erobert. Aber so musste er schnell nach Babylon zurückkehren und sich den Thron sichern. So war er – stark und furchtlos wie ein Löwe, schnell wie ein Adler."

„Was wird mit meinen Schulen geschehen, wenn Babylon – fällt?", fragte Aspersi.

„Ich glaube nicht, dass Ihr Euch sorgen müsst", sagte Daniel.

„Der nächste Thronfolger der medischen Dynastie ist Euer Vater. Könnt Ihr Euch vorstellen, dass er Euer Werk vernichten könnte?"

„Niemals! Aber ..."

„Und Kyros? Euer Cousin? Wird er abreißen, was Ihr aufgebaut habt?"

Ihre Lippen zitterten, und sie drehte ihr Gesicht weg.

Daniel dachte: *Sie ist immer noch nicht mit ihm fertig. Wird diese Wunde niemals heilen?*

Später am Abend stand Gobryas vor Daniels Tür. Er bat den General herein und zeigte auf einen Sessel.

„Ich freue mich über Ihren Besuch, General. Bitte machen Sie es sich bequem."

Gobryas ließ sich in den Sitz fallen und stützte die Arme schwer auf die Knie. Er starrte ins Leere und knetete seine Hände.

„Was kann ich für Sie tun, Gobryas?"

„Ich habe eine Frage. Stimmt es, dass König Nabonidus mit dem Gedanken spielt, seinen Sohn zum König von Babylon zu krönen?"

„Diese Vorstellung macht Ihnen wohl Unbehagen?"

Er starrte Daniel an und murmelte: „Dann ist es also wahr."

„Aber der König hat noch nicht entschieden. Es ist bislang nur – eine Idee."

„Und was spricht dafür?"

Daniel wiegte den Kopf. „Die Gründe sind kompliziert ..."

„Minister Daniel!", sagte Gobryas und sprang auf. „Ich schwöre Ihnen bei allem, was mir heilig ist, dass ich nicht über das spreche, was Sie mir verraten. Sie können sich auf meine Verschwiegenheit verlassen."

„Was halten Sie von Belsazar, General?"

„Der Prinz ist ein eitler Pfau, sonst nichts."

„Diese Ansicht könnte Sie das Leben kosten", sagte Daniel. Er war weder schockiert noch überrascht. Viele dachten so über Kronprinz Belsazar. Aber dass ein besonnener Mann wie Gobryas das offen aussprach?

„Ich vertraue Ihnen", stieß Gobryas aus und setzte sich wieder.

„Wir wollen einmal unsere Stellung betrachten", begann Daniel. „König Nabonidus hat mit König Kyros einen Handel abgeschlossen, wie wir beide wissen, denn wir haben dieses Bündnis vermittelt. Das heißt, jetzt sind zwei Lanzenspitzen auf Medien gerichtet – eine vom Westen her, die andere vom Süden. Sie haben selbst beim Angriff auf Haran mitgewirkt. Medien wurde abgelenkt, weil Kyros in Persien rebellierte. So haben die Meder bei Haran kapituliert.

Was unternahm König Nabonidus bei seinem Einmarsch in Haran als Erstes?"
„Er befahl, den Mondtempel wieder aufzubauen."
„Genau. Sie wissen ja, dass er in diesem Tempel geboren wurde; seine Mutter war Hohepriesterin. Während er die Grundsteinlegung des Tempels überwachte, wurden Sie mit einigen anderen Generälen nach Zilizien geschickt. Er blieb in Haran. Das ist wichtig, wenn man bedenkt, was danach geschah."
„Er machte den syrischen Mondgott Sin zum höchsten Gott von Babylon", sagte er mit unbewegtem Gesicht.
„Jawohl. Dadurch setzte er Marduk herab, der von der Tradition her als der Schutzgott der Stadt Babylon galt. In seinem ersten Regierungsjahr war er sehr darauf bedacht, in religiösen Dingen tolerant zu sein. Inzwischen hat sich das verändert. Er bevorzugt Sin und macht Babylon zum Mittelpunkt des Mondkultes. Letztes Jahr hat er sogar das Neujahrsfest ausfallen lassen, und so wie es dieses Jahr aussieht ..." Daniel schüttelte den Kopf.
Gobryas warf ein: „Und er setzt Ausländer an einflussreiche Positionen, hauptsächlich Syrer."
„Ein todsicheres Rezept, sich unbeliebt zu machen", lächelte Daniel.
Der General kaute auf der Lippe, dann fragte er: „Und was nun?"
„Ich denke, Sie wissen das besser als ich, General. Arabien."
Er nickte. „Die Handelsstraßen."
„Und ich glaube, noch mehr als das ...", sagte Daniel und stand auf. Der General begriff, dass er heute Abend nicht mehr erfahren würde. Daniel hatte bereits alles gesagt, was er verantworten konnte. Deshalb erhob er sich ebenfalls und sagte: „Ich mag den König, Minister Daniel. Ich kann mir keinen besseren Strategen, keinen mutigeren Feldherrn vorstellen. Aber Belsazar ... ich hoffe nur, dass ich ihm nicht unterstellt werde."
„Ich werde tun, was ich kann, um das zu verhindern", versprach Daniel und dachte an König Nabonidus. Der König wirkte mit seinen beinahe sechzig Jahren wie die Verkörperung der Gesundheit. Dabei musste er nicht einmal Sport treiben, um seine Form zu halten. Die kräftige Konstitution war ihm angeboren. Auch seine verträumten Augen und seine Denkerstirn, seine Leidenschaft für Geschichte und Archäologie, konnten nicht darüber hinwegtäuschen, dass dieser Mann robust und standfest war.

Und doch wurde er im späten Frühjahr krank und lag im Libanon darnieder, während seine Armee untätig abwarten musste, bis seine krampfartigen Brustschmerzen abgeklungen waren. Erst nach sechs Monaten konnte er seine Truppen über den Jordan führen und dann über die alte Karawanenstraße nach Adummu. Dort packte ihn plötzlich das Angriffsfieber. Er belagerte und eroberte die Stadt Schindini. Und doch musste der Krieg ihn erschöpft haben, denn seine Brustschmerzen kehrten zurück. Er traf eine verhängnisvolle Entscheidung.

Prinz Belsazar wurde mit großem Pomp als Mitregent des Reiches eingesetzt und zum König von Babylon gekrönt. Inzwischen zog sich Nabonidus mit dem Großteil des Heeres nach Arabien zurück. Dort eroberte er einige kleine Städte, widmete sich der Forschung und der Schriftstellerei und – seinen Herzschmerzen.

Belsazar interessierte sich nicht für den Mondgott Sin – allerdings auch nicht für andere Götter – und erschien den Priestern von Babylon trotzdem als annehmbare Alternative.

Für Gobryas allerdings war es das Schlimmste, was ihm widerfahren konnte: Der General wurde dem neuen König direkt unterstellt. Und Daniel konnte es nicht verhindern, denn er war – wieder einmal – in Pension geschickt worden.

Tiere

Es war noch früh. Die Stadt Babylon zwinkerte verschlafen ins junge Morgenlicht. Ein Schwein grunzte und schnüffelte an einer Haustür, wühlte mit der Schnauze im Abfall; auf dem Fensterbrett darüber saß eine Katze und streckte sich genießerisch. Danach wandte sie majestätisch den Kopf und betrachtete den Mann, der im Schatten des geflügelten Löwen stand und die Mähne mit der Hand berührte. Im Hinterhof krähte ein Hahn, und das Echo hallte in der Straße. Vom anderen Ende des Platzes her hörte man Sandalenschritte, die sich näherten. Daniel zog seine Hand vom Steinlöwen zurück und reckte den Hals. *Wer konnte das sein so früh am Tag?* Da kam ein Mann, der einen imposanten Bauch vor sich herschob. Er ging langsam und presste die Hand aufs Herz. Daniel kannte nur einen, der beim Gehen Herzbeschwerden bekam: Prinz Nabunasir! Ob er Hilfe brauchte? Es sah nicht so aus. Er hielt zwar den Kopf gesenkt, aber wohl nicht aus Schmerz, sondern aus Sicherheitsgründen: Die Schweine hinterließen ihre ganz persönlichen Andenken auf dem Straßenpflaster, und Nabunasir musste manchmal große Schritte wagen, und sein Bauch hüpfte dabei auf und nieder.

Dann war er vor einem Nebentor des Palastes angekommen. Die Wächter salutierten und klirrten mit den Schwertern, bevor sie das Tor aufschoben und den Prinzen hindurchließen.

Eine halbe Stunde später klopfte Daniel bei seinem Freund Abednego an.

„Du bist aber heute früh!“, staunte Abednego noch im Schlafgewand. „Setz dich, mach es dir gemütlich, ich will mir nur etwas überziehen“, sagte er.

Daniel ließ sich auf einen bequemen Lehnstuhl fallen. Ab und zu spürte er seine Jahre doch, vor allem, wenn er in der Nacht nicht geschlafen hatte. Sein Blick wanderte über die hohen Regale mit Schriftrollen, über die Vase mit den blühenden Mandelzweigen hinaus in den Garten. Abednego war ein Gelehrter, aber dabei nie weltfremd geworden. Er mochte die Blumen, weil er ihren Schöpfer verehrte und sich von ihm geliebt wusste, und sein Garten erzählte von dieser Liebe, denn hier hatten nicht nur die Duftrosen ihren Platz, nicht nur die schlanken Lilien, sondern auch die unscheinbaren Gänseblumen, die Veilchen, die bescheidenen Mauerblümchen. Alle lebten nebeneinander und gediehen, weil sie mit derselben Sorgfalt gepflegt und beachtet wurden.

Inzwischen war Abednego wieder hereingekommen und stellte ein Tablett mit Früchten auf den Tisch.

„Mach mir die Freude und halte Frühstück mit mir!", bat er. Er setzte sich und sprach ein einfaches Dankgebet: „Vater, wir danken dir für deine Güte. Du sorgst für uns, du kümmerst dich um große und kleine Anliegen. Wir sind froh, dass wir deine Kinder sein dürfen."

„Amen!", stimmte Daniel ein.

Während er mit Andacht einen Granatapfel zerlegte und an den saftigen Zellen lutschte, sagte er:

„Ich habe heute früh Prinz Nabunasir gesehen."

„Was!", rief Abednego. „Also hat man ihn aus dem Hausarrest entlassen. Wahrscheinlich hat er irgendwo mit seinen Freunden gefeiert und suchte den Heimweg."

„Ich glaube nicht. Er wirkte eigentlich nüchtern. Und er ging auch nicht in seine Wohnung, sondern durch das Nebentor in den Regierungspalast."

Abednego starrte ihn an. „Aber er ist in Ungnade. An dem Abend, als sein Bruder Amelmarduk ermordet wurde und Neriglissar König wurde, wurde er unter Bewachung gestellt. Möglich, dass man seinen Hausarrest ein wenig gemildert hat, zumindest in der Nacht. Aber im Regierungspalast hat er wirklich nichts verloren. Bist du sicher, dass du richtig gesehen hast?"

„Meine Augen sind immer noch zuverlässig", lächelte Daniel. „Ich habe ihn gesehen, da besteht kein Zweifel."

Abednego legte die Orange wieder auf den Teller, die er gerade schälen wollte, und pfiff durch die Zähne. „Wenn er bei Belsazar in Gunst steht, dann können wir uns auf einiges gefasst machen."

Daniel nickte. „Das fürchte ich auch."

„Aber jetzt erzähle mir, was dich so früh auf die Straße getrieben hat. Das ist normalerweise nicht deine Art."

„Nein, Asarja, das ist nicht meine Art", murmelte Daniel.

Abednego lächelte, als er seinen hebräischen Namen hörte. Wenn sie allein waren, nannten sie sich oft bei ihrem ursprünglichen Namen. Das war wie ein Spiel, bei dem sie die Rolle abschüttelten, die man ihnen in Babylon aufgedrängt hatte. Manchmal vergaßen sie ihre hohe politische Stellung, dann schmolzen die langen Jahre im Staatsdienst zusammen, und sie fühlten sich wieder als kleine Jungen, die auf den Hügeln rund um Jerusalem durchs Gebüsch krochen und mit Pfeil und Bogen auf Fantasiefeinde schossen. Jetzt war wieder solch ein zauberhafter Augenblick gekommen, in dem sich beide Männer an ihr hebräisches Erbe erinnerten.

„Ich habe heute einen Traum gehabt“, begann Daniel.

Abednego setzte sich kerzengerade hin. „Ich vermute, das war kein gewöhnlicher Traum. War es – eine Vision?“

Daniel nickte. „Ich sah das Meer im Sturm. Die Winde fielen aus allen vier Himmelsrichtungen ein und wühlten das Wasser auf. Die Wogen türmten sich. Und plötzlich stiegen vier große Tiere aus dem Meer.“ Er atmete tief und schloß die Augen.

„Das erste Tier sah aus wie ein Löwe, und es trug Adlerflügel. Während ich zuschaute, wurden ihm die Flügel ausgerissen. Es wurde aufgerichtet, bis es auf zwei Füßen stand wie ein Mensch, und es wurde ihm ein menschliches Herz gegeben ...“

„Nebukadnezar ...“, flüsterte Abednego. „Der geflügelte Löwe, die gestutzten Flügel, schließlich seine Wandlung, seine Hinkehr zum Schöpfergott – deutlicher hätte man es nicht beschreiben können als in diesem Bild.“

„Nicht wahr? Ich dachte mir das auch, aber ich war nicht sicher. Deshalb habe ich später in der Vision auch nachgefragt. Einer von den himmlischen Boten, die neben mir standen, gab mir Auskunft. Diese vier Tiere, die ich sah, sind Symbole für Reiche, die aufeinander folgen.“

Abednego sprang auf. „Also hast du einen Blick in die Zukunft geworfen? Das müssen wir festhalten! Ich hole Papier und Feder ...“

Daniel zog aus den Falten einer Tunika eine kleine Schriftrolle. „Ich habe mir schon Notizen gemacht, damit ich nichts vergesse. Du bist der Erste, der davon erfährt. Setz dich, damit ich dir weitererzählen kann ... Das zweite Tier ähnelte einem Bären. Es war auf der einen Seite aufgerichtet und hatte drei Rippen im Maul. Eine Stimme befahl ihm: ‚Steh auf! Friss viel Fleisch!‘“

„Das ist ja ungeheuerlich! Babylon wird von einem anderen Reich erobert, und wir wissen auch schon lange, dass es die Meder sein werden. Aber warum ist der Bär nur auf einer Seite aufgerichtet? Warum soll er sich ganz erheben und fressen?“

„Er handelt im Auftrag des Höchsten, wenn er andere Reiche erobert und an sich reißt.“

„Kannst du dir vorstellen, dass König Astyages auf den Schöpfer hört?“

Daniel schüttelte den Kopf. „Im Augenblick lässt er sich von seinen Geistlehrern und Wahrsagern beeinflussen. Solange er nur Zaubereien und Aberglauben im Kopf hat, wird er sich dem guten Geist Gottes nicht öffnen."

„Aber – wie soll sich diese Vorhersage dann erfüllen? Daniel – du ahnst etwas. Ich sehe es dir an. Heraus damit!"

Der alte Minister lächelte fein. „Der aufgerichtete Teil des Bären könnte sich auf einen Verbündeten der Meder beziehen, der durchaus offen ist für das, was der Schöpfergott ihm sagt. Und der das Genie zu einem großen Eroberer hat."

„An wen denkst du?"

„Mehr möchte ich im Augenblick noch nicht verraten. Du wirst es erleben, vielleicht schon bald. Aber höre weiter." Er warf einen Blick auf seine Notizen. „Das dritte Tier sah aus wie ein Leopard. Es hatte vier Flügel, und es wuchsen ihm vier Köpfe. Und es bekam eine Vormachtstellung."

Abednego murmelte: „Das muss das Reich sein, das in Nebukadnezars Traum durch den kupfernen Bauch dargestellt wurde. Und es wird abgelöst von den eisernen Beinen."

„Wie gut du das behalten hast", lächelte Daniel.

„So was vergisst man nicht! Schließlich ging es damals auch um meinen Kopf. Wenn du den Traum vom Standbild nicht gedeutet hättest, dann ..."

„Es war Gott, der uns die Antwort gab", erinnerte Daniel. „Und er hat auch diese neue Vision geschickt, damit wir wissen, was die Zukunft bringt."

„Erzähl mir weiter. Du hast noch ein viertes Tier erwähnt."

„Das vierte Tier war furchtbar. Mir grauste vor ihm, denn es war so stark, dass ihm keiner widerstehen konnte. Es hatte große eiserne Zähne. Was es nicht auffraß, das zertrampelte es. Und es sah ganz anders aus als die vorigen Tiere. Es trug zehn Hörner."

„Zehn Hörner?"

„Ja, und während ich es noch betrachtete, da wuchs noch ein anderes kleines Horn zwischen den anderen Hörnern, und es sorgte dafür, dass drei von den anderen Hörnern ausgerissen wurden. Dieses kleine Horn hatte Augen wie Menschenaugen und einen Mund, der überheblich, ja gotteslästerlich daherredete und prahlte. Und während ich so schaute, da wurden Throne aufgestellt. Einer, von dem ich spürte, dass er uralt war – Ewigkeiten alt – setzte sich. Er trug ein schneeweißes Gewand, und auch sein Haar war weiß wie frisch gebleichte Wolle. Ich konnte kaum hinsehen, so hell war sein Thron. Flammen loderten heraus, und auch die Räder brannten.

Der Thron schickte einen Feuerstrom aus. Unzählige Botenengel standen vor ihm und dienten ihm."

„Du hast – du hast den Allerhöchsten gesehen?", fragte Abednego erstickt.

„Ich sah, wie das Gericht tagte. Bücher wurden aufgeschlagen, während das kleine Horn noch prahlte und große Reden führte. Aber dann sah ich, wie das Tier getötet und sein Leib verbrannt wurde. Auch den übrigen Tieren wurde die Herrschaft weggenommen. Jedem wurde seine Lebensdauer zugemessen, genau auf den Tag, auf die Stunde."

„Ja. So hat es Nebukadnezar in seinem offenen Brief geschrieben. Der Höchste setzt Könige ein und setzt Könige ab. Er lenkt den Lauf der Weltgeschichte. Er greift ein, wenn er es für richtig hält", sagte Abednego.

„Und dann kam einer wie der Sohn eines Menschen. Er kam in den Wolken und man brachte ihn vor den Alten. Da wurde ihm die Macht gegeben, die Herrschaft über alle Völker und Nationen. Und seine Herrschaft vergeht nicht, sein Königtum wird nie mehr zerstört."

Daniel war leise geworden, er glättete die Schriftrolle mit einer Hand und versank in tiefes Nachdenken.

„Daniel", sagte Abednego und berührte ihn sanft am Ellenbogen. „Irgendetwas macht dir Sorgen. Was belastet dich so sehr? Willst du es mir nicht erzählen?"

Der alte Minister atmete tief durch und hob den Kopf. „Die Vision hatte mich mitten ins Geschehen versetzt. Ich war dort, Abednego, ich war im Geist am Gerichtshof Gottes. Und ich bat einen von denen, die dort standen, um Aufklärung. Er sprach mit mir und erklärte mir vor allem das vierte Tier, das mich so erschreckt hatte, und das kleine Horn. Dieses Horn kämpfte nämlich gegen die Menschen, die zu Gott gehörten, und es besiegte sie!" Er schauderte zusammen.

Abednego stand auf und ging zu einer Truhe hinüber und zog eine Wolldecke heraus, die er seinem Freund über die Schultern legte.

„Du darfst dich nicht so sehr aufregen", mahnte er. „Ich kann verstehen, dass du innerlich aufgewühlt bist von dem, was dir Gott gezeigt hat. Aber du musst ruhig bleiben. Erklär mir das noch einmal. Das kleine Horn kämpft also gegen das Volk Gottes – und siegt?"

„Und nicht nur das. Es führt große Reden gegen den Höchsten. Es maßt sich an, Gottes Gesetz zu verändern. Dieses Horn schreckt nicht davor zurück, die Zeiten, die Gott zu heiligen Festzeiten bestimmt hat, willkürlich auf andere Zeiten zu verlegen."

„Das ist ungeheuerlich!"

„Und die Menschen, die zu Gott gehören, werden diesem Horn ausgeliefert. Eine Zeit, zwei Zeiten und eine halbe Zeit hat mir der Engel genannt."

„Dreieinhalb Zeiten – sollen das dreieinhalb Jahre sein?"

„Ich fürchte, es sind prophetische Zeiträume."

Abednego kaute auf seiner Lippe. „Wenn wir von den prophetischen Zeiträumen ausgehen, die uns der Prophet Hesekiel genannt hat, dann entspricht ein Tag einem Jahr. Das wären dann also ...", er murmelte ein paar Silben, während er im Kopf rechnete, „das wären also 1.260 Jahre. So lange? Gott helfe uns!"

Daniel nickte bekümmert. „Aber dann wird im Himmel Gericht gehalten. Dem Horn wird die Herrschaft weggenommen und es wird vernichtet werden. Und dann wird dem Volk Gottes die Herrschaft übertragen, und sie wird nie mehr untergehen. Denn alle Mächte werden dem Menschensohn dienen und gehorchen."

„Das ist der Stein, der das Standbild aus Nebukadnezars Traum an den Füßen traf und zum Berg anwuchs", sagte Abednego. „Wann wird er kommen?"

„Das dauert noch lange. Wir werden es nicht mehr erleben, mein guter Freund. Aber ich sorge mich um die Menschen, die zu Gott gehören. Wie sollen sie diesem tyrannischen kleinen Horn widerstehen?"

„Wer oder was ist das überhaupt?"

„Der Engel erklärte mir, dass die zehn Hörner ein Symbol für zehn Königreiche sind, die aus dem eisernen Reich entstehen werden. In dieser Zeit wird ein ganz anderer König aufstehen – nicht eigentlich ein König – jedenfalls wird er drei der Könige ausrotten und sich zum absoluten Herrscher aufspielen. Nicht einmal vor dem Gesetz des Höchsten hat er Respekt! Er ändert es nach seinem Gutdünken."

„Damit will er seine Macht beweisen, seine Autorität."

„Und eine Zeit lang darf er das. Gott lässt es zu. Gott gibt sein Volk in die Hand dieses Tyrannen."

„Ich verstehe, was dich traurig macht. Du denkst an Jerusalem, nicht wahr? Wie lange hatte der Schöpfer ermahnt und gewarnt durch seine Boten, durch den Propheten Jeremia, und keiner hat auf ihn gehört. Und dann wurde unsere Stadt zerstört, wurden die Menschen getötet oder verschleppt. So manche Mutter hielt die Leiche ihres Kindes auf dem Schoß und schrie: „Warum hast du das zugelassen, Gott? Warum greifst du nicht ein?"

„Es ist manchmal kaum zu begreifen. Wir wissen, dass unser

Gott allmächtig ist. Er könnte dem Leid ein Ende bereiten, hier und jetzt." Daniel hatte sich in Eifer geredet. „Warum tut er es nicht? Warum wartet er?", keuchte er. „Warum lässt er dem Bösen freien Lauf?"

Abednego sah, wie sich die Erregung auf Daniels Gesicht ausbreitete, wie die Röte einer plötzlichen Blässe wich. Er lief nach einem Becher Wasser und einem feuchten Tuch, und als er zurückkam, war Daniel erschöpft zu Boden gesunken. Abednego zog ihn hinüber auf eine niedrige Couch und mühte sich ab, den Freund bequem zu betten. Bald erwachte Daniel aus seiner Ohnmacht und setzte sich auf. Er sah zum offenen Fenster hinüber und atmete die frische Luft, die aus dem Garten hereinwehte.

„Ah, dein Garten ist mir immer wie ein Gruß aus dem Paradies", sagte er. Abednego setzte sich an das Fußende der Couch und zupfte die Decke zurecht.

Dann sagte er: „Meine Neugier ist noch nicht befriedigt. Hast du darüber nachgedacht, wer die drei Rippen sein könnten, die der Bär in seinem Maul trägt?"

Daniel seufzte. „Kannst du nicht einen Augenblick an etwas anderes denken als an Politik und das Schicksal unserer Länder?"

„Ach Daniel, du kennst mich doch. Ich möchte den anderen immer gerne einen Schritt voraus sein. Vorbereitet sein, verstehst du?"

„Ja. Das ist für uns alle wichtig. Vorbereitet – bereit sein!" Er erhob sich mühsam und holte die Schriftrolle. „Der Traum selbst hat mir darüber keinen Aufschluss gegeben. Wir müssen selbst nachdenken. Wer könnten die drei Länder sein, die der Bär als Erstes erobert?"

„Wahrscheinlich zunächst einmal Lydien", vermutete Abednego.

„Warum das?"

„Der Bär wird sich für seine weiteren Kriegszüge stärken müssen. Wenn er den sagenhaften Reichtum des Königs Krösus in seinem Wams hat, dann kann er weiterziehen nach ..."

„Nach Ägypten?"

„Vielleicht. Ägyptens Schätze haben schon manchen König gelockt. Und als Drittes dann ein Zug gegen Babylon."

„Da hat unser Bär noch einiges vor sich", murmelte Daniel.

Es klopfte an der Tür. Der Diener schlurfte hin und öffnete. Ein Soldat stand draußen und drehte verlegen seinen Helm in den Händen.

„Exzellenz ...", stotterte er. „Sie werden zu Hause erwartet."

„Woher wissen Sie, wo Sie Daniel finden können?", wunderte sich Abednego.

„Seine Haushälterin meinte, dass er nirgendwo anders hingegangen sein könnte so früh am Morgen als zu seinem Freund Abednego.

Die Männer lachten. „Du siehst, mein Leben ist durchsichtig für jedermann." An den Soldaten gewandt, fragte er: „Und welcher Besuch erwartet mich zu Hause?"

„Der General Gobryas, Herr."

„Oh. Dann muss ich mich wirklich beeilen."

Drohung

„Sie werden sich vielleicht wundern, Minister, warum ich Sie so früh am Morgen aufsuche“, begann Gobryas. Eine Ader an seiner Schläfe pochte.

„Exminister“, korrigierte Daniel und zwinkerte. „Sie sind mir jederzeit willkommen, General, das wissen Sie.“

„Haben Sie erfahren, was gestern geschehen ist?“

„Gestern?“ Daniel überlegte. Er konnte sich nur an seinen bedeutsamen Traum erinnern, der ihm noch lange nachgehen würde. Aber tagsüber?

„Ich weiß nicht, was Sie meinen, General. Spielen Sie darauf an, dass Königin Amytis nach Arabien abgereist ist? Das habe ich allerdings erfahren, und es hat mich überrascht. Hoffentlich übernimmt sie sich nicht mit dieser Reise.“

Gobryas schüttelte den Kopf.

„Nein, das meine ich nicht.“ Er holte tief Luft und griff mit der Hand an die Kehle, als müsste er einen Knoten wegmassieren, der ihn am Sprechen hinderte. Dann beugte er sich in seinem Stuhl vor und sagte mühsam: „Prinz Nabunasir ist zum Ersten Hofrat befördert worden.“

„Was? Was sagen Sie da?“ Daniel starrte ihn an.

„Seit einigen Wochen geht der Prinz im Palast aus und ein. Belsazar hat offenbar eine Vorliebe für seinen Onkel entwickelt. Gestern wurde die Ernennungsurkunde des Prinzen versiegelt. Aber er hatte schon seit langem seine Fäden gesponnen, und Belsazar hat es geduldet. Jetzt kann Nabunasir wieder befehlen, und die Leute springen.“

Daniel seufzte. „Dann werden Sie also aus nächster Nähe die Geburt eines Kometen beobachten können. Prinz Nabunasir, ein neuer Stern an Babylons Himmel.“

Gobryas verzog die Lippen zu einem bitteren Lächeln. „Leider wird mir dieses Erlebnis versagt bleiben. König Belsazar hat beschlossen, mich aus Babylon abzurufen.“ Er lehnte sich zurück und verschränkte die Arme vor der Brust.

„General ...“, begann Daniel, aber Gobryas schüttelte den Kopf.

„Ich bin nicht mehr General. Mein Titel hat sich vor einigen Stunden in Luft aufgelöst, Minister. Ich bin jetzt Gouverneur von Gutium."

„Von Gutium?"

„Ich weiß, was Sie denken, Minister. Ich sollte mich eigentlich darüber freuen. Es hat mir nie gepasst, dass mich König Nabonidus seinem leichtfertigen Sohn unterstellt hat. In Gutium habe ich etwas Abstand, mehr Luft zum Atmen. Aber – ich wollte eigentlich nicht aus dem Militärdienst entlassen werden. Außerdem muss ich trotzdem für König Belsazar arbeiten. Und was noch schlimmer ist – ich bin durch meine neue Aufgabe direkt der Autorität des Ministers für Gouverneure unterstellt und der heißt ..."

„Nabunasir!", ergänzte Daniel. Er stand auf und ging zum Fenster, sah hinaus, ohne etwas wahrzunehmen. „Darf ich Ihnen eine persönliche Frage stellen, General?"

„Bitte!"

„Halten Sie es für möglich, dass Prinz Nabunasir ahnt, wer ihn damals bewusstlos geschlagen hat?"

Gobryas saß wie versteinert. Dann hob er eine Augenbraue. „Seltsam. Ich hätte meine rechte Hand dafür hergegeben, dass die betroffene Dame niemals ein Wort darüber verloren hätte."

„Sie können Prinzessin Aspersi absolut vertrauen", versicherte Daniel. „Ich habe mir das Ganze selbst zusammengereimt, als ich die Schramme an ihrer Wange sah und erfuhr, dass sie von einem geheimnisvollen Retter aus den Händen dieses – dieses Halunken gerettet worden war. Am gleichen Tag kamen Sie in mein Büro, und mein Blick fiel auf Ihre Fingerknöchel ..." Daniel lächelte. „Es ist erstaunlich, dass der Prinz diesen Angriff überlebt hat."

„Oh", sagte Gobryas und knetete seine Hände, „ich wollte ihn ja nicht umbringen. Nur außer Gefecht setzen."

„Das ist Ihnen gelungen. Aber jetzt könnte er sich an Ihnen rächen. Er steht beim König in höchster Gunst. Wie hat er das überhaupt geschafft?"

„Minister, kennen Sie die Tochter des Prinzen, die schöne und ehrgeizige Nesupal?"

„Aha", machte Daniel. Sie wechselten einen Blick – Belsazars Vorlieben waren wohl bekannt.

Beide schwiegen, dann fragte der Minister: „Wann werden Sie abreisen?"

„Nach Gutium? In drei bis vier Tagen."

Daniel legte ihm die Hand auf den Arm. „Ich würde Ihnen so gerne helfen!", sagte er herzlich. „Aber wie?"

Gegen Mittag wurde Daniel zu Prinzessin Aspersi gebeten. Er wunderte sich, dass der Bote nicht den Weg zur Schule einschlug, sondern zu ihrer Privatwohnung, die im Palastflügel der Königin lag. Die Prinzessin stand am Fenster, als Daniel eintrat.

„Ihr wolltet mich sehen, Hoheit?"

„Ja, Minister Daniel." Ihre Augen waren geweitet, als hätte sie einen Schock erlitten.

„Kann ich Euch irgendwie behilflich sein?"

„Ich hoffe. Ich hoffe es sehr!" Sie schluckte an ihren Tränen. „Ich werde bedroht."

„Aber von wem und wie?"

„Bitte kommen Sie einmal hierher." Sie führte den Minister zu einem engen, niedrigen Fenster, das halb von Zweigen überwachsen war. Draußen lag der Gärtner auf den Knien und beschnitt einen Rosenbusch, zwei Passanten schlenderten über den Platz, und an der Mauer, die der Haustür gegenüberlag, lehnten vier Soldaten.

„Sehen Sie?", fragte sie leise.

Daniel überlegte. „Meinen Sie die vier Soldaten?"

Sie nickte. „Sie sind ja beinahe mit ihnen zusammengestoßen. Die Soldaten haben Sie beobachtet, als Sie hereinkamen. Vorhin waren es übrigens fünf. Der eine wurde fortgeschickt, um zu berichten."

„Aber wem gibt er Bericht? Ist mein Besuch bei Euch ein Verbrechen?"

„Prinz Nabunasir lässt mich überwachen." Sie wandte sich abrupt zur Wand, bis sie sich wieder gefasst hatte. Dann ließ sie sich auf eine Sitzbank fallen, und Daniel nahm neben ihr Platz.

„Minister Daniel, ich weiß nicht, an wen ich mich wenden kann. Es tut mir Leid, dass ich Sie in meine persönlichen Angelegenheiten verwickelt habe. Aber ich wusste mir keinen Rat. Prinz Nabunasir war hier ..."

Ihre Lippen zitterten.

„Also ist er es, der Euch bedroht? Was will er überhaupt?"

„Sie wissen ja, dass Nasir mich eines Abends in der Schule besucht hat. Er wollte mich ...", sie brach ab und schlug die Augen nieder. „Kurz danach wurde General Neriglissar König und ließ Nasir verhaften. Da hatte ich Ruhe vor ihm. Aber jetzt ..."

„Jetzt sucht er Kontakt?"

„Kontakt?" Sie lachte bitter auf. „Er will mich heiraten. Da draußen stehen seine Männer. Und das sind nicht die Einzigen. Nasir ist jetzt ein hohes Tier. Er hat Macht. Er hat an allen Ausgängen des Palastes Wachen aufgestellt, auch an allen meinen Schulen. Ich kann keinen Schritt gehen, ohne dass ein Trupp Soldaten hinter mir hertrampelt."

„Sie verfolgen Euch?"

„Sie laufen neben mir her. Sie hindern mich an der Flucht, verstehen Sie? Er hat Angst, ich könnte ihm entkommen."

„Warum solltet Ihr flüchten?"

„Weil er hier war und ..." Sie biss sich auf die Lippen und zwang sich zum Weitersprechen. „Er hat verlangt, dass ich zu ihm komme, und zwar freiwillig. Ich werde fünf Tage lang ständig überwacht. In dieser Zeit soll ich meine Hochzeit mit ihm planen. Er will mich sogar zu seiner Hauptfrau machen. Alles, was er besitzt, soll mir gehören." Sie schürzte verächtlich den Mund. „Als ob mich so etwas locken könnte."

„Und wenn nicht?"

„Wenn ich mich ihm nicht freiwillig hingebe, dann werde ich mit Gewalt entführt und in einer Zelle gefangen gehalten. Der Himmel weiß, was dann mit mir geschieht."

„Werdet Ihr – nachgeben, Hoheit?"

Sie schauderte. „Wenn ich nicht fliehen kann, dann werde ich mich umbringen."

„Nein! Tut das nicht!", beschwor Daniel sie. „Es muss einen Ausweg geben."

„Minister, meine beiden Diener haben alle Wege ausprobiert. Man kommt hier nicht ungesehen hinaus."

„Und Königin Amytis?"

„Sie ist vor zwei Tagen verreist."

„Das muss er angezettelt haben!", rief Daniel. „Er wollte seine Mutter aus dem Weg haben. Er weiß, dass die Königin ihre Hand über Euch hält."

Aspersi wirkte überrascht. „Tante Amytis wollte nach Arabien reisen, weil ihre Tochter Prinzessin Nitocris erkrankt wäre."

„Das ist ziemlich fadenscheinig, Hoheit. Dieser Mann ist wie ein Teufel. Er scheucht seine Mutter auf, er schickt sie weg, dann wirft er sein Netz nach Euch aus. Ihr wisst ja, dass er leidenschaftlich gerne Schmetterlinge sammelt. Prinzessin Aspersi, wir müssen Euch irgendwie hinausbringen. Wie lange habt Ihr noch Zeit?"

„Noch vier Tage", sagte sie mutlos.

„Prinzessin, Ihr dürft jetzt nicht den Kopf hängen lassen. Ich werde tun, was ich kann."

„Könnten Sie auch – Ihren Gott um Hilfe bitten?", sagte sie leise.

Daniel nickte wortlos.

Das Netz

Draußen lehnten wieder fünf Männer an der Mauer. Jeder trug ein Schwert an der Hüfte, den Dolch im Gürtel. Als Daniel herauskam, setzte sich einer der fünf in Gang und marschierte hinter dem alten Minister her. Daniel hörte seine schweren Tritte und dachte an das Schwert. Unwillkürlich zog sich sein Nacken zusammen. Was mochte Prinzessin Aspersi empfinden, die sicherlich aus dem Fenster beobachtet hatte, wie man ihn schachmatt gesetzt hatte?

Das arme Mädchen wird sich Vorwürfe machen, weil sie mich in Gefahr gebracht hat, dachte Daniel. Er kam am Prinzenbrunnen vorüber und hielt an, um eine blaue Lilie zu betrachten, die zwischen den gelben und weißen aufgeblüht war. Sein ‚Schatten' hielt eine Armeslänge Abstand. Daniel beobachtete einen Goldfisch, der im Wasser herumflitzte, und wandte sich an den Begleiter.

„Ein schöner Tag heute, nicht wahr?"

Der Soldat nickte und sah durch Daniel hindurch, als wäre er ein Nebel.

„Gehen Sie oft hier vorüber?", lächelte Daniel.

Der Mann zuckte die Achseln.

„Sprechen Sie überhaupt Aramäisch?"

Jetzt verhärteten sich seine Augen. Er riss das Schwert aus der Scheide und wirbelte es herum. Daniel schluckte und wich einen Schritt zurück. Das Schwert fuhr durch das Wasser und halbierte eine Wasserlilie. Dann hob der Soldat die Waffe an die Augen und untersuchte die Schneide.

Daniel setzte sich wieder in Gang; die Sandalen seines treuen Begleiters hallten auf dem Pflaster.

Der alte Minister überlegte fieberhaft, wie er seinem Bewacher entkommen könnte. Aber schon bald war ihm klar, dass er keinen anderen gefährden durfte. Am besten war er jetzt zu Hause aufgehoben.

Als Daniel die Tür hinter sich zugezogen hatte, ging er an ein Nebenfenster und spähte hinaus. Ein Mann hatte sich bereits an der

Vordertür aufgestellt und sprach auf einen Jungen ein, der offenbar einen Botendienst für ihn erledigen sollte. Seine alte Haushälterin kam herbeigehumpelt und flüsterte: „Was ist geschehen? Was sollen wir tun? An der Gartenpforte steht auch ein Soldat."

„Beruhige dich, Mirjam", sagte Daniel. „Unser Leben steht in Gottes Hand, das weißt du. Bleib heute hier, du kannst im Gästezimmer schlafen. Ich glaube nicht, dass uns etwas geschieht."

Als sie hinter der Küchentür verschwunden war, sank ihm der Mut. Er war lange nicht so zuversichtlich, wie er sich gab. Die schöne Aspersi hing in Nabunasirs Netz, und wer konnte sie daraus retten? Nur einer, und an diesen einen wandte sich Daniel im Gebet. Er öffnete die Fenster, die nach Jerusalem zeigten. Es kümmerte ihn nicht, ob die Nachbarn ihn hörten. Er schämte sich auch nicht vor den Passanten, die jenseits seines kleinen Gartens vorübergingen. Jeder, der den alten Minister Daniel kannte, wusste ohnehin: Daniel betet mehrmals täglich zu seinem Gott Jahwe.

Na und? In Babylon war man tolerant. Überall auf den Straßen luden Altäre zur Andacht und Besinnung ein, die Tempeltüren standen bei Tag und Nacht offen – es wurde viel gebetet in dieser Stadt. Doch richteten sich diese Gebete zu Statuen mit Rubinaugen, die keinen Blick erwidern und keine Hand zur Hilfe rühren konnten, zu gemeißelten Steinbildern mit Tierfratzen, zu Holzklötzen, die man mit Goldketten und Perlen behängt hatte, um ihre groben Konturen zu verdecken.

Daniel kniete nieder und wusste, dass sein Gebet nicht an der Zimmerdecke abprallen, nicht auf taube Ohren stoßen würde. Er vertraute seinem Schöpfer und schüttete ihm sein Herz aus, legte ihm seine Sorge vor, seine Hilflosigkeit, und erhob sich getröstet und frisch gestärkt.

Der Nachmittag verging langsam. Man hatte seinen Wächter durch einen anderen ersetzt, der ständig vor sich hinfluchte und seinen bulligen Nacken an der Türschwelle rieb. Daniel überlegte, ob er dem Mann anbieten sollte, sich in seinem Badezimmer zu säubern, um diesen Juckreiz loszuwerden. Aber dann beschloss er, lieber etwas Distanz zu wahren.

Die Sonne küsste den Aprikosenbaum in Daniels Garten ein letztes Mal, dann malte der Abend lange Schatten über das Gras. Ein Nachtvogel sang sein Klagelied, und Daniel hätte am liebsten mit eingestimmt, aber er gab die Hoffnung nicht auf. Sein Anliegen war bei Gott in guten Händen.

Eine Nacht, die länger war als die meisten, machte dem Morgen Platz. Daniel holte sich ein Stück Pergament und kritzelte ein paar

Schriftzeichen darauf. Dann rollte er den Streifen zusammen und umwickelte ihn mit einem Faden. Er ließ sich leicht in den Ärmel schieben.

Der bullnackige Wächter stand immer noch vor der Haustür.

„Guter Mann", sagte Daniel, „Ich werde zum Markt gehen und Obst kaufen. Möchten Sie mich vielleicht begleiten?"

„Selbstverständlich", grunzte der Soldat.

Dieser hat wenigstens eine Stimme, dachte Daniel erleichtert. *Vielleicht kann ich ihn für eine Weile abhängen.* Er beschleunigte seine Schritte und merkte, dass ihm der Wächter mit etwas mehr Abstand folgte als sein Vorgänger.

Der Marktplatz wimmelte von Menschen wie immer. An einem Stand wurden Fische versteigert. Daniel ließ sich Zeit und schlenderte von einem Händler zum anderen, betastete die Früchte, wechselte ein paar Worte mit den Verkäufern, kaufte hier und dort ein Stück. Dann fand er eine saftige Orange und reichte sie seinem Begleiter.

„Sie sind bestimmt sehr durstig", sagte er.

Der Soldat räusperte sich verlegen und brummelte: „Danke." Er schlug seine Zähne in die Schale und riss große Stücke heraus. Daniel wandte sich schaudernd ab. *Man sollte meinen, sie wüssten ihren Dolch auch für zivile Zwecke zu gebrauchen.*

Inzwischen hatte der Wächter einen Kameraden entdeckt; sie unterhielten sich und lachten. Daniel fühlte, wie die Spannung in seinen Schultermuskeln allmählich nachließ. Als er seinen Blick über die Menge schweifen ließ, sah er plötzlich seinen Freund Abednego auftauchen. Auch er trug einen Korb über dem Arm und untersuchte gerade einige Feigen. Daniel drängelte sich zu ihm hin.

„Daniel!", rief Abednego. „Ich wusste gar nicht, dass du neuerdings deine Einkäufe selbst erledigst."

„Ich brauche ein wenig Bewegung", lächelte Daniel und umarmte den Freund und küsste ihn auf die Wange. „Wir werden beobachtet", flüsterte er ihm ins Ohr und ließ die Rolle aus dem Ärmel gleiten, drückte sie Abednego in die offene Tunika. Abednego begriff sofort und zog die Tunika vorne zusammen.

„Bring diesen Brief sofort zu Gobryas! Es geht um Menschenleben!", flüsterte Daniel weiter. Dann trat er einen Schritt zurück und zeigte auf die Datteln, die sich auf dem nächstliegenden Stand häuften. „Sie sind teuer geworden. Schau dir das an. Und nicht einmal saftig." Abednego lachte dazu und tätschelte ihm die Schulter zum Abschied. Dann hatte ihn die Menge verschluckt.

Daniel seufzte und wandte sich zum Gehen.

Und dann saß Daniel in seinem Haus und wartete. Die Körner rieselten aufreizend langsam durch die Sanduhr, als wären sie darin festgeklebt. Inzwischen standen zwei Wächter vor der Haustür und zwei weitere vor der Gartenpforte. Daniel legte sich mittags zu einem Schläfchen auf die Couch, ganz gegen seine sonstige Gewohnheit, aber er spürte, dass er Kraft brauchte. Gegen Abend hörte er ein ungewohntes Geräusch auf der Straße. Er eilte zum Fenster. Draußen torkelten sechs betrunkene Soldaten herum, die einander untergehakt hatten. Sie sangen so falsch, dass es schon beinahe wieder künstlerisch klang. Ein Passant, der ihnen in den Weg trat, wurde angerempelt: „Kannst du singen, Mann?" Er warf einen Blick auf ihre Schwerter, auf ihre Dolche und rannte um sein Leben. Sie lachten und stolperten einige Schritte hinter ihm her, dann formierten sie sich wieder und hoben die Stimmen.

Daniel schlich zur Tür und spähte durch einen Spalt. Inzwischen hatten die betrunkenen Soldaten die beiden Wächter gesehen.

„Ho!", schrie der eine. „Schaut euch das an! Da sind noch mehr Krieger. Noch mehr Kämpfer. Noch mehr Helden!" Seine Stimme überschlug sich, während er einen der Wächter umarmte. „Ihr tapferen Soldaten, kommt mit und begleitet uns!", röhrte er. „Singt mit uns, Babylon zu Ehren!"

Die Wächter versuchten sich der Umarmung der anderen sechs zu entziehen, aber es misslang. Ihre Protestrufe gingen im allgemeinen Gebrabbel unter; wie die Fangarme eines riesigen Oktopus umschlossen sie die Arme der betrunkenen Soldaten. Sie wurden von den Füßen gehoben und die Straße entlanggetragen, und das alles zur Melodie eines Trinkliedes. Zurzeit hatten die Soldaten in Babylon nichts Wichtiges zu tun, also spülten sie ihre Langeweile mit Wein und Bier hinunter. Daniel stand eine Weile auf der Schwelle, die jetzt leer und unbewacht war, und konnte kaum glauben, was er gesehen hatte. Dann trabte eine vermummte Gestalt heran. Erst im Lichtkreis des Hauses warf der Geheimnisvolle seine Kapuze ab und grinste wie ein Schuljunge.

„Gobryas! Das haben Sie veranstaltet!", rief Daniel.

„Natürlich", sagte er und wurde ernst. Er schlüpfte durch die Haustür und zog sie hinter sich zu. „Und jetzt zur Sache. Sie haben mir geschrieben, dass ich Prinzessin Aspersi aus der Stadt schaffen muss. Warum? Erzählen Sie es mir, aber schnell!"

Seine Wangenmuskeln verkrampften sich, als Daniel von den Plänen des Prinzen erzählte.

„Ich wusste schon immer, dass Nabunasir ein Scheusal ist. Wie lange haben wir noch Zeit?"

„Noch drei Tage", seufzte Daniel, „und es muss etwas geschehen, sonst tut sich Aspersi Gewalt an."

Gobryas nickte und verbarg sein Gesicht in den Händen. Seine Schultern bebten wie in innerem Sturm.

„Gobryas, wussten Sie, dass Nabunasir schon einmal solche Pläne hatte? Damals wollte er Aspersi in einem Wäschekorb entführen."

„Ich habe davon gehört", knirschte Gobryas. „Und jetzt hat der Kerl Macht. Mehr Macht als je zuvor."

„Können Sie – helfen?"

Gobryas stand auf und schritt ruhelos im Zimmer auf und ab. „Was wird aus ihren Schulen, ihrer Arbeit für die Blinden, für die Behinderten, wenn Aspersi fort ist?"

Daniel seufzte. „Darauf können wir keine Rücksicht nehmen. Ihr Leben steht auf dem Spiel. Sie wird sich niemals Nabunasir hingeben."

„Ich weiß", murmelte Gobryas. „Mir ist ihre Sicherheit auch wichtiger als alles andere. Wichtiger als mein Leben. Aber ..." Er stockte, setzte neu an. „Ich muss übermorgen nach Gutium reisen. Ich kann mich nicht von Ihnen verabschieden. Aber wenn Sie zwei Stunden nach Sonnenaufgang vor Aspersis Wohnung stehen, dann sehen wir uns noch. Ich werde Ihnen winken. Wenn ich nur winke, dann wissen Sie, das ich leider nichts erreicht habe. Wenn ich aber helfen konnte, dann werde ich Ihnen etwas zurufen. Irgendetwas. Sie brauchen sich dann keine Sorgen mehr zu machen."

Er presste die Lippen zusammen und stand auf. Daniel legte ihm die Hand auf den Arm und sagte leise: „Gott schütze Sie und gebe Ihnen Kraft." Gobryas drückte ihm die Hand und zog die Tür auf, dann verschwand er wie ein Schatten. Daniel schob leise die Türe zu und legte den Riegel vor.

Minuten später dröhnte das Holz unter wuchtigen Schlägen. Daniel wartete drei Atemzüge lang, dann öffnete er. Zwei Wächter standen auf der Schwelle, außer Atem und sichtlich besorgt.

„Was gibt es?", fragte Daniel.

„Ach – Sie sind – Sie sind ja noch da!", bellte der eine.

„Aber meine Herren! Ich würde mich doch ohne Ihre geschätzte Begleitung niemals auf die Straße wagen!", lächelte Daniel. Die beiden Soldaten brummten etwas Unverständliches, während sie wieder Posten bezogen.

Den nächsten Tag verbrachte Daniel mit Beten, zwischen Hoffen und Bangen. Er zwang sich zum Lesen, zum Essen, er setzte sich eine Stunde in seinen Garten und zerpflückte geistesabwesend Gräser und Halme. Erst als es dunkel wurde, ging er ins Haus zurück. Nach dem Abendgebet warf er sich auf sein Bett, wälzte sich schlaflos von einer Seite zur anderen, bis er endlich einschlief und ganz wirres Zeug zusammenträumte. Er begrüßte den neuen Morgen mit sehr gemischten Gefühlen und am Ende seiner Nervenkraft. Eine Stunde nach Sonnenaufgang öffnete er die Haustür und trat hinaus. Die beiden Wächter rappelten sich auf. Der eine zuckte mit der Hand zum Dolch, der andere hatte das Schwert aus der Scheide gerissen.

„Guten Morgen, meine Herren", sagte Daniel höflich. „Hatten Sie eine angenehme Nachtruhe?"

Die Soldaten zuckten die Achseln. Er fuhr fort: „Wahrscheinlich sind Sie schon vollkommen steif in den Hüften. Was halten Sie von einem Morgenspaziergang? Etwas Bewegung kann uns nicht schaden. Vielleicht treffen Sie unterwegs auf ein paar Kameraden."

Er schritt kräftig aus und hörte, wie die Männer hinter ihm herkamen.

Als er vor Aspersis Wohnung ankam, sah er einen ganzen Trupp Soldaten, die sich an die Mauer gelehnt hatten, teils standen, teils saßen. Vier hielten vor der Haustür Wache, weitere vier hatten sich an der Ecke postiert, acht sperrten die Straße ab. Vierzehn Soldaten bewachten ein Mädchen! Wahrscheinlich waren die anderen Ausgänge ähnlich blockiert. Daniel schluckte. Damit hatte er nicht gerechnet. Wie hätte Gobryas die Prinzessin durch diese Hindernisse herausschaffen sollen? Dabei hätte er die Wachen zweimal passieren müssen. Menschlich gesehen unmöglich!

Daniel ging hinüber zum Gärtner, der sich über einen Rosenbusch gebückt hatte, und fragte:

„Na, guter Mann, wie geht es heute?"

Der Gärtner richtete sich auf und schob den Strohhut in den Nacken."

„Die Käfer machen mir zu schaffen, Herr. Sie ruinieren meine Knospen."

Daniel nickte verständnisvoll, und der Gärtner fuhr fort:

„Schauen Sie sich dieses aufgerollte Blatt an." Er zog es mit den Fingern auseinander. „Sehen Sie das? Schwarz! Blattläuse!" Er schnaubte verächtlich und zeigte auf einen Zweig. „Und diese grünen Käfer, die Grashüpfer, die roten Spinnen – hier sind sie alle versammelt." Er zuckte hilflos mit den Achseln. „Man könnte meinen, Prinzessin Aspersi wollte alle Insekten Babylons mit Futter versorgen."

„Aber die Rosen sehen herrlich aus“, sagte Daniel. Er schnupperte an einer gelben Knospe. „Und sie duften!“

Der Gärtner schmunzelte. „Ja, ich pflege meine Lieblinge. Sie gedeihen gut. Ich muss sie eben vor den Käfern schützen. Jeden Tag hinterher sein. Darf mir keine Ruhe gönnen.“

Inzwischen hatten sich die beiden Wächter zu ihren Kameraden gesellt und plauderten. Ab und zu warfen sie einen Blick zu Daniel hinüber. Sie fühlten sich sicher, weil sie wussten, dass die Straße in beiden Richtungen abgeriegelt war. Der Gärtner verbreitete sich ausführlich über die Pflege der Rosen, und Daniel hörte zu, höflich den Kopf geneigt. Dann sagte er: „Jetzt müsste es etwa zwei Stunden nach Sonnenaufgang sein.“

„Zwei Stunden?“ Der Gärtner kam zwischen seinen Büschen hervor und ging hinüber zur Sonnenuhr. „Genau zwei Stunden, Herr!“, strahlte er. „Woher haben Sie das gewusst?“

Daniel ging ein paar Schritte zurück in Richtung Straße. Er schaute in beide Richtungen, aber von Gobryas war nichts zu sehen. Der Mund wurde dem Minister trocken, und er spürte, wie seine Handflächen schwitzten. Die Minuten verstrichen – nichts geschah. Einige Passanten gingen vorüber, die Soldaten erzählten sich Witze und lachten dröhnend. Endlich Hufschlag und das Kreischen von Wagenrädern. Der Gärtner kam an den Straßenrand, auch die Wächter reckten die Hälse, und Daniel flüsterte ein Gebet.

Ja, es war Gobryas. Wie es sich für einen neuen Gouverneur gehörte, trug er die babylonische Paradeuniform mit einem schwarzen Reisemantel. Er ritt einen braunen Hengst. Hinter ihm kamen zwanzig bewaffnete Begleiter und ein hoch beladener Gepäckwagen. Gobryas sah stur geradeaus. Als er an Daniel vorüberkam, winkte er in die Luft. Daniel versuchte, in seinem Gesicht zu lesen, aber es blieb unbewegt. Der General wandte den Blick hinüber zu Aspersis Fenster – sehnsüchtig? Hoffnungslos? Daniel griff sich ans Herz. Warum sagte Gobryas denn nichts?

Der frisch gebackene Gouverneur drehte sich weg und ritt vorüber. *Er hat es nicht geschafft …*, stöhnte Daniel innerlich. *Er schämt sich. Natürlich konnte sein Plan nicht gelingen. Niemand hätte ungesehen an 30 Soldaten vorüberschlüpfen können. Es war aussichtslos.*

Und doch wollte er sich nicht mit diesem Gedanken abfinden. Am liebsten hätte er hinter Gobryas hergeschrien: „So tu doch etwas, Mann! Du hast zwanzig Männer bei dir, bis an die Zähne bewaffnet. Du bist stark und mutig! Rette das Mädchen!“

Aber er brachte keinen Ton heraus.

Dann war Gobryas fünfzig Schritte weit weg. Plötzlich drehte er sich um und winkte Nabunasirs Männern zu: „Viel Glück, ihr Soldaten. Bewacht unser Babylon gut!"

Und er hob den Hut und rief: „Auf Wiedersehen, Minister!"

Daniels Knie gaben nach, er streckte die Hand aus, um sich an der Mauer abzustützen. Das Unglaubliche war geschehen! Kein Zweifel, Gobryas hatte das vereinbarte Zeichen gegeben – die Prinzessin war in Sicherheit. Aber wie? Daniels Blick fiel auf den Gepäckwagen. Unter den Kisten lag eine lange Holzkiste, wie ein überlanger Sarg. Natürlich! Das war doch ein ideales Versteck für das Mädchen. Fragend suchte er Gobryas Blick. Der zwinkerte und nickte, während er mit dem Kinn zum Wagen hinüberwies. Daniel meinte, in die Kiste hineinsehen zu können: weiche Decken, ein Kissen, Luftlöcher, Hitze und Schweiß – dort lag also Prinzessin Aspersi mit weit aufgerissenen Augen, verkrampft vor Furcht und gleichzeitig erleichtert, dass sie entkommen war. Die Hufe klapperten auf dem Pflaster, und kurze Zeit später war die Reisegruppe nicht mehr zu sehen.

„Das war der neue Gouverneur von Gutium", murmelte der Gärtner, stolz auf sein Wissen.

Daniel legte ihm die Hand auf die Schulter. „Sie tun eine gute Arbeit. Ihre Rosen sind ein Augenschmaus für uns alle." Er wandte sich zum Gehen.

Nach einigen Schritten fiel ihm ein, dass sich die Wachen sicher über seinen Ausflug wundern würden, wenn er so ohne Weiteres wieder nach Hause ginge. Deshalb wandte er sich zu Aspersis Wohnung hinüber und klopfte.

Die Tür öffnete sich einen Spalt breit, die Zofe Denesu steckte den Kopf hindurch. Um der Männer willen, die ihn beobachteten, sagte Daniel laut: „Ich möchte zu Prinzessin Aspersi."

„Ja, kommen Sie herein, Exzellenz", sagte sie.

Daniel verbarg seine Überraschung. Als sie die Tür hinter ihm geschlossen hatte, drehte er sich um und sah – Prinzessin Aspersi. Sie starrte ihn aus weit aufgerissenen Augen an.

Daniel tastete nach einem Halt und ließ sich auf einen Stuhl sinken.

„Hat sich etwas ergeben, Minister?" fragte die Prinzessin hastig. Ihre Augen waren schwarz umschattet.

Sie winkte die Zofe fort.

„Prinzessin", Daniel musste sich räuspern, „Ich habe mit einem Mann gesprochen, der mein volles Vertrauen genießt. Und ich habe für Euch gebetet. Ich möchte Euch nur um eines bitten: Tut Euch nichts an. Auf keinen Fall."

Aspersi verkrampfte die Finger, dass die Knöchel weiß wurden.

„Minister ...", setzte sie an.

„Hoheit, mehr kann ich Euch jetzt nicht verraten. Nur das eine: Habt Mut!"

„Aber meine Zeit ist beinahe um. Heute Abend will Nabunasir kommen und ..." Sie schlug die Hände vors Gesicht.

„Vertraut dem Gott, der Himmel und Erde geschaffen hat, liebe Prinzessin", sagte Daniel und legte alle Überzeugungskraft in seine Stimme, deren er fähig war. Er lächelte ihr zu, als er ging.

Unterwegs wurden seine Beine schwer wie Blei, und er meinte, den Heimweg nicht mehr zu bewältigen. Endlich kam sein Haus in Sicht, er schlug den beiden Wächtern die Tür vor der Nase zu und schleppte sich ins Wohnzimmer. Eine vertraute Stimme begrüßte ihn:

„Ah, da bist du endlich. Wo warst du so lange?"

„Abednego! Warum bist du hergekommen? Jetzt wird man dich auch bewachen."

„Setz dich, Daniel. Niemand wird mich bewachen. Es ist alles gut gegangen."

„Wie kannst du so etwas sagen? Nichts ist gut gegangen! Der Plan ist gescheitert und ..."

„Hör zu, Daniel. Das Mädchen ist in Sicherheit."

„Aber ich war gerade bei ihr, und sie ist außer sich vor Angst und Sorge und ..."

„Wenn du mich ausreden lässt, dann wirst du feststellen, dass ich die Wahrheit sage", sagte Abednego. „Dieser Gobryas ist ein Genie."

Daniel packte Abednego am Arm. „Wovon redest du? Gobryas ist weggeritten, und das arme Mädchen sitzt immer noch im Käfig und ist der Verzweiflung nahe!"

„Sie wird sich bald beruhigen. Die Wächter werden verschwinden. Spätestens morgen früh kann sie sich wieder frei bewegen. Und auch deine Türschwelle wird leer sein, glaube mir..."

„Ich möchte dir gerne glauben, aber das klingt wie ein Märchen."

Abednego schlug sich mit der Faust in die geöffnete Hand. „Diesmal ist Nabunasir einen Schritt zu weit gegangen. Ein Mann wie Gobryas lässt sich so etwas nicht bieten."

„Du sprichst immer noch in Rätseln", stöhnte Daniel.

„Jetzt verrate ich dir ein Geheimnis, das wir beide um den Preis unseres Lebens bewahren müssen. Du weißt ebenso gut wie ich, dass

Gobryas Aspersi nicht wegzaubern konnte. Sie war zu gut bewacht. Doch einer ließ sich weniger gut bewachen – Prinz Nabunasir. Als er vorige Nacht halb betrunken von seiner Lieblingsschänke nach Hause torkelte, wie üblich ohne Begleitung, konnte ihn Gobryas knebeln und fesseln. Seine Männer trugen ihn fort und steckten ihn in die lange Kiste, die du gesehen hast."

„Er lebt noch?"

„Ich glaube nicht, dass Gobryas seine Hände mit dem Blut des Prinzen beflecken wird, wenn er es vermeiden kann. Jedenfalls wird er Nabunasir so gut bewachen lassen, dass er keinen Schaden mehr anrichten kann. Solange Gobryas lebt, wird Aspersi nie wieder von Nabunasir belästigt werden. Man wird in Babylon nach ihm fahnden, man wird die ganze Stadt auf den Kopf stellen, aber sie werden keine Spur von ihm entdecken, denn Gobryas hat sauber gearbeitet. In einigen Tagen schon wird man den Prinzen als vermisst erklären oder sogar als tot – und König Belsazar hat in seinem Ministerrat wieder eine Stelle frei ..."

Aspersi

Am nächsten Morgen konnte Daniel ungehindert aus dem Haus gehen: die Wächter waren fort, wie Abednego es vorausgesagt hatte. Wieder schritt er durch den Park hinüber zu Aspersis Wohnung. Auch dort war kein Soldat mehr zu sehen. Daniel klopfte an, Denesu öffnete und winkte ihn herein. Im Wohnzimmer herrschte ein heilloses Durcheinander, als hätte Aspersi zu packen begonnen und sich dann nicht entscheiden können, was sie mitnehmen sollte. Große Henkelkörbe standen herum, Kleider und Mäntel waren achtlos über Stühle und Sessel geworfen. Auf dem Tisch lagen Papyrusrollen. Eine davon war geöffnet, als hätte Aspersi darin gelesen. Daniel warf einen Blick darauf – es war eine Sammlung der Psalmen Davids.

Die Prinzessin hockte mit hochgezogenen Knien in einem Winkel und hatte das Gesicht zur Wand gedreht. Sie schluchzte verzweifelt. Daniel hatte sie noch nie derart aufgelöst gesehen, Denesu erklärte:

„Sie weint schon seit Stunden, Exzellenz. Ich hab gesagt: ‚Hoheit, beruhigt Euch doch. Ihr seht schon ganz zerknittert aus', hab ich gesagt. Aber sie hört nicht auf mich."

Daniel ließ sich auf die Knie nieder und sagte fest: „Hoheit, ich bringe Euch eine gute Nachricht."

Hatte sie ihn überhaupt gehört? Er legte ihr behutsam die Hand auf die Schulter. „Prinzessin Aspersi, es gibt keinen Grund zum Weinen."

Sie hob den Kopf und starrte ihn ungläubig an. „Daniel? Ach, Sie sind das. Ich hatte schon befürchtet ..."

„Hoheit, Ihr braucht keine Angst zu haben. Die Gefahr ist gebannt."

„Wirklich? Was ist geschehen?"

Daniel beugte sich vor und flüsterte: „Nabunasir wird Euch nie mehr belästigen. Er ist – verschwunden."

Sie zog scharf die Luft ein. „Woher wissen Sie das?"

„Aus sicherer Quelle. Mehr kann ich nicht verraten."

Mit den Lippen formte sie das Wort: „Gobryas?"

Er nickte und legte den Zeigefinger an den Mund. Aspersi schloss die Augen – sie waren rot geweint und müde. Daniel winkte der Zofe, die sofort mit einem weichen Baumwolltuch herantrat und ihr das Gesicht abtupfte. Um Aspersi nicht in Verlegenheit zu bringen, zog sich Daniel inzwischen in den vorderen Teil des Raumes zurück und sah aus dem Fenster.

„Ihre Rosen sind wunderschön, Hoheit", sagte er nach einer Weile. „Besonders diese gelben hier ..." Die Prinzessin war inzwischen aufgestanden und zog ihre Kleidung zurecht. Sie kam herüber und schaute ihm über die Schulter.

„Die Soldaten – sie sind fort!", stammelte sie. Sie suchte mit den Händen nach einem Halt, und Daniel fasste sie am Ellenbogen. „Hoheit, Sie müssen sich erst einmal ausruhen", mahnte er. „Das war einfach zu viel Aufregung für eine junge Frau."

Und für mich auch!, dachte er. Er suchte vergeblich nach einem Sitzplatz für Aspersi. Die Zofe las seinen Blick und fegte einen Arm voll Kleider von der Couch.

„So, meine Liebe. Ganz ruhig. Alles ist gut geworden", sagte Daniel, während er Aspersi stützte. Sie ließ sich von ihm führen, als wäre sie ein kleines Kind, und klammerte sich an seinen Arm. Er setzte sich neben sie und nahm ihre Hände.

„Eiskalt", sagte er. „Kein Wunder, dass Sie sich schlecht fühlen. Denesu, könnten Sie etwas warmes Wasser bringen? Wir müssen die Prinzessin auftauen." Er massierte ihre Finger.

Aspersi versuchte ein halbes Lächeln. „Vielleicht sollte ich auch wieder etwas essen."

„Natürlich!", rief Daniel. „Eine heiße Suppe wäre gut."

„Für Sie auch, Exzellenz?", wollte Denesu wissen.

„Bitte!" Aspersi bettelte mit den Augen, und Daniel begriff, dass sie sich davor fürchtete, allein gelassen zu werden.

„Gerne. Ich konnte heute Morgen keinen Bissen herunterbringen", gestand er. „Aber jetzt, da alles vorüber ist ..."

Die Prinzessin seufzte. „Ich kann es noch kaum fassen. Diese Nacht war so schrecklich – ich war nahe dran, mir mit dem Messer ..."

„Hoheit!"

Sie hob die Schultern. „Aber ich konnte nicht. Als hätte mich eine starke Hand davon abgehalten."

„Der Schöpfergott des Himmels hat viele Hände", sagte Daniel und dachte: *Dem Himmel sei Dank für Gobryas!*

Nach dem Frühstück verabschiedete er sich von Aspersi und versprach, am Mittag wieder nach ihr zu sehen. Aber als er vor der

Siestastunde klopfte, sagte ihm die Zofe, die Prinzessin hätte sich schlafen gelegt. „Soll ich sie wecken?"

„Auf keinen Fall! Die Prinzessin ist völlig erschöpft. Ich werde sie heute Abend besuchen. Achten Sie darauf, dass sie genügend isst, ja?"

Denesu nickte. „Vorhin war ein Offizier bei uns und hat nach dem Prinzen Nabunasir gefragt. ‚Hier ist er nicht', hab ich gesagt. Aber er hat mir nicht geglaubt. Er wollte unbedingt die Wohnung durchsuchen. Er guckte in alle Zimmer, in die Schränke, sogar unter das Bett der Prinzessin. Stellen Sie sich das vor!" Sie war sichtlich empört. „Und dann wühlte er die Körbe und Kisten durch, als hätten wir den Prinzen in der Wäsche versteckt." Sie rümpfte die Nase. „Dabei würde keine Frau in ganz Babylon diesen Kerl in die Wohnung lassen. Freiwillig, meine ich."

„Hat der Offizier irgendeinen Verdacht geäußert?"

Sie zuckte die Achseln. „Ich hab zu ihm gesagt, er soll doch mal in den Kneipen nachsehen. Und im Fluss. ‚Da ist schon mancher Säufer reingefallen', hab ich gesagt, ‚und nicht mehr lebendig rausgekommen', hab ich gesagt."

„Und wie hat der Offizier auf diesen Rat reagiert?"

„Er hat gesagt, ‚Danke, das ist eine gute Idee'. Und dann hat er einen von seinen Jungs zum Euphrat geschickt." Denesu warf ihm unter gesenkten Lidern einen forschenden Blick zu. „Aber ob sie seine Leiche finden?"

Daniel zuckte die Achseln. „Wer weiß? Vielleicht ist er gar nicht tot?"

„Aber – aber dann kreuzt er ja wieder hier auf?" Denesu schlug die Hände vor den Mund.

„Das glaube ich wiederum nicht", lächelte Daniel. „Sie brauchen sich keine Sorgen zu machen. Die Prinzessin ist vor ihm sicher."

„Sie wissen was ...", murmelte Denesu.

„Können Sie ein Geheimnis bewahren?"

Sie nickte eifrig und näherte ihr Ohr seinem Mund.

Er lächelte. „Ich auch", und ließ sie stehen.

Königin Amytis trauerte nicht um ihren Sohn Nabunasir, der drei Wochen später für tot erklärt wurde. Sie hatte seit jeher seinen wollüstigen Lebensstil verurteilt und ihn oft genug kritisiert. Sie kommentierte sein Verschwinden mit den Worten: „Was immer mit ihm geschehen sein mag – es ist ihm Recht geschehen!"

Dann löste sie den Harem auf, den Nabunasir hinterließ. Die jüngeren Mädchen wurden mit Bauern und Fischern verheiratet und von

Babylon weggeschickt, die erste Ehefrau und ihre Kinder durften in seinen Räumen bleiben. Alle anderen Frauen, die schon Kinder geboren hatten, bekamen eine Rente ausgesetzt und wurden in die Neustadt umgesiedelt. Die berühmte Schmetterlingssammlung, auf die Nabunasir täglich mehrere Stunden verwandt hatte, wurde in einem Nebensaal der Palastbibliothek untergebracht.

„Das ist alles, was von Nasir übrig geblieben ist", murmelte Aspersi, als sie eines Tages mit Daniel diesen Raum besichtigte. Daniel vermutete insgeheim, dass sie den General doch etwas vermisste. Sie hatte ihm zwar nicht ihr Herz geöffnet, aber seine Verehrung musste ihr doch wohl getan haben. Und jetzt fühlte sie sich offenbar einsam. Kurz nach Gobryas' Abreise bat sie Daniel um einen Besuch und druckste eine Weile herum. Dann fasste sie sich ein Herz.

„Ich lese seit einiger Zeit in den hebräischen Schriften", sagte sie. „Aber ich verstehe so vieles nicht. Würden Sie mir helfen?"

„Prinzessin – ich kann es kaum glauben, dass Sie sich von mir unterrichten lassen möchten. Ich bin ein alter Mann."

„Ein alter Freund", korrigierte sie sanft. „Ich spüre, dass ich durch Sie noch mehr über den Gott des Himmels erfahren kann. Ich sehne mich danach. Manchmal fühle ich mich wie ein Kind, das in einem dunklen Zimmer herumirrt. Nur durch einen Spalt fällt das Licht herein. Ich brauche noch mehr Licht. Können Sie mir weiterhelfen?"

„Gerne. Sehr gerne, Hoheit."

Und seither trafen sie sich beinahe täglich. Sie lasen gemeinsam in den Heiligen Schriften. Aspersi fragte oder äußerte ihre Gedanken. Manchmal bat sie Daniel: „Beten Sie zu Jahwe. Ich möchte es lernen." Darüber war er besonders froh. Und danach erzählte Aspersi von ihrer Schule oder von ihren Schützlingen und fragte um Rat. Daniel kannte so viele einflussreiche Leute in Babylon und machte sie mit Aspersi bekannt, sodass sie auf einmal von allen Seiten unterstützt wurde.

„Was ist mit dir los?", fragte ihn Abednego eines Tages. „Du bist so jung geworden. Steckt dir der Frühling in den Knochen?"

Daniel lachte. „Ich werde wieder gebraucht, alter Freund. Ich helfe Prinzessin Aspersi, ich bin fast täglich mit ihr und den Schulkindern zusammen, das hält mich frisch."

Abednego nickte. „Ja, das ist das Geheimnis der ewigen Jugend: sich öffnen und Liebe verschenken."

Aggression

Eines Tages raffte König Astyages seine seidene Robe und rauschte aus seinem Meditationszimmer, weil er zu spüren meinte, dass nun die Schicksalsstunde gekommen wäre: Jetzt würde er seinem Enkel Kyros die Zähne zeigen. Er soll angeblich gerufen haben: „Dieser Sandfloh in meiner Ferse muss herausgezogen und zerquetscht werden!“ Er sandte einen Botschafter nach Persien, der Kyros den Befehl überbrachte, er hätte unverzüglich die Reise nach Ekbatana anzutreten, ein Aufschub würde nicht geduldet. Er sollte sich gefälligst für seine Überfälle auf die Festungen in Südmedien verantworten. Außerdem wäre es ein Unding, dass er sich zum unabhängigen König ausgerufen hatte.

Kyros ließ seine Antwort von fünf Abgesandten übermitteln: „Da ich nach Ekbatana nur als archaeminidischer Herrscher über ganz Medien und Persien kommen kann, sehe ich mich leider genötigt, diese Einladung abzulehnen.“ Allerdings – räumten die Botschafter ein – wäre Kyros durchaus bereit, einen gegenseitigen Nichtangriffspakt zu unterzeichnen.

Astyages schäumte vor Wut, als er diese Antwort hörte, und schrie die persischen Unterhändler an: „Ich weiß von keiner Einladung! Es war ein Befehl!“ Er ließ allen Fünfen die Köpfe abschlagen und auf Stangen gespießt zu Kyros bringen. Das sollte ihn das Fürchten lehren.

Doch Kyros fürchtete sich nicht, sondern reagierte mit kalter Berechnung: Er annektierte den südlichen Teil von Medien, indem er jede Stadt so lange belagerte, bis sie kapituliert und sich ihm angeschlossen hatte. Dieses Unternehmen dauerte etwa zwei Jahre.

Damit Kyros nicht nur mit einer weit überlegenen Macht konfrontiert würde, sondern auch mit unüberwindlicher Weisheit, holte Astyages den Mystiker Schimahischi zu sich. Die beiden führten ebenfalls eine Belagerung durch. Nur zielte diese Belagerung nicht auf reale Städte, sondern auf die Quelle der geheimen Erkenntnis. Stunde um Stunde bemühten sie sich um das universelle Bewusstsein und ließen sich beraten. Die Ergebnisse wurden alle zwei bis drei Tage von Boten an die Generäle weitergegeben, die ihre Strategie danach ausrichten und immer wieder umstoßen mussten. Gehorsam teilten die Generäle die medische Streitmacht in zwei Abteilungen und bewegten sich in einem riesigen Halbkreis nach Süden. Sie hatten die nötige Truppenstärke, sie hatten die Initiative ergriffen, also konnten sie nicht versagen.

Doch Kyros hatte seine Augen und Ohren überall. Stündlich kamen die Spione herangaloppiert und überbrachten ihm den neusten Stand. Einmal befahl er seinem Heer, den ganzen Tag über auszuruhen. Bei Sonnenuntergang ordnete er dann einen Gewaltmarsch nach Osten an, um Mitternacht ließ er die Truppe nach Norden umschwenken. Kurz vor Tagesanbruch überfiel er die ahnungslose östliche Division der Meder. Er griff ihre Front an und ließ ihr seine Kriegswagen in die Flanken fahren. Fünf Stunden später war die Hälfte der medischen Soldaten gefallen oder geflohen, und der Rest lief geschlossen zu Kyros über. Die Perser waren müde und der Erschöpfung nahe, doch Kyros gönnte ihnen keine Ruhe. Sie mussten sich sammeln und für den erwarteten Angriff der westlichen Division gerüstet sein.

Doch dieser Angriff blieb aus. Kyros konnte es kaum glauben, als seine Spione ihm verrieten, dass sich die westliche Division zurückgezogen hatte – auf Befehl des Astyages, der diese Erleuchtung in seinem Meditationsraum gewonnen hatte.

Kyros ergriff die Gelegenheit beim Schopf und zog mitsamt den übergelaufenen Medern im Triumphmarsch durch sein frisch vergrößertes Land, um seine Macht zu demonstrieren. Daraufhin gesellten sich noch weitere Städte und Stämme zum persischen Bündnis. Aber dann stellte sich Astyages der Herausforderung. Er sammelte ein gewaltiges Heer und ließ es gegen Kyros marschieren.

In Babylon beobachtete man diese Entwicklung interessiert, aber ohne Besorgnis. Daniel unternahm eine Reise nach Susa, weil er die hebräischen Exilanten in der Provinz Elam besuchen wollte. Eines Tages ging er am Westufer des Ulai-Kanals spazieren, der die Flüsse Koprates und Koaspes miteinander verbindet. Er sah hinüber nach Osten und sagte zu seinem Begleiter:

„Dort hinter dem Horizont tobt der Krieg zwischen den Medern und Persern."

Joas, ein junger Hebräer aus Susa, nickte und sagte: „Endlich hat König Astyages begriffen, dass er seinen Enkel ernst nehmen muss. Er kann ihn doch nicht mehr wie einen kleinen Jungen behandeln, der sich zum Rebellen aufspielt und eine kräftige Tracht Prügel verdient hat."

„Man erzählt, König Astyages würde sich mehr auf seine spontanen Einfälle während der Meditation verlassen als auf bewährte Militärstrategien", sagte Daniel nachdenklich.

Joas zuckte die Achseln. „Er hört auf seine Wahrsager und glaubt seinen Geistlehrern mehr als dem gesunden Menschenverstand. Das ist ein Glücksfall für Kyros. Er hat natürlich nicht diese massive Militärmaschinerie hinter sich wie sein Großvater, aber das macht er mit Fantasie und spontanen Einfällen wieder wett. Ich habe die neusten Kriegsberichte studiert. Kyros geht folgendermaßen vor ..." Joas blieb stehen und zeichnete mit einem Stock auf den sandigen Boden.

„Nehmen wir an, hier im Tal hätten wir eine Division der Meder. Kyros weiß durch seine Spione genau, wo die Stärken und Schwächen der Gegner liegen. Er prescht mit einer kleinen Einheit heran, und zwar am liebsten nachts, wenn die anderen Soldaten schlafen. Er überfällt sie, zieht sich zurück. Die Gegner verfolgen ihn ein Stück weit und ziehen ihre Front weit auseinander. Da greifen Kyros Leute aus dem Hinterhalt die Flanken an. Im Nu hat sich der Kampf über ein weites Feld zerstreut. Sobald die Gegner die Oberhand bekommen, weicht er aus. Er ist überall und nirgends zugleich, und man kann nie im Voraus ahnen, was er als Nächstes vorhat." Joas hatte sich in Eifer geredet, seine Augen blitzten.

Daniel sagte: „Er müsste jetzt etwa Mitte 30 sein. Und trotzdem nennen sie ihn ‚Vater', den ‚Vater von Persien'. Er erinnert mich an ..." Er fuhr sich mit der Hand durch den Bart, und sein Blick schweifte in die Ferne, als könnte er von dort die Vergangenheit für eine Weile zurückholen. Dann seufzte er und fuhr fort: „Ich hatte das Glück, in meinem Leben zwei außergewöhnlichen Führern zu begegnen: Nebukadnezar und Kyros. Ich weiß nicht, wer von beiden die wichtigere Rolle in der Geschichte spielt. Das werden erst unsere Nachkommen beurteilen können."

„Nebukadnezar hat unserem Volk großen Schaden zugefügt", murrte Joas. „Ohne seine Machtgier und seinen Eroberungswahn würden wir alle friedlich in Jerusalem leben. Unser Volk könnte im Tempel Gottesdienst feiern, wie es Jahwe von uns erwartet. Aber so sind wir unter die Heiden verstreut, die den Willen Gottes nicht kennen und nicht respektieren."

Daniel sah ihn scharf an. „Joas, du weißt, dass Gott unser Volk durch diese harte Maßnahme erziehen will. Es ging nicht anders. Wäre Nebukadnezar nicht gewesen, dann hätte ein anderer seinen

Platz ausgefüllt. Aber wir hätten es viel schlechter treffen können, das kann ich dir versichern."

Der Junge wurde rot und ließ den Kopf sinken. Er schämte sich ein bisschen. Daniel spürte es und lächelte.

„Ich habe in all den Jahren am babylonischen Hof gelernt, die Menschen nicht mehr in Schubladen zu stecken. In jedem Volk gibt es Menschen, die aufrichtig nach Gott fragen und sich von ihm ansprechen lassen."

„Aber diese vielen heidnischen Tempel mit ihren Götterstatuen! Babylon ist eine einzige Beleidigung für den Himmelsgott! Ich verstehe nicht, wie du es dort aushalten kannst."

Daniel lächelte. „Mein lieber Joas, der Schöpfergott, an den ich glaube, ist so groß, dass er sich von den Götzen der Heiden nicht aus der Ruhe bringen lässt. Was ist Marduk anderes als eine vergoldete Holzfigur? Und Ischtar? Diese Statuen sind leblos. Sie sind nichts, würde man ihnen nicht eine so große Bedeutung zumessen."

„Ja, das meine ich doch gerade!", ereiferte sich Joas.

„Glaubst du, unser jüdisches Volk wäre anders? Auch wir haben uns eigene Götter gemacht, wenn auch nicht aus Holz oder Stein. Aber in unserer Fantasie. Wir basteln uns ein Bild von Gott, wie wir ihn gerne haben würden. Und dieses Bild verteidigen wir bis aufs Blut." Er lächelte. „Von daher unterscheiden sich die Babylonier gar nicht so sehr von unseren hebräischen Landsleuten, denen das Geschäft über alles geht."

„Du meinst sicher Leute wie Levi und Ahas, die mit Weizen und Öl handeln. Unter der Woche arbeiten sie mit falschen Gewichten. Sie strecken das gute Olivenöl mit minderwertigem Zeug und verkaufen es als erste Ware. Aber am Sabbat rennen sie mit frommen Gesichtern in die Synagoge und beten mit einer Inbrunst, dass es mich im Hals würgt!"

„Ja", murmelte Daniel. „Diese Doppelmoral ist weit verbreitet." Er warf Joas einen Seitenblick zu.

Der spielte mit seinen Zehen im Sand und überlegte. Sein Vater war in Susa reich geworden. Er handelte mit Kunstgewerbe und so genannten Antiquitäten, die in einer Werkstatt am Stadtrand hergestellt und künstlich gealtert wurden. Die Touristen zahlten jeden Preis für diese ‚Altertümer', und bisher hatte Joas noch nicht darüber nachgedacht, ob das auch ehrlich wäre ... Der Vater erwartete von ihm, dass er das Geschäft in diesem Sinne weiterführte. Joas schob die Schultern vor und zurück, als könnte er damit alle unangenehmen Gedanken abschütteln.

„Ich frage mich nur, warum die Menschen solchen Führern wie

Kyros nachlaufen", sagte er, um auf ein weniger verfängliches Thema abzulenken, und Daniel spielte mit: „Ich glaube, sie bewundern ihre innere Kraft."

„Ja, aber wie kommt es, dass sie ihnen gehorchen? Kyros befiehlt, und seine Leute marschieren. Sie gehen willig in den Tod, vielleicht noch mit einem Lied auf den Lippen. Sie vergessen ihre Angst, sie überspringen alle Hemmschwellen, sie schwingen ihre Lanzen und Schwerter und kämpfen wie die Löwen, obwohl sie vorher feige waren."

Daniel wiegte den Kopf und ließ sich unter einer Weide ins Gras sinken. „Komm, setz dich einen Augenblick her, wir wollen rasten. Ja, ich weiß, was du meinst, Joas. Was verändert sich in einem Menschen, der einem andern blinden Gehorsam schwört? Er schaltet das Gewissen aus. Er überlässt die Verantwortung für sein Handeln einem anderen Menschen. Und dann kann das Tier aus dem Abgrund seiner Seele steigen ..."

„Das Tier?", fragte Joas erschrocken.

„Ja, mein Junge. Jeder von uns trägt eine Bestie in sich. Wir Menschen sind zu allen Untaten fähig, die wir uns nur ausdenken können."

„Ich nicht, Daniel. Ich könnte keiner Fliege etwas zuleide tun!"

„Täusch dich nicht. Vielleicht hast du noch nie einen Blick in deinen eigenen Abgrund geworfen, aber er ist trotzdem da."

Joas zog einen Grashalm durch die Zähne und überlegte. Dann sagte er: „Ich kann mir nicht vorstellen, dass ein so guter Mensch wie du auch eine Bestie in sich hat."

„Ich bin nicht besser als andere Menschen, Joas. Ich erbitte mir an jedem Tag von meinem Schöpfer die nötige Kraft, dass ich das Gute tue und das Böse lasse. Ich muss mich an jedem Morgen wieder neu von seiner Liebe erfüllen lassen, denn merk dir eins: Nur die Liebe vermag die Bestie niederzuhalten, die in dir lauert, die Liebe zu Gott und zu Menschen."

Der Junge schüttelte den Kopf. „Ich glaube dir nicht. Der Mensch ist von Natur aus gut, und wenn man ihn anständig behandelt, dann wird er andere genauso fair und gerecht behandeln. Allerdings gibt es auch Ausnahmen", räumte er ein. „Manche sind durch ihre Eltern, durch ihre Umgebung böse geworden. Zum Beispiel diese Heiden, die keine Ahnung von Gott haben. Die können mir Leid tun. Denen kann man auch nicht helfen." Er hob das Kinn. „Ich bin so froh, dass ich als Jude geboren wurde und Gott kenne."

Daniel schwieg lange, dann sagte er: „Joas, auch für dich wird einmal der Tag kommen, an dem du dem wilden Tier in dir begegnest.

Ich wünsche dir, dass du daran nicht zerbrichst." Joas kaute auf seiner Unterlippe, dann sagte er: „Ich muss zurück in die Stadt. Mir ist gerade eingefallen, dass ich noch etwas Bitumen fürs Geschäft besorgen muss."

„Und ich bleibe noch eine Weile hier", sagte Daniel und nickte zum Abschied.

Er schaute auf das Wasser des Ulai-Kanals, das sich träge zwischen den Ufern dahinwälzte. Eine warme Brise strich über das Ufer und brachte die Schilfrohre zum Flüstern. Die Weidenblätter antworteten. Eine Libelle kam herangesurrt und blieb eine Weile in Augenhöhe vor Daniel in der Luft stehen, als wollte sie sich vergewissern, ob er ein Freund sei oder ein Feind. Die Sonne glitzerte und ließ die Wasseroberfläche wie Silber aufschimmern. Daniel spürte eine große Müdigkeit und lehnte sich fester an den Weidenstamm. Was war das nur? Warum verließ ihn auf einmal alle Kraft? Er schloss die Augen.

Als er sie wieder öffnete, sah er einen Widder am Ufer stehen. Während Daniel noch überlegte, wo dieses Tier so plötzlich hergekommen war, ohne dass er einen Hufschlag gehört hätte, sah er das eine der beiden Hörner wachsen. Da wurde ihm klar, dass dieser Widder kein Tier aus Fleisch und Blut war, sondern Teil einer Vision. Das Symboltier stieß mit den Hörnern nach Westen, nach Norden und nach Süden, schnaubte laut und wurde immer größer.

Jetzt ist es so stark geworden, dass sich kein anderes Tier mehr mit ihm messen kann, dachte Daniel. Da stürmte von Westen her ein Ziegenbock heran. Seine Hufe berührten kaum die Erde, so schnell flog er über den Boden. Er trug nur ein einziges Horn zwischen den Augen und ging sofort auf den Widder los. Die beiden Tiere prallten aufeinander. Von der Wucht des Angriffs brachen dem Widder beide Hörner ab, und da ihm niemand zu Hilfe kam, konnte ihn der Ziegenbock zu Boden werfen und mit den Hufen bearbeiten. Erst als sich der Widder nicht mehr rührte, ließ der Bock von ihm ab. Stolz warf er den Kopf in den Nacken.

Daniel stand auf und trat näher. Er sah, wie der Bock wuchs und mächtiger wurde – da plötzlich brach sein Horn ab. Dafür wuchsen ihm jetzt vier kräftige Hörner, jedes nach einer anderen Himmelsrichtung. Doch was war das? An einem der Hörner schien ein anderes, ein kleines Horn zu knospen. Zuerst konnte man es kaum wahrnehmen, doch dann wuchs es immer weiter, wuchs nach Osten hin und dann nach Süden, in Richtung auf das Heilige Land. Doch es hörte nicht auf zu wachsen. Jetzt ragte es schon bis zum Himmel hinauf, stieß durch die Wolken und erreichte die Sterne. Es warf einige von ihnen hinab auf die Erde, wo sie zertreten wurden.

Und das Horn wuchs weiter. Daniel wurde in seiner Vision mit hinaufgenommen und sah, dass dieses Horn bis zum Herrn des Himmels vorgedrungen war, ja sogar bis in seinen heiligen Tempel, und dort brachte es den Sühnedienst durcheinander, durch den die Menschheit wieder mit ihrem Schöpfer versöhnt werden sollte.

Daniel hörte zwei Eingel miteinander reden. Der eine fragte: „Wie lang soll das noch so gehen, dass das Heiligtum entweiht wird? Wie lange darf das Horn ungestraft die Macht Gottes herausfordern?"

Der andere Engel antwortete: „Wenn 2.300 Abend-Morgen vorüber sind, dann wird das Heiligtum wieder neu geweiht und zu seinem Recht kommen."

Daniel grübelte über den Sinn dieser Vision nach. Ob sie etwas mit dem Traum zu tun hatte, den er zwei Jahre zuvor gehabt hatte? Damals waren Tiere aus dem Meer gestiegen, die die nächsten Weltreiche darstellen sollten. Und auch damals hatte ein kleines Horn anmaßend dahergeredet und sich eine Autorität herausgenommen, die eigentlich nur Gott zustand. Das kleine Horn – was hatte es zu bedeuten?

Plötzlich erschien ihm ein Engel, der wie ein gewöhnlicher Mann aussah. Und er hörte eine Stimme, die ihm quer über den Kanal zurief: „Gabriel! Erkläre ihm, was er gesehen hat!" Der Engel trat näher, aber Daniel wich erschrocken zurück bis zum Baum und stürzte zu Boden. Während er sein Gesicht in das Wurzelwerk der Weide presste und vor Angst und Schwäche zitterte, erklärte der Engel weiter: „Du hast gerade etwas geschaut, was am Ende der Weltgeschichte geschehen wird." Aber der alte Prophet hörte ihn kaum; er konnte sich nicht rühren und hatte das Empfinden, keine Luft mehr zu bekommen. Er spürte eine sanfte Berührung an der Schulter. Gabriel nahm ihn bei der Hand und zog ihn hoch, stützte ihn, bis er wieder stehen konnte.

„Ich werde dir jetzt enthüllen, was geschehen wird, wenn das Gericht Gottes seinen Höhepunkt erreicht. Diese Vision gehört in die Endzeit. Du hast den Widder gesehen mit seinen beiden Hörnern. Das ist das Reich der Meder und Perser. Der Ziegenbock ist ein Symbol für Griechenland. Das starke Horn zwischen den Augen ist der erste König. Wenn er stirbt, dann treten vier andere an seine Stelle. Das heißt, aus seinem Reich werden vier Reiche entstehen, die aber nicht so mächtig sind wie das eine. Wenn dann die Zeit dieser Reiche zu Ende geht, wird ein Herrscher aufstehen, der hart ist und hinterlistig. Er wird große Macht bekommen, aber nicht durch seine eigene Kraft. Er wird großes Unheil anrichten, und alles, was er anpackt, wird ihm gelingen. Er wird die Menschen verfolgen, die zu Gott gehören, und er wird viele umbringen. Sogar gegen den Höchsten wird er sich auflehnen. Aber er wird untergehen, ohne dass Menschen ihm dazu verhelfen."

Daniel seufzte und dachte an die Zeitangabe, die der Engel genannt hatte. 2.300 Abend-Morgen, also prophetische Tage, das waren 2.300 Jahre. Unerträglich lang! Er hatte gehofft, dass die Stadt Jerusalem nach den 70 Jahren Exil wieder aufgebaut würde. So hatte es Jeremia angekündigt. Der Tempel sollte neu erstehen, Gottesdienste sollten darin gefeiert werden, ja sogar der versprochene Weltretter, der Messias, sollte dort erscheinen. Er schüttelte den Kopf. Diese 2.300 Jahr-Tage wollten ihm nicht in den Kopf gehen.

Gabriel betrachtete ihn aufmerksam und sagte: „Die Vision über die 2.300 Abend-Morgen ist wahr. Aber sie gehört in die letzte Zeit der Weltgeschichte. Halte dieses Gesicht geheim. Es dauert noch sehr lange, bis es sich erfüllen wird."[1]

Daniel lehnte sich an den Stamm der Weide und fühlte, wie seine Kräfte schwanden. Er schloss die Augen und überließ sich der Müdigkeit ...

Stunden später hörte er Stimmen. Joas war mit seinem Vater zurückgekommen.

„Ich habe mir Sorgen gemacht, weil du so lange nicht zurückkamst, Daniel. Bist du krank? Geht es dir nicht gut?"

Der alte Prophet schwieg. Joas kniete an seiner Seite nieder und legte ihm die Hand auf die Stirn.

„Du bist ja ganz erschöpft! Was ist geschehen?"

Daniel schüttelte den Kopf. Er durfte nicht über das Gesehene reden, und er wollte auch gar nicht. Er fühlte sich uralt und verbraucht, als hätte er gerade eine erbarmungslose Wüste durchquert. Joas sprang auf und wechselte ein paar Worte mit seinem Vater. Dann rannte er zurück nach Susa. Sein Vater setzte sich ins Gras und versuchte, Daniel in ein Gespräch zu verwickeln; als er keine Antworten erhielt, gab er auf und döste eine Weile in der warmen Nachmittagssonne.

Dann klapperten Hufe auf dem Uferweg, Karrenräder quietschten, ein Pferd wieherte. Daniel hatte immer noch die Augen ge-

---

[1] Nach Daniel 8, Gute Nachricht.

schlossen, während sie ihn vorsichtig an Armen und Beinen anhoben und auf den Karren legten. Joas breitete eine Decke über ihn aus, der Vater schob ihm ein Fell unter den Kopf. Er spürte nicht mehr, wie sie ihn in sein Zimmer brachten. Er wachte erst Stunden später auf, als es draußen schon dunkel war. Aber er hatte keine Kraft, sich aufzusetzen. Joas versorgte ihn rührend und brachte ihm Suppe und frisches Obst.

Es dauerte einige Tage, bis Daniel sich wieder erholt hatte. Er war kaum auf den Beinen, als man ihn ins Verwaltungsgebäude rief.

„Minister Daniel ...", begann der Gouverneur der Stadt Susa.

„Ich bin seit einiger Zeit im Ruhestand", lächelte Daniel.

„Oh, das ist mir aber peinlich", stotterte der Gouverneur. „Ich dachte, Sie könnten mir vielleicht bei einer verzwickten Aufgabe helfen. Das heißt, wenn es Ihnen nicht zu viel wird ..." Er zog eine Pergamentrolle aus der Tunika und reichte sie Daniel hinüber.

„Aber bitte, setzen Sie sich doch ..."

Und so kam es, dass Daniel wieder in die Politik seines Landes verwickelt wurde.

Sterben und Leben

Als Daniel von seiner Reise nach Hause kam, öffnete ihm Rahel, eine Nichte dritten Grades, die Tür. „Mirjam ist krank geworden, Onkel. Sie bat mich, dass ich dir an ihrer Stelle den Haushalt führe. Sie hat mich in alles eingewiesen. Ich weiß Bescheid, du brauchst dir keine Sorgen zu machen."

Er dankte ihr und legte seinen Umhang ab. Nach dem einfachen Abendessen aus Brot und Trockenfrüchten ging er hinüber ins Nebenhaus, um die Kranke zu besuchen. Ihre Hände lagen wie welke Blätter auf der dünnen Bettdecke, und die Haut ihres Gesichtes war so durchsichtig, dass er alle Adern sehen konnte.

„Ich fürchte mich vor dem Sterben", flüsterte sie. „Wie ist es? Wird es wehtun?"

Daniel betrachtete sie lange, fühlte ihren Puls, der wie ein kleiner Vogel flatterte, schwach und kaum fühlbar.

„Nein, ich glaube nicht", sagte er. „Du wirst deinen letzten Atemzug tun, dann wird es dunkel um dich, und du weißt nichts mehr."

„Und dann? Wo komme ich hin?"

„Du gehst nirgendwohin, Mirjam. Der Schöpfer nimmt das Leben zurück, das er dir gegeben hat. Dein Körper zerfällt."

Sie stützte sich mühsam auf einen Ellenbogen auf. „Aber was ist mit meinem Geist? Mit meinen Gefühlen, mit meinen Erinnerungen?"

„Gott weiß alles über dich. Er hat deine Geschichte aufgeschrieben. Er hat deine Tränen in seinem Krug gesammelt. Bei ihm ist das gut aufgehoben."

„Ja?" Sie griff nach seiner Hand. „Und was geschieht dann?"

Er seufzte. „Wenn ich das wüsste! Noch keiner ist aus dem Totenreich zurückgekommen."

„Dann ist mit dem Tod alles aus?"

„Nein, Mirjam", sagte er und legte ihre Hand behutsam auf die Decke zurück. „Der fromme Hiob hat mitten in seiner Qual ausgerufen: ‚Ich weiß, dass mein Erlöser lebt, und er wird mich hernach aus der Erde auferwecken. Und ich werde dann mit dieser meiner

Haut umgeben werden und werde in meinem Fleisch Gott sehen. Danach sehnt sich mein Herz in meiner Brust.'[2] Glaubst du das, Rahel?"

Sie nickte. „Ja. Es steht in der Heiligen Schrift. Wenn Gott es sagt, dann glaube ich es."

„Du brauchst dich nicht zu fürchten. Der Tod kommt wie ein Schlaf zu dir. Und wenn du wieder aufwachst, dann wird es dir vorkommen, als wären nur einige Minuten vergangen."

„Aber – das Gericht!", hauchte sie.

„Wenn der Höchste Gericht hält, dann schafft er seinen Kindern Recht, verstehst du? Gott spricht uns frei."

„Mich nicht, Daniel. Ich habe immer wieder gesündigt."

„Mirjam, meine liebe gute Mirjam! Wir werden alle schuldig. Keiner kann vor Gott bestehen, wenn da nicht ein Vermittler wäre. Aber ich habe ihn im Traum gesehen. Er sah aus – wie ein Mensch. Und ihm wurde die Macht über die ganze Welt gegeben. Er ist stark, und er steht auf deiner Seite."

„Woher weißt du das?"

„Du gehörst zu Jahwe. Du bist wirklich sein Kind. Und dieser – dieser Menschensohn tritt für seine Leute ein. Er lässt dich nicht fallen."

Sie blickte ihn lange an, ohne zu zwinkern, dann verzog sich ihr eingefallener Mund. „Jetzt hab ich Mut. Jetzt kann ich – loslassen", sagte sie.

Die Tochter brachte ihn an die Tür und fragte: „Können wir noch etwas für Mutter tun?"

„Hol die Kinder her. Setzt euch an ihr Bett und sagt ihr, was sie euch bedeutet. Dankt ihr für ihre Liebe und Fürsorge. Und dann singt ihre Lieblingslieder. Lest ihr aus den Heiligen Schriften vor. Haltet ihr die Hand. Lasst sie nicht allein."

Mirjam starb zwei Stunden später mit einem Lächeln auf den Lippen ...

Die Tote wurde am nächsten Vormittag beigesetzt, aber Daniel konnte nicht teilnehmen, weil er sich schwach und elend fühlte.

„Dieses Herumreisen ist zu anstrengend für dich, Onkel!", schimpfte Rahel. „Ich werde auf dich aufpassen."

Erst zwei Tage später konnte er aufstehen und besuchte Prinzessin Aspersi.

„Daniel!", rief sie überrascht. „Sie sind wieder zurück. Kommen

---

[2] Hiob 19,25.

Sie herein, erzählen Sie mir von Ihrer Reise. Wie war es in Susa? Gibt es etwas Neues?"

„O ja. Es gibt etwas Neues. Von Kyros."

Sie wurde rot und senkte den Blick.

„Wie Ihr wisst, Prinzessin, hat König Astyages schließlich seine ganze Heeresmacht gegen Kyros losmarschieren lassen, alle Soldaten bis zum letzten Mann. Kyros teilte seine Truppen und stellte sie an den Flanken der Meder auf. Dann kam sein Meisterstreich."

Aspersi hatte den Kopf gehoben und hörte gespannt zu.

„Er ritt mit etwa 20 Mann auf die Front zu. Er trug keine Waffen und galoppierte voraus, sodass er praktisch allein war. Die medischen Kommandeure berieten sich und waren verwirrt. Kyros grüßte sie höflich und lud sie zu einem Gespräch ein. Sie kamen und trafen sich mit ihm auf halbem Weg. Dort saßen sie ab und diskutierten die Lage. Er bot ihnen ein vereintes Meder-Perser-Reich an. Er zeigte die internationalen Entwicklungen auf, die sowohl Medien als auch Persien betrafen, und schilderte ihnen die Vorteile, die sie durch eine vereinte Kraft und gemeinsames Vorgehen gewinnen würden.

‚Wird König Astyages das Reich zu einer Weltmacht führen können? Sind seine Entscheidungen stark und führen sie zum Erfolg?', fragte er die Generäle. Sie mussten zugeben, dass Astyages durch seine falsche Strategie viele Soldaten geopfert hatte. Daraufhin riss Kyros den Brustpanzer ab und bot den Generälen den nackten Oberkörper. ‚Ihr könnt mich töten, wenn ihr meint, dass ich derjenige bin, der verschwinden muss!'"

Aspersi biss sich auf die Lippen. „Und – was geschah dann?"

„Sie töteten ihn nicht. Sie jubelten ihm zu. Sie hoben ihn auf die Schultern und trugen ihn unter lautem Hurra zur medischen Armee. Das gesamte Heer lief zu ihm über."

Die Prinzessin saß lange da, ohne sich zu bewegen. Ihre Augen schauten in die Ferne, und sie murmelte: „Und wo ist Kyros jetzt?"

„Ich glaube, er ist unterwegs nach Ekbatana."

„Was – was wird er mit meinem Großvater tun? Und mit meinem Vater?"

„Keine Sorge, Aspersi, wenn Kyros ein großer König ist, dann haben auch seine Feinde nichts zu fürchten."

„Und – ist er ein großer König?"

Daniel zögerte. „Ich glaube schon. Aber das werden wir in den nächsten Tagen erfahren."

Sie seufzte, dann stand sie auf.

„Daniel, mein alter, weiser Freund", sagte sie, und ihre Stimme zitterte ein bisschen. Sie zog etwas aus den Falten ihres Kleider heraus und reichte es ihm.

„Was ist das?“

„Ein kleines Geschenk, um unsere Freundschaft zu besiegeln. Aber packen Sie es doch aus!“, drängte sie.

Daniel zog das Tuch weg, mit dem der Gegenstand eingewickelt war: eine zierliche Skulptur aus Stein geschnitten – ein Mädchen, das einen Wasserkrug auf dem Kopf trägt. Man meinte, das Mädchen singen zu hören, so locker, so beschwingt schien sie zu gehen. Daniel starrte die Figur an.

„Das – das ist wunderschön.“

„Diese Figur ist zweihundert Jahre alt, und sie stammt aus Jerusalem. Ich wollte Ihnen damit eine Freude machen, Daniel. Sie haben mir in der letzten Zeit so viel Halt und Stütze gegeben. Durch Sie habe ich den Schöpfer kennen gelernt. Sie haben mir gezeigt, wo ich meinen Durst stillen kann. Sie waren für mich auch so etwas wie – wie diese Wasserträgerin.“

Ihre Stimme wurde brüchig, und sie wandte sich ab. Dann sagte sie leise: „Daniel, sollten Sie einmal Hilfe nötig haben, dann schicken Sie mir diese Figur. Ich werde Ihnen beistehen. Ich komme sofort – das heißt, wenn Sie wollen ...“ Sie brach ab und lächelte verlegen.

Daniel schloss die Augen und fühlte sich von einer Welle aufgehoben und getragen, der Wärme entgegen. War dies das Glück?

Kyros

Kyros marschierte mit der großen Armee nach Ekbatana. Die Späher auf der Stadtmauer gaben durch Signale die Botschaft weiter, dass der persische Held und Eroberer in einer halben Stunde die Stadt erreichen würde. Daraufhin schloss sich König Astyages in seinem Schlafzimmer ein und ließ verlauten, er würde sich das Leben nehmen. Kyros hörte davon und sandte sofort einen Unterhändler, der dem König vorschlug, er dürfe die Provinz Hyrkanien am Südufer des Kaspischen Meeres als selbstständiges Land regieren. Astyages brütete über dem Angebot und sandte nach einigen Stunden der Meditation den Boten zurück mit der Frage: „Und was ist mit dem Thron von Medien?"

Ohne mit der Wimper zu zucken, gab Kyros zurück: „Der Sohn Eurer Majestät, Kronprinz Kyaxares, genannt Darius, soll den Thron von Medien besteigen."

Und so wurde Aspersis Vater zum König von Medien gekrönt und trug den Titel Kyaxares II. Gleichzeitig bat General Gobryas, der Gouverneur von Gutium, für sich und seine Soldaten um Aufnahme im persischen Heer. Er war von seinem Dienstherrn Belsazar übermäßig frustriert und irritiert worden und hatte es nun endgültig satt. Kyros machte ihn sofort zum General und begann einen Feldzug, bei dem die iranischen Stämme unter seiner festen Hand geeint werden sollten. Er musste den östlichen Teil seines Reiches sichern und die Grenzen befestigen. Hyrkanien schloss ohne Zögern eine Allianz mit ihm, der größte Teil von Parthien allerdings rebellierte. In den folgenden Monaten wurde Kyros zum unangefochtenen Herrn über Parthien, Karmenien, Dranginien, Arachosien, Arien, Baktrien und Marginien und übte seinen Einfluss bis nach Korasmien, Sogdinien und Gandara aus. Das war ein riesiges Reich, in dem das winzige Persien die Vorherrschaft einnahm – ein größeres Horn auf dem Kopf eines Widders.

Als der märchenhaft reiche König Krösus von Lydien erfuhr, dass Astyages kapituliert hatte, packte er die Gelegenheit beim Schopf und versuchte, sein Gebiet auf Kosten der Meder zu vergrößern. Aber schon drei Jahre später war Kyros bereit, es mit ihm aufzunehmen. Er preschte mit der medopersischen Armee nach Westen. Bei Arbela überquerte er den Tigris, in der Nähe von Guzana durchschritten sie den Khaburfluss und marschierten durch Nordsyrien hindurch bis nach Kleinasien.

An einem Nachmittag im Herbst stand Kyros auf einem Hügel und schaute über die Silberschnur des Flusses hinüber zum anderen Ufer. Dort standen die lydischen Horden und warteten auf den Angriff. Sie waren gut ausgeruht und bis an die Zähne bewaffnet.

Kyros überlegte: Mit Sack und Pack unter einem Pfeilhagel durch den Fluss zu waten, das war nicht sein Stil. Deshalb zog Kyros seine Divisionen weit auseinander und griff die Flanken der Lyder an. Nach einigen Tagen stellten die Lyder fest, dass sie mittlerweile an drei Fronten Krieg führten. König Krösus fürchtete, dass seine Männer in kleinen Scharmützeln aufgerieben werden könnten. Deshalb zog er sich mit seinen Truppen in die Hauptstadt Sardes zurück. Gleichzeitig schickte er Eilkuriere nach Ägypten und Babylon mit der dringenden Bitte um Hilfe.

Nabonidus war gerade mit seinen Bauarbeiten in Arabien beschäftigt. Er träumte davon, die Oase von Tema in ein zweites Babylon zu verwandeln und zur neuen Hauptstadt des Reiches zu machen. Damit würde Babylon in den Status der Provinzstadt zurückfallen. Tema sollte ein neues Kulturzentrum werden, in dem der Mondgott Sin angebetet wurde, genauso wie damals in seiner Geburtsstadt Haran. Und hier würde er seine Mutter wieder als Hohepriesterin einsetzen. Damit wäre Babylons Religion erledigt.

Aber dann wurden ihm die Boten von Krösus vorgeführt. „Seit dem Tod des großen Nebukadnezar sind wir eure Bündnispartner. Bitte kommt uns schnell zur Hilfe!“ So lautete das Schreiben.

„Aber ich bin doch auch mit Kyros verbündet ...“, gab Nabonidus zu bedenken. „Er hat mir die Meder vom Hals gehalten, als ich damals Haran befreien wollte.“

Er verbrachte eine schlaflose Nacht und brütete über dem Problem. Ein vereintes Medopersien konnte ein gefährlicher Gegner werden. Er musste sich schnell entscheiden, und in jedem Fall würde sich diese Entscheidung verhängnisvoll auswirken.

Am nächsten Morgen traf ein neuer Eilkurier ein. Seine Mutter, die sich gerade in Durkaraschu bei Sippar aufgehalten hatte, war überraschend verstorben. Die Nachricht erschütterte ihn und löste einen Herzanfall aus.

Während Nabonidus krank darniederlag und Amasis von Ägypten seine Truppen nur zögernd in Marsch setzte, warf Kyros seine Truppen unermüdlich gegen Sardes. Er war Krösus so dicht auf den Fersen gefolgt, dass sich die Lyder nicht auf eine längere Belagerung einstellen konnten. Nach zwei Monaten fiel Sardes nach einer letzten verzweifelten Schlacht.

Gerüchte kursierten, dass sich Krösus selbst verbrannt hätte. Andere behaupteten, Kyros hätte ihn hinrichten lassen. Wieder andere sagten, der König wäre in der Schlacht gefallen. Einige Zeit später erfuhr man, dass Kyros den reichen König zwar festgenommen, dann aber in ein bequemes Exil nach Ekbatana geschickt hatte.

Die griechischen Städte in Ionien nahmen Kyros als Oberherrn an. Daraufhin wandte er sich nach Syrien. Nabonidus hatte eine zweimonatige Trauerzeit für seine Mutter ausgerufen und machte keinerlei Anstalten, die syrischen Gebiete für Babylon zu sichern. Sein Sohn Belsazar nahm die Festlichkeiten zu seinem 30. Geburtstag so wichtig, dass er sich um solche Kleinigkeiten wie Feldzüge nicht kümmern wollte. Deshalb konnte Kyros ganz Syrien einnehmen.

Er schwenkte wieder nach Osten. Nun hatte er ein Reich zu verwalten, das zehnmal größer war als der Rest des babylonischen Reiches. Im darauf folgenden Jahr verstarb König Astyages in Hyrkanien. Kaum einer nahm davon Notiz.

Drei Jahre später starb Merab, die sanfte Tochter des jüdischen Königs Jojachin aus Jerusalem, die Kyros geheiratet hatte, als er noch ein unbekannter Prinz eines unbedeutenden Ländchens war. Nun war sie zur Königin des großen medopersischen Reiches aufgestiegen, aber weder der Ruhm noch die vereinten Bemühungen der Ärzte konnten sie retten. Sie hatte ihre Krankheit anfangs nicht ernst genommen und kaum darauf geachtet. Dann dauerte es keine drei Wochen, bis sie für immer die Augen schloss. Kyros war außer sich vor Schmerz. Ein Jahr lang trauerte er um Merab und schien allen Ehrgeiz, alle Zielstrebigkeit eingebüßt zu haben.

Aber dann raffte er sich wieder auf und brachte seine Militärmaschinerie auf Vordermann. Wieder marschierte er nach Syrien und fiel von dort aus in Arabien ein. Durch Diplomatie und Einschüchterungsaktionen gewann er die Beduinen-Scheiks im Norden und Osten von Tema als Verbündete.

Und dann rüstete sich Kyros zum großen Schlag gegen Nabonidus. Er war bereit, in die Stadt zurückzukehren, die er 24 Jahre lang nicht mehr gesehen hatte – nach Babylon.

Flut

König Nabonidus hatte sich in Arabien gut erholt. Dreizehn Jahre lang hatte er sich von der großen, hektischen Weltpolitik zurückgezogen und ein ruhiges Leben als Baumeister und Forscher geführt. Er hing seinen Träumen nach und diskutierte endlos mit den Architekten über den Bau der Tempelanlagen, die Sin und Schamasch geweiht werden sollten, dem Mond- und dem Sonnengott. Er zeichnete Straßen und Stadtmauern in die Pläne ein, er entwarf Kanäle und Viadukte, Parkanlagen und Marktplätze. Und sein Werk sollte von einem grandiosen Palast gekrönt werden, der alles andere an Pracht übertraf.

Nur eins konnte ihn noch stärker fesseln als das Bauen: die Archäologie. Auf einer Expedition nach Sippar stieß er auf die Ruinen eines Sonnentempels. Er räumte die Steine weg und begann mit den Ausgrabungen. Tag für Tag diktierte er seinen Sekretären seine Notizen, während seine Männer durch die verschiedenen Erdschichten gruben und die Spuren vergangener Jahrhunderte ans Licht brachten. Als die Grube immer tiefer wurde, kannte seine Erregung keine Grenzen. Er kletterte hinab und rief: „Jetzt stehen wir auf Erdkrumen, die seit 1.000 Jahren von keinem Menschen gesehen worden sind!"

Und dann war endlich die unterste Erdschicht freigelegt. Nabonidus kletterte auf der Grabungsstelle herum und geriet in Ekstase, als er einen Stein mit einer Inschrift entdeckte.

„Gebaut von Naram Sin, dem Sohn des Argon!", rief er. „Schaut euch das an! Vor 1.500 Jahren hat Naram Sin den ersten Tempel gebaut. Diese Erde hat er betreten, hier hat er seine Befehle gerufen, diese Grundmauern hat er gelegt, dieser große Herr von Ebabbara!"

In mühsamer Kleinarbeit ließ er den Tempel auf den alten Grundmauern wieder aufbauen. Mochte Kyros in der großen bösen Welt Krieg führen – für ihn war es viel wichtiger, diese alten Ruinen zu neuem Leben zu erwecken.

Er grub auch den Tempel in E-Ulbar in Agade aus, außerdem den Turm und mehrere kleine Schreine in Ur, den Schamasch-Tempel in

Larsam, die Kapelle in Sippar und den Tempel des Mondgottes Sin in Haran. Über seine Projekte führte er genau Bericht und ließ die Annalen in Stein eingraben, die den späteren Generationen als Chronologie dienen sollten.

Die Arbeit an der Sonne bekam ihm gut. Der große blonde Mann mit dem gemütlichen Gesicht gewann neue Kraft und dachte kaum noch an seine Herzbeschwerden. Er inspizierte seine Armee und war unzufrieden mit dem Ergebnis: Da musste noch viel härter trainiert werden.

Dann erreichte ihn eine Nachricht, die dem ruhigen Leben in Tema ein Ende setzte.

Kyros hatte durch geschickte Verhandlungen mit den Priestern und Herrschern sämtliche Gebiete in Syrien und Palästina auf seine Seite gebracht. Und nun waren auch die Scheiks in Nordarabien davon überzeugt, dass Kyros *der* König wäre, der sie von der Tyrannei Babylons befreien könnte. Alle hatten sich auf seine Seite gestellt. Damit war der Weg zur Oase Tema frei – doch Tema war für einen Krieg, für eine Belagerung nicht gerüstet.

Nabonidus hatte keine Wahl: Er musste sich mit den Truppen seines Sohnes in Babylon vereinen. Nach einer hektischen Woche, in der überstürzt gepackt wurde, eilte er seinem Heer voraus und ließ die Geisterstadt zurück, die er in seinen Träumen schon als das neue Herz des Reiches gesehen hatte. Sie versank im Wüstensand ...

Sechzehn Tage später stolperten seine übermüdeten Soldaten durchs Ischtartor – endlich zu Hause, sicher und geborgen. In Babylon kümmerte man sich nicht um Kriegsgerüchte. Man feierte Feste, man überschüttete die Soldaten mit Geschenken und genoss das Wiedersehen. Belsazar machte die Ankunft seines Vaters zu einem nationalen Ereignis. Das Orchester spielte, Paradesoldaten marschierten auf, ein offizieller Empfang wurde abgehalten, der in eine Orgie ausartete. Drei Tage brauchte Babylon, um wieder zur Normalität zurückzufinden.

Nach dem Fest sammelte Nabonidus Informationen. Die Hauptstadt war gut mit Lebensmitteln versorgt, aber im übrigen Land hungerten die Leute. Die Verwalter hatten an vielen Orten in die eigenen Taschen gewirtschaftet, und was ihnen entgangen war, das fraßen die Heuschrecken. Die Getreidevorräte in den Silos waren bedenklich zusammengeschmolzen, und man hatte zwei der Hauptkanäle derart verschlammen lassen, dass sie zu nichts mehr taugten. Belsazar hatte außerdem sein Heer sträflich vernachlässigt. Die Soldaten hatten keine Lust zu kämpfen und faulenzten den ganzen Tag, rauften, spielten und betranken sich.

In verschiedenen Landesteilen flackerten Unruhen auf, besonders in den Fischerorten am Persischen Golf. Dort hatte ein Heer von Propaganda-Agenten die Leute gegen Babylon aufgewiegelt. Diese Agenten waren von Kyros gut ausgebildet und gut bezahlt worden, und sie hatten Erfolg.

Aber die schlimmste Nachricht von allen lautete: Kyros war mit seinen Truppen aus Ekbatana abmarschiert, um Behistun zu verteidigen. Danach hatte er die Berge überquert, den Diyala-Fluss durchwatet und stand nun in der Nähe von Holwan – und man brauchte nicht lange zu raten, welches Ziel er diesmal anpeilte.

Nabonidus rief das Konzil der Weisen zusammen. „Ihr weisen Männer von Babylon, ich möchte von euch wissen, wie ich vorgehen soll. Was wird als Nächstes geschehen?"

Einige der Älteren erinnerten sich noch an den geheimnisvollen Traum, der Nebukadnezar damals in Angst und Unruhe versetzt hatte. Der Vorsitzende meldete sich zu Wort:

„Ich bitte Eure Majestät zu bedenken, dass Euer großer Schwiegervater Nebukadnezar der Ansicht war, sich vor seinen medischen Verbündeten schützen zu müssen. Er war davon überzeugt, dass sein Reich eines Tages von den Medern erobert werden würde. Deshalb ließ er die große medische Mauer bauen. Heute, 22 Jahre nach seinem Ableben, sind wir dankbar für seine Voraussicht."

Nabonidus nickte. „Ja. Die Mauer zwischen Sippar und Opis sollte die medischen Truppen aufhalten. Das ist unsere einzige Hoffnung."

Er entließ die Weisen und zeigte sich mit seinem Sohn auf dem Balkon des Palastes. Er überragte Belsazar um einen halben Kopf, und seine Schultern waren breit und flößten jedermann Vertrauen ein. Wie ein Fels in der Brandung stand er da, fest, stark und klug. Er hob die Arme und rief:

„Werden die Perser unsere große medische Mauer umwerfen?"

„Nein! Niemals!", schrien die Passanten, die sich vor dem Palast versammelt hatten.

„Und wenn es ihnen doch gelingen sollte, werden sie dann unsere Stadtmauer einreißen?"

„Niemals! Niemals!", brüllten die Männer und schüttelten die Fäuste.

Nabonidus zeigte mit großartiger Geste auf die massive Mauer, die sich von der Esagila zu den Hängenden Gärten hinüberzog. Dort konnten mehrere Pferdegespanne nebeneinander fahren. Diese Mauern waren unüberwindlich!

In Babylon gab es damals eine Redensart: „In 72 Jahren nicht!" Diesen Spruch griff Nabonidus auf und rief: „Niemals werden die Perser hier hereinkommen. In 72 Jahren nicht!" Und das Volk antwortete wie eine Stimme: „In 72 Jahren nicht!" Der König nickte zufrieden.

„Wir werden standhalten. Nicht nur mit unserer Kraft, sondern auch mit Hilfe unserer mächtigen Götter. Ich werde mit dem größeren Teil des Heeres zur großen Mauer marschieren und euch beschützen. Und mein Sohn wird hier bei euch bleiben und das Neujahrsfest mit euch feiern."

Die Priester wechselten überraschte Blicke. In den vergangenen Jahren hatte Nabonidus wenig Wert auf das Neujahrsfest gelegt. War er plötzlich fromm geworden? Hatte er sich wieder zur Marduk bekehrt und endlich eingesehen, dass der Mondgott Sin nicht halb so wichtig war wie Babylons Götter? Das Volk auf der Straße klatschte Beifall. Sie kämpften für eine gerechte Sache, ihre Götter waren allen anderen überlegen. Und sie hatten zwei Könige, die diesem Emporkömmling, diesem Wicht aus einem winzig kleinen Land würdig entgegentreten konnten.

Ja, es war ein großer Tag, als Nabonidus an der Spitze seiner Truppe nach Nordosten marschierte. Die Soldaten fühlten sich geehrt. Schließlich hatten sie einen heiligen Auftrag zu erfüllen. Sie mussten die Wiege der Zivilisation beschützen, das Zentrum der Weltkultur. Die Musiker übten schon die Siegeshymne, die Trommeln wirbelten, die Menschenmenge auf der Straße winkte und warf mit Blumen. Ihre Leute würden die Perser zermalmen. Immerhin konnte Nabonidus auf eine 45-jährige Erfahrung als Stratege und General zurückblicken. Er würde diesen Wurm aus Anschan zerquetschen.

Sie bestiegen ihre Mauer, die sich zwischen dem Tigris und dem Euphrat dahinwand. Sie waren bereit, Feuer und Schwefel auf die Eindringlinge regnen zu lassen. Es stand viel auf dem Spiel, es galt, die Heimat zu retten, die Frauen und Kinder, die Tempel und Läden. Die Soldaten waren bereit, ihr Leben zu wagen und mit der übernatürlichen Kraft der Verzweiflung zu kämpfen. Nabonidus hatte sich verändert. Jetzt schweiften seine Augen nicht mehr in die Ferne. Ein Feuer brannte darin wie damals, als König Nebukadnezar das Besondere an diesem jungen Offizier entdeckt und ihn gefördert hatte, bis er sein Schwiegersohn wurde. Der Forscher, der Archäologe in Nabonidus war zurückgetreten, jetzt war er nur noch Krieger. Er hielt seine Offiziere auf Trab und motivierte jeden einzelnen Mann, bis sich schließlich alle als Helden fühlten.

Allerdings war die medopersische Armee, die auf den babylonischen Befestigungswall zuströmte, nicht mehr mit den früheren Medern zu vergleichen. Damals hatte sich das Reich aus locker verbündeten Stämmen und Völkern zusammengesetzt, die sich alle einem gemeinsamen Oberherrn gebeugt hatten. Kyros aber hatte diese Elemente fest ineinander gefügt, sie auf ein gemeinsames Ziel eingeschworen, zu einer einzigen Eisenfaust verschweißt.

Diese Faust trommelte nicht etwa wild und unkontrolliert an die große Mauer. Stattdessen ließ Kyros seine Männer heimlich bei Nacht heranschleichen. Im Schutz der Dunkelheit brachten sie ihre Rammböcke und Sturmleitern an die Mauer.

Damit die Babylonier ihre Feinde sehen konnten, entzündeten sie Feuer und hielten Kessel mit brennendem Öl bereit. Aber sie waren durch ihr eigenes Licht gut zu sehen, ein leichtes Ziel für die Pfeile, die aus der Finsternis herangeschwirrt kamen. Die Verluste auf der Mauer waren hoch, während die Perser kaum einen Mann verloren.

„Vorerst keinen Frontalangriff", hatte Kyros befohlen. „Ihr haltet den Mund. Keiner von euch brüllt, keiner von euch redet mit den Babyloniern. Sie haben jetzt noch eine gute Kampfmoral. Ich habe keine Lust, die Hälfte meiner Leute zu verlieren. Also schlagt zu und weicht wieder aus. Ich will keinen sehen, der sich zum Helden aufspielt. Ihr müsst euch anschleichen wie die Katzen und sofort zurückspringen, damit ihr nicht getroffen werdet."

In manchen Nächten vermieden die Babylonier die Feuer, die ihnen jedes Mal einen Hagel von Pfeilen eingebracht hatten. Dann aber kletterten die Perser mit den Sturmleitern auf die Mauer hinauf. Sie schwangen die Schwerter nach den Schatten, die sie kaum erkennen konnten, und stiegen sofort wieder hinunter. Das versetzte die Babylonier auf der Mauer in Panik; sie schlugen blindlings um sich und trafen die eigenen Kameraden. Oft waren sie in Handgemenge verwickelt, wenn die Perser schon lange wieder verschwunden waren.

Bei Mondschein hielten sich die Angreifer zurück und beschränkten sich darauf, mit den Schleudermaschinen große Felsbrocken gegen die Mauer zu werfen. Sie verfolgten eine Langzeitstrategie, wollten die Babylonier erschöpfen und demoralisieren und warteten auf den Augenblick, in dem ihre Propagandaleute in Babylon einen Aufstand anzetteln würden. Kyros hatte befohlen, dass die eigentliche Schlacht im Rücken des tapferen Kriegers Nabonidus entschieden werden würde.

In Babylon wurde gerade das Neujahrsfest gefeiert. Als es zu Ende ging, ordnete Belsazar an, die Götter aus den umliegenden Städten nach Babylon zu bringen. Seine Ratgeber hatten ihn davon überzeugt, dass dies das Beste wäre, damit die Götter nicht dem Feind in die Hände fielen. Das hätte ihre Anhänger demoralisiert. Also schleppten die Priester mit großem Pomp die verschiedenen Götterbilder in die Stadt und verkündeten, die Anwesenheit so vieler Götter würde Babylon in eine unbesiegbare, eine himmlische Festung verwandeln. Die Bürger von Babylon jubelten, doch die Marduk-Priester murrten: Ihr Gott allein genügte, um den Persern zu widerstehen.

Allerdings hatten sich die Städte Borsippa, Kutha und Sippar dem Befehl widersetzt – sie brachten auch nicht ein einziges Götterbild nach Babylon. Die persischen Agenten hatten gute Arbeit geleistet.

Dann ratterten in Opis die Rammböcke. Die Mauer bekam Risse, an einigen Stellen bröckelte sie schon. Die notdürftigen Reparaturen brachten wenig. Ein Teil der Mauer stürzte nach innen und begrub die Verteidiger unter den Steinen. Die Babylonier kämpften mit aller Kraft, aber die Siegesschreie kamen schließlich von den Feinden. Die persische Flut, die monatelang an die Mauer gebrandet war, konnte endlich durchbrechen.

Und genau in dieser Zeit wurde in verschiedenen Teilen des babylonischen Reiches rebelliert. König Nabonidus hatte seine Truppen in Opis verstärkt und konnte die Perser ein Stück weit zurückdrängen, als der Aufstand am Golf losbrach. Die Bürger an der Küste waren hungrig und unzufrieden. Borsippa folgte ihrem Beispiel. Die Propaganda der Perser hatte die Leute in ihrem Nationalgefühl erschüttert. Sie ließen sich überzeugen, dass nur eine Macht vor dem Hunger retten könnte: Medopersien.

Nun musste Nabonidus seine Truppen aufteilen. Der Hauptteil blieb an der Mauer, die anderen Divisionen wurden in die aufständischen Gebiete entsandt. Dadurch konnte Nabonidus zwar die Rebellion ersticken, doch die Perser brachen schließlich bei Opis durch und schlugen die Babylonier in die Flucht.

Am nächsten Tag rief Kyros den General Gobryas zu sich.

„Gobryas, mein Freund, du kennst die Stadt Babylon besser als ich", sagte er. „Nimm deine Gutier und noch ein paar andere Truppen und marschiere sofort in die Stadt. Nimm sie ein. Ich werde inzwischen König Nabonidus ablenken und daran hindern, dass er seine

Leute mit den Truppen von Belsazar vereinen kann. Sobald ich Nabonidus besiegt habe, werde ich zu dir stoßen."

Gobryas' Augen leuchteten, aber dann flog ein Schatten über sein Gesicht.

„Aber ich finde, Majestät, dass Ihr der Erste sein solltet, der die Stadt betritt!"

„Du weißt, dass mir solche Kleinigkeiten gleichgültig sind. Hier geht es nicht um Eitelkeit oder Ruhm." Er lachte. „Und außerdem bist du acht Jahre älter als ich, also warum sollte ich dir diese Ehre nicht gönnen?"

Er schlug ihm auf die Schulter.

Gobryas lächelte, dann wurde er schnell wieder ernst. „Habt Ihr eine bestimmte Strategie geplant, Majestät?"

„Ich überlege gerade ... In einigen Tagen feiert man in Babylon ein großes Fest, nicht wahr?"

„Am 16. Tischri, Majestät. Es ist der Höhepunkt des Jahres."

„Hmm ... Wenn du in dieser Nacht eindringen könntest! Die Leute werden betrunken sein oder zumindest so satt und träge, dass sie sich kaum wehren können ... Hast du schon eine Idee, wie du hineinkommen könntest?"

„Ich hoffe, das unsere Agenten in der Stadt ein Tor für uns öffnen. Aber ich möchte nicht alles auf eine Karte setzen ..."

Kyros betrachtete ihn aufmerksam. „Du spielst doch nicht etwa mit dem Gedanken, durch die Kanäle in die Stadt einzudringen? Oder durch den Fluss?"

„Genau das hatte ich vor, Majestät. Ich kenne das Kanalsystem. Man kann den gesamten Fluss ableiten, wenn man die richtigen Schleusen öffnet. Dann würden wir durch das Flussbett in die Stadt marschieren. Wenn die Flusstore offen sind, dürfte das kein Problem sein."

Der König runzelte die Brauen. „Und wenn die Felder überschwemmt werden? Könnte das nicht gefährlich werden? Und wie tief ist der Schlamm im Flussbett? Das muss man bedenken. Wie kommen die Leute vom Flussbett hinauf zu den Toren? Die Ufermauern sind hoch und glatt. Erinnerst du dich?"

Sie sahen sich in die Augen und dachten an den Tag, an dem Kyros in den reißenden Euphrat gesprungen war, um Prinzessin Aspersi zu retten, obwohl er nicht schwimmen konnte. Gobryas hatte die beiden im Hochwasser vorübertreiben sehen und hatte sich todesmutig in die Flut geworfen. Es war ihm gelungen, die beiden über Wasser zu halten, bis sie an einen der Brückenpfeiler geschwemmt wurden. Man hatte ihnen Seile zugeworfen und sie herausgefischt.

„Ja, ich erinnere mich", sagte Gobryas. „Ich werde kein unnötiges Risiko eingehen, Majestät. Ihr könnt Euch auf mich verlassen."

„Das weiß ich", lächelte Kyros. „Alles Gute, mein Freund!"

Gobryas verneigte sich und wandte sich zum Gehen, als ihn Kyros zurückhielt. „Warte einen Augenblick. Weißt du, wie es – der Prinzessin geht?"

„Prinzessin Aspersi?"

„Ja. Ist sie – verheiratet?"

Gobryas schüttelte den Kopf. „Nein", sagte er. „Soviel ich weiß, lebt sie immer noch allein – in Babylon."

Kyros spielte mit seiner Schärpe, dann murmelte er: „Sie wird sich freuen, wenn sie ihren Vater sieht. Ich habe ihn hierher befohlen ... Wie denkst du eigentlich über Aspersi? Wäre sie nicht eine gute Partie für den Eroberer der Stadt Babylon?"

Gobryas starrte auf seine Sandalen und presste die Lippen zusammen.

„Ich könnte das – arrangieren ...", sagte Kyros und beobachtete ihn scharf.

„Danke, Majestät. Ich fühle mich geehrt, aber ... ich glaube nicht, dass das im Sinne der Prinzessin wäre."

„Bist du sicher?"

„Ganz sicher, Majestät. Prinzessin Aspersi hat ihr Herz vor Jahren schon verschenkt – an einen anderen Mann." Er hielt den Kopf gesenkt, deshalb sah er die plötzliche Röte nicht, die Kyros in die Wangen schoss. „Darf ich mich jetzt entfernen, Majestät? Es ist viel vorzubereiten für den 16. Tischri ..."

Kyros sah ihm lange nach.

Verurteilt

Das Wandrelief in Nebukadnezars Thronsaal hatte in all den Jahren nichts von seiner Eleganz eingebüßt. Da schritten gelbweiße Löwen mit steil nach oben gerichteten Schweifen majestätisch über blau glasierte Ziegel. Darüber erhoben sich stilisierte Bäume – schlanke Säulen aus ockergelb gebrannten Ziegelsteinen, von hellblauen Kapitellen gekrönt, die aus drei übereinander liegenden Doppelvoluten bestanden. Jeweils vier dieser Säulenbäume wurden von einer üppigen Zierleiste aus stilisierten Margeritenblüten eingerahmt, manche noch in Knospen, andere voll erblüht. Eine Bordüre aus einzelnen Gänseblümchen ohne Stiel und Blatt, eingefasst mit leuchtend gelben Ziegeln, bildete oben und unten den Abschluss.

Drei Türen führten auf den Hof, und in die gegenüberliegende Wand war eine große Nische eingearbeitet, die den Thronsessel barg. Die Längsseiten der Halle waren mit farbigen Reliefs von Jagdszenen ausgestattet, darunter ein Bild der Königin Semiramis, die vom Pferderücken aus einen Pfeil auf einen Panther abschoss. Auf der anderen Seite sah man ihren Ehemann Ninus im Kampf mit einem Löwen.

Der Thronsaal summte von den fröhlichen Stimmen. König Belsazar hatte sich bequem in seinen goldenen Thronsessel gelehnt; ihm zu Füßen saßen tausend Edelleute. Der Raum war taghell erleuchtet, und die Tische bogen sich unter dem Gewicht der Delikatessen. Tanzmädchen sorgten für Unterhaltung, und leises Gelächter perlte auf.

Endlich stand Belsazar auf hob die Hand. Das Lachen und Kichern verebbte, die Leute wurden still. Er war inzwischen 39 Jahre alt und hatte immer noch einen kleinen Rest des Charmes übrig, der ihn früher zum Liebling des Hofes gemacht hatte. Allerdings konnte sein Gesicht nicht verbergen, dass er sich keinen Genuss versagte: Unter den Augen hatten sich schwere Säcke gebildet, die Kontur seines Unterkiefers ließ sich nur noch erraten, die Mundwinkel waren schlaff geworden. Er hatte die Arme vor der Brust verschränkt, die Purpurrobe zurückgeschlagen, sodass man die schwere

Goldkette sah, die ihm bis zur Taille baumelte. Seine geheimnisvollen Augen – eines braun, das andere grau – funkelten vor Vergnügen. Er buchte die Tatsache, dass sich seine Gäste amüsierten, ganz und gar auf sein eigenes Konto. Hatten seine Mädchen nicht beteuert, dass er der witzigste und originellste Gastgeber in ganz Babylon wäre?

„Herhören, ihr Leute!", rief er. „Heute ist der 16. Tischri. Das Fest beginnt eigentlich erst morgen. Also sollten wir etwas Wein für morgen aufsparen, meint ihr nicht auch?"

Sie lachten höflich, weil sie sein Schmunzeln sahen. Wenn der König einen Witz machte, dann gehörte sich das so ... Ermutigt von seinem Erfolg, sprach er weiter:

„Wer sich heute Abend betrinkt, den tragen wir durchs Ischtartor hinaus, damit er morgen im persischen Lager aufwacht."

Sie lachten lauter, manche aber warfen ängstliche Seitenblicke.

Dem König entging das nicht. „Alle, die sich vor den Persern fürchten, sollen aufstehen!", forderte er. Einige erhoben sich zögernd, andere blieben halb sitzen, halb stehen.

Belsazar zeigte auf sie und schüttelte den Kopf. „Was ist los mit euch, ihr Hasenfüße? Wovor habt ihr Angst? Können unsere Götter uns nicht schützen?"

Die Fürsten raunten zustimmend und applaudierten.

Belsazar wurde feierlich: „Unsere Götter haben uns ein großes Reich verschafft. Viele Völker müssen uns dienen. Wir haben die Götter der anderen Länder erobert. Ihre Schätze liegen in unserer Schatzkammer!"

Er hob seinen goldenen Becher. „Aus echt goldenen Gefäßen schmeckt der Wein noch besser. Wollt ihr auch alle aus einem goldenen Becher trinken? Schatzmeister, haben wir so viele goldene Becher, dass es für alle Gäste reicht?"

Der Schatzmeister drängte sich durch die Reihen und stieg die Stufen zum Podest hinauf. „Majestät, was für Gefäße sollen das sein?"

„Das spielt keine Rolle. Hauptsache, man kann daraus trinken."

„Wir haben Gefäße aus Ur, aus Syrien, aus Lydien, aus Ägypten in allen Größen und Formen. Aber nach meiner Ansicht wären die Gefäße aus Jerusalem am besten geeignet. Allerdings stammen sie aus dem Tempel des jüdischen Gottes und dürfen eigentlich nur für gottesdienstliche Zwecke benützt werden. So hat es Euer Großvater Nebukadnezar damals bestimmt."

„Nun, dann halten wir eben einen Gottesdienst!", schnarrte Belsazar. „Ein Fest zu Ehren unserer Götter. Der jüdische Gott kann nicht viel taugen, sonst hätte er sein Volk besser beschützt. Also ist es nur gerecht, wenn wir diese Becher nehmen. Also bring das Zeug her und lass es abstauben. Meine Gäste haben Durst!"

Er winkte drei Tanzmädchen zu sich, während er sich wieder auf seinen breiten Thronsessel sinken ließ. Eins der Mädchen kletterte auf seinen Schoß, die anderen beiden schoben sich auf die Armlehnen. Er streichelte und kraulte die Mädchen abwechselnd, wobei sie behaglich schnurrten und ihm die Lippen boten.

„So kann man das Leben aushalten", brummte Belsazar. „Amüsiert euch, meine Gäste. Genießt die Freuden, die uns die Liebe schenkt. Heute ist alles erlaubt!"

Die Gäste applaudierten und griffen den Ruf auf: „Heute ist alles erlaubt!" Er ließ eine sinnlich romantische Musik anstimmen. Die Flöte zirpte und wimmerte, die Trommler hämmerten einen überschnellen Herzschlag auf die gespannten Felle. Auf einen Wink des Königs löschte der Lichtmeister jede zweite Lampe aus und hüllte die Halle in ein verführerisches Zwielicht. Räucherstäbchen wurden angezündet. Die Männer griffen sich die Tanzmädchen, als wären es schöne Tiere, mit denen man tun kann, was man will; die adeligen Damen kokettierten mit ihren Tischnachbarn und verloren nach und nach alle Hemmungen. Schon bald verwischte sich die Schminke auf ihren Gesichtern, die Wangen wurden heiß ...

Eine gute Stunde später sprangen die Flügeltüren auf. Diener huschten zu Lampen und Kerzen, bis die Halle wieder mittagshell erleuchtet war. Verlegen schoben die Damen ihre Kleider zurecht und wischten sich die Gesichter. Die edlen Herren schoben die Tanzmädchen beiseite; sie hatten genug gespielt.

Die Kapelle spielte einen Tusch, und dann wurden die goldenen Gefäße aus Jerusalem hereingetragen, über 5.000 ausgewählte Stücke. Die Diener räumten in aller Eile die Tische frei, dann stellten sie die Schalen und Becher auf.

Belsazar befreite sich aus der innigen Umarmung seiner Mädchen und zog sich zum Stehen hoch.

„Seht ihr das? Jeder kann aus einem goldenen Becher trinken – was sage ich – aus zwei oder drei Bechern! Und jetzt füllt sie auf mit Wein aus Kreta und trinkt! Trinkt mit mir auf unsere Götter! Die Juden haben behauptet, ihr Gott sei der einzige, der Schöpfer des Himmels und der Erde. Und doch waren unsere Götter stärker. Wir haben Jerusalem besiegt. Wir haben die Stadt dem Erdboden gleichgemacht. Wir haben ihren Tempelschatz geraubt. Also trinkt aus diesen Gefäßen zur Ehre und zum Ruhm unserer Götter!"

Die Kapelle stimmte die Nationalhymne an, und alle sprangen auf und hoben die Becher und sangen die Strophe mit, dann leerten sie die Becher. Die Diener eilten mit Krügen und Karaffen herbei und füllten nach, und wieder wurde gesungen, getoastet, getrunken.

Plötzlich – als hätte aus dem unschuldigen Sommerhimmel ein Blitz eingeschlagen – ein Zischen, ein gleißendes Licht an der Wand über der Thronnische. Es war geformt wie eine riesige Hand. Die Spitze des Zeigefingers glühte und sprühte Funken, als sie feurige Buchstaben an die Wand malte. Die Leute in der ersten Reihe schrien auf und drängten in Panik nach hinten. Belsazar riss den Kopf nach oben und fluchte, als ihm der Funkenregen Löcher in die Tunika brannte. Der Kelch fiel ihm aus der Hand. Er wich zurück, als wollte er sich hinter dem Thronsessel verstecken, klammerte sich an die Lehne und konnte doch die Augen nicht abwenden von dieser Hand, die schrieb und schrieb, bis sie zu Ende geschrieben hatte. Dann verglimmte sie. Doch die feurige Schrift blieb an der Wand und pulsierte, als wären die Buchstaben lebendige Wesen, die atmen und rufen, ja schreien können.

Belsazars Knie zitterten und wollten nachgeben. Er hörte, wie die Frauen in der Halle kreischten und sich an die Männer klammerten, er sah, wie sich die Männer ihrem Griff entwanden und dem Ausgang zustrebten. Schon war ein Tanzmädchen zu Boden getreten worden.

„Halt!", rief Belsazar. Es hätte wie Donner klingen sollen, aber seine Stimme klang brüchig. Die Diener griffen den Ruf auf und riefen: „Halt!"

Der Hofmarschall kletterte auf das Podium und sagte so laut wie möglich: „Bitte wieder die Plätze einnehmen. Beruhigen Sie sich doch, meine Damen und Herrn. Wir haben die Situation unter Kontrolle!"

Vielleicht war es diese altvertraute Phrase, die die Leute wieder zur Vernunft brachte. Ja, der König hatte alles unter Kontrolle. Er würde auch hier einen Ausweg finden. Er würde ihnen erklären, was diese Hand zu bedeuten hatte. Sie schlichen auf ihre Plätze zurück und wandten sich dem Thronsessel zu. Belsazar war sehr blass. Schweißperlen sammelten sich auf seiner Stirn und liefen ihm über die Wangen, die plötzlich schlaff und leblos herunterhingen. All diese Leute – was erwarteten sie von ihm? Wie sollte er das Geschehene erklären, was konnte er tun? Er atmete schwer. Dann begann sein Gehirn wieder normal zu arbeiten.

„Hofmarschall! Sie rufen sofort das Konzil der Weisen zusammen. Sie sollen hierher kommen und uns diese Schrift erklären. Und ihr, meine lieben Gäste, müsst ein wenig zusammenrücken, damit wir hier vorne genügend Platz haben."

Die Diener schoben Tische und Stühle beiseite und führten die Ehrengäste in den hinteren Teil der Halle. Inzwischen wagte keiner mehr, den Kopf zu heben und nach der Schrift zu sehen, die mit ihrer Helligkeit die Augen blendete. Alle waren erschrocken, aber keiner verließ den Raum. Sie drängten sich zusammen wie ängstliche Schafe bei einem Gewittersturm, zogen die Schultern ein, als fürchteten sie den Donnerschlag,

Es wurde still in der Halle, hier und dort flüsterte jemand.

Belsazar stieg auf seinen Thronsessel und zerrte ungeduldig an der Haut seiner Finger, bis der Daumen blutete. Er brauchte den Kopf nicht zu drehen, um zu wissen, dass die schreckliche Schrift über ihm immer noch gleißte und flackerte.

Dann hörte man Schritte vom Hof her, unterdrücktes Murmeln. Sie kamen zu dritt, zu viert und sammelten sich vor dem Thronpodest, starrten auf die Buchstaben, die nun weniger grell leuchteten, sodass man sie ansehen konnte, ohne geblendet zu werden. Die Wahrsager und Astrologen, die Wissenschaftler und Mystiker überlegten, meditierten, befragten leise die Gäste, berieten sich untereinander. Sie schüttelten die Köpfe und zuckten die Achseln. Der Sprecher der Weisen räusperte sich. „Majestät, es tut mir Leid, aber ... wir wissen nicht, was das zu bedeuten hat."

Der König fluchte: „Bei Marduk, was seid ihr für Jammergestalten! Wozu bezahle ich euch eigentlich? Was habt ihr in euren Köpfen? Leeres Stroh? Zur Hölle mit euch!"

Wieder schwang die Tür auf, aber diesmal kam kein Weiser herein, sondern Königin Nitocris. Die Gäste sprangen auf und verneigten sich. Belsazar stieg vom Podest herunter und ging seiner Mutter entgegen.

„Schau dir das an, Mutter. Diese Schrift an der Wand ... keiner kann sie deuten."

„Daniel", sagte sie leise.

„Was hast du gesagt?" Belsazar neigte sich vor:

„Daniel. Du musst Daniel rufen."

„Du meinst diesen Juden, den Großvater aus Jerusalem mitgebracht hat? Was soll der uns helfen ..."

Er schüttelte seinen Kopf. „Ein Gefangener. Eine Geisel aus Judäa."

„Mein Vater wusste, was er an ihm hatte. Dieser Daniel ist vom Geist der heiligen Götter erfüllt. Deshalb wurde er zum Ersten der

Ratgeber und zum Vorsteher der Weisen ernannt. Er ist ungewöhnlich klug und kann Träume deuten. Er kann Rätsel lösen und Geheimnisse erklären. Du weißt doch, dass er viele Jahre als Minister gedient hat.“

„Das muss schon Jahrhunderte her sein“, murrte Belsazar. „Aber wenn du darauf bestehst ...“

Ein Diener rannte los, um Daniel zu holen.

Als der alte Prophet die Halle betrat, wurde es still. Daniel musterte die Gäste, die unter seinem forschenden Blick die Augen senkten. Er sah die verschobenen Kleider der Frauen, die Spuren der Wollust auf den Gesichtern der Männer. Und dann sah er die goldenen Gefäße aus Jerusalem auf den Tischen. Manche lagen achtlos hingeworfen, andere waren noch mit Wein gefüllt. Daniel schauderte zusammen.

„Majestät, Ihr habt zugelassen, dass aus *diesen* Gefäßen getrunken wurde?“, fragte er fassungslos.

Belsazar bewegte die Schultern und starrte auf seine Schuhe. „Ja, aber ich lasse sie sofort reinigen und zurückbringen. Das ist jetzt nicht so wichtig. Ich habe andere Sorgen. Kommen Sie her zu mir, Daniel. Wie ich hörte, stammen Sie aus Jerusalem. Sie gehören zu den Geiseln, die mein Großvater nach Babylon gebracht hat. Man sagte mir, Sie wären ungewöhnlich weise und klug, vom Geist der ewigen Götter erfüllt. Sehen Sie diese Schrift an der Wand? Ich habe das Konzil der Weisen einberufen, aber sie können mir den Sinn nicht deuten. Von Ihnen hört man, Sie könnten die schwierigsten Fragen beantworten. Stimmt das?“

Daniel sah dem Mann in die Augen, der in der verschwitzten Seidentunika vor ihm stand, die Augen blutunterlaufen vom Wein, die Lippen trocken und aufgesprungen, die Nagelhaut an den Fingern in Fetzen gerissen vor Aufregung. Vergeblich suchte Daniel in Belsazars Zügen nach einer Spur der Größe, die seinem Großvater eigen gewesen war. Er erinnerte sich an früher, an den hübschen Jungen, den er oft in den Gemächern der Königin Amytis gesehen hatte. Höflich war er gewesen, aufgeweckt und liebenswürdig, ein viel versprechender kleiner Prinz. Was hatte das Hofleben aus ihm gemacht? War ihm der Luxus zu Kopf gestiegen, sodass er nur noch sich selber sah und seine eigenen Bedürfnisse und das Wohl seines Volkes darüber ganz und gar vergessen hatte?

Ein großer Teil des babylonischen Reiches litt Hunger. Die Soldaten an der medischen Mauer hatten verzweifelt gekämpft, um die Perser zurückzuhalten. Viele waren gefallen, der Rest des Heeres versprengt. König Nabonidus floh um sein Leben. Doch sein Sohn feierte ein rauschendes Fest und dachte nicht an die Gefahr vor der Stadtmauer. Fühlte sich so sicher im Schutz der mächtigen Mauern, dass er dem Heer freien Ausgang gewährt hatte und die Tore nur von ein paar Soldaten bewachen ließ, die nicht einmal regelmäßig kontrolliert oder abgelöst wurden.

Belsazar knetete seine Finger und ließ die Knöchel knacken. „Also, Daniel, wenn es stimmt, was man von Ihnen erzählt, dann können Sie mir diese Buchstaben vorlesen und deuten ..."

Als Daniel immer noch schwieg, nahm Belsazar die goldene Kette hoch, die ihm bis zur Taille herunterbaumelte. „Ich werde Sie dafür belohnen, Daniel. Sie werden in Purpur gekleidet. Sie bekommen meine goldene Kette. Ich mache Sie zum dritten Mann im Reich."

Der alte Prophet lächelte. „Ihr könnt Eure Geschenke behalten, Majestät, oder einem anderen geben. Ich brauche kein Gold, mich lockt auch nicht die Macht. Ich werde Euch die Schrift auch ohne jeden Lohn deuten."

Belsazar seufzte auf und ging zurück zu seinem Thron. Er nahm eine würdevolle Pose ein und versenkte den blutigen Daumennagel in den weiten Ärmeln der Tunika.

„Gut", sagte er. „Sie können beginnen. Ich höre."

„Majestät, darf ich Euch an Euren berühmten Großvater Nebukadnezar erinnern?", begann Daniel. „Der höchste Gott hat ihm damals die Königswürde verliehen, sodass er ein mächtiger Herrscher wurde, den alle anderen Völker respektierten. Leben und Tod lagen in seiner Hand, von seiner Gunst hing es ab, ob jemand aufsteigen konnte oder gedemütigt wurde. Diese Macht stieg ihm zu Kopfe. Er wurde stolz und wollte sich nichts mehr sagen lassen. Er vergaß, dass er nur ein Werkzeug in der Hand des Schöpfers war, und dachte, er wäre wie Gott."

Die Gäste im Raum hörten atemlos zu. Die Älteren unter ihnen erinnerten sich noch gut an Nebukadnezar; für die Jungen war er zur Legende geworden. Belsazar senkte den Kopf und leckte sich die trockenen Lippen.

„Ihr wisst noch, was damals geschah, Majestät. Nebukadnezar verlor seine Würde und wurde zum Tier. Er fühlte wie ein Tier, und so verhielt er sich auch. Sieben Jahre lang vegetierte er dahin, bis er begriffen hatte, dass Gott der Höchste ist und über alle Reiche der Menschen regiert. Er gibt die Herrschaft, wem er will."

Die Königinmutter schluchzte leise. Belsazar streckte die Hand nach ihr aus. „Nicht, Mutter", bat er. „Du sollst dich nicht so aufregen. Es wird alles gut." Seine Stimme klang unsicher, als wäre er selbst nicht davon überzeugt.

„König Belsazar, Ihr seid Nebukadnezars Enkelsohn. Ihr habt das alles gewusst. Trotzdem habt Ihr den höchsten Gott nicht verehrt, sondern ihn herausgefordert. Ihr habt die Gefäße aus dem Tempel Jahwes herbringen lassen und habt sie durch Euer Gelage entweiht. Eure Frauen und Konkubinen, Eure Tanzmädchen haben daraus getrunken. Und damit nicht genug. Ihr habt Trinksprüche auf Eure babylonischen Götter ausgerufen, die doch nur aus Gold sind oder aus Holz. Dabei können diese Götter weder hören noch fühlen. Sie sind leblos. Und den Schöpfer des Universums, der Euer Leben in der Hand hält und Euer Schicksal bestimmt, den habt Ihr missachtet und beleidigt."

Der König zuckte bei diesen Worten zusammen. Die Leute im Saal raunten. Würde Belsazar diese Majestätsbeleidigung bestrafen? Schakka, der oberste der Leibwächter, griff zum Schwert und machte einen Ausfallschritt auf Daniel zu, suchte mit den Augen die Zustimmung des Königs, doch Belsazar schüttelte den Kopf.

„Das sind harte Worte, Daniel ... Aber sprechen Sie weiter."

Der alte Prophet holte tief Luft und schloss die Augen. Als er sie wieder öffnete, lag Stahl in seinem Blick, eine innere Stärke, die man zuvor nicht wahrgenommen hatte.

„Der lebendige Gott, der Schöpfer des Universums, hat die Hand geschickt und die Buchstaben geschrieben." Er zeigte auf die Wand und las vor:

„Mene mene tekel u-parsin."

Belsazar wiederholte die Silben und schüttelte den Kopf. „Was bedeutet das?"

„*Mene* heißt: *Gezählt* hat der Höchste die Tage Eurer Herrschaft und ihr ein Ende gemacht. *Tekel* bedeutet, man hat Euch auf der Wage *gewogen* und zu leicht befunden. *Peres* heißt, Euer Reich wird *zerteilt* und den Medern und den Persern übergeben."

Daniel verneigte sich vor dem König und trat einen Schritt zurück. Nitocris brach in hysterisches Weinen aus, und Belsazar erhob sich langsam.

„Hofmarschall!", rief er. „Nehmen Sie mir den Königsmantel ab und legen Sie ihn seiner Exzellenz, dem Ersten Rat Daniel über die Schultern!"

Er hob mit eigener Hand die schwere Goldkette vom Hals und legte sie Daniel um. Dann schlug er Daniel leicht auf die Stirn und verkündete:

„Hiermit ernenne ich Sie zum dritten Mann im Weltreich Babylon. Meine Damen und Herrn, darf ich bitten ..."

Die Gäste standen auf und verneigten sich vor Daniel. Als Nächstes befahl der König seinen Dienern, die goldenen Gefäße aus Jerusalem mit größtem Respekt zu säubern und an ihren Platz in der Schatzkammer zurückzubringen. Er forderte die Gäste auf, wieder ihre Plätze einzunehmen. Langsam verblasste die Schrift an der Wand. Hier wagte einer ein Lächeln, dort murmelte einer: „Also trinken wir weiter, denn wer weiß, was morgen ist?" „Vielleicht sind wir morgen schon tot?" „Ach, so schlimm wird es nicht werden." „Aber die Schrift an der Wand?" „Warten wir ab." Die Diener gossen den schweren, süßen Wein aus Kreta in Becher, die ihnen durstig entgegengestreckt wurden. Unaufgefordert stimmte die Kapelle ein Volkslied an, nicht zu frivol, aber heiter. Die Frauen schoben sich die Haare zurecht und versuchten wieder, die Aufmerksamkeit ihrer Liebhaber zu erringen.

Daniels Herz zog sich zusammen. *Sie haben ihre Chancen gehabt und nicht genutzt. Sie haben ihr Gewissen im Lauf der Jahre derart verhärtet, dass die Warnung nicht mehr greift. Sie wollen sich der Wirklichkeit nicht stellen. Sie glauben mir nicht.*
Doch Glaube oder Nichtglaube änderte nichts am Schicksal der Stadt. Als Daniel eine halbe Stunde später nach Hause ging, sah er Schatten vom Flusstor heraufschleichen, viele Schatten. Man musste kein Prophet sein, um zu ahnen, was dort geschehen war. Gobryas hatte im Schutz der Dunkelheit den Euphrat in die Kanäle umgeleitet. Seine Soldaten waren durch das schlammige Flussbett bis in das Stadtgebiet einmarschiert. Dort hatten die Marduk-Priester heimlich ein Tor geöffnet. Man hörte eine Eule schreien, ein Käuzchen gab Antwort, ein Seil wurde hinabgeworfen, ein, zwei Soldaten zogen sich hinauf und eilten zum Ischtartor. Der Fluss spuckte immer mehr Perser aus. Sie stießen kaum auf Widerstand, denn die meisten Babylonier waren betrunken oder schliefen auf ihren vollen Bäuchen. Die Perser eroberten eine Stadt, die es versäumt hatte, angesichts der drohenden Gefahr wachsam zu bleiben.

Gobryas und seine Gutier marschierten zum Südpalast. Als sie die Tür zur großen Halle aufrissen, stürmte ihnen Belsazar mit dem gezückten Schwert entgegen und verwickelte einen Soldaten in einen mörderischen Zweikampf. Der Soldat wehrte sich nach Kräften und tötete den König. Die anderen Edelleute kapitulierten. Damit war Babylon gefallen.[3]

---

[3] Nach unserer Zeitrechnung am 13. Oktober 539 v. Chr.

Siegestaumel

Wer erwartet hatte, dass sich die Babylonier über diese Niederlage gegrämt oder gar geschämt hätten, der kannte ihre Sinnesart noch nicht. Die Botschaft: „Kyros reitet heute in der Stadt ein!", verbreitete sich mit dem Wind, und die Leute strömten aus den Häusern, säumten die Straße, kletterten auf die Mauern, liefen dem Eroberer mit Zweigen und Blumensträußen entgegen. Die Fürsten, die 16 Tage zuvor noch ihrem König Belsazar zugeprostet hatten, bildeten hier keine Ausnahme. Der König war tot, jetzt musste man sich mit dem neuen Herrn gut stellen. Sie feierten ihn als Befreier und jubelten ihm zu. Kyros brauchte zwei Stunden, um sich vom Ischtartor bis zu den Hängenden Gärten in den Südpalast durchzukämpfen. Neben ihm ritt König Kyaxares II., der sich von seinen Verwandten und Freunden „Darius" rufen ließ. Kyros hatte in Sippar auf ihn gewartet, weil er nicht ohne seinen Onkel in Babylon einreiten wollte.

Schließlich erschienen die beiden Könige auf dem Balkon des Palastes. Kyros hob die Arme, und die Menschenmenge kochte auf. Als es wieder still wurde auf dem Schlossplatz, rief er: „Diese stolze Stadt Babylon wird in Zukunft eine der Hauptstädte des Medo-Persischen Reiches sein, das sich von Indien bis zum Ägäischen Meer erstreckt, vom Kaukasus bis Ägypten. König Kyaxares II. wird das Reich von hier aus regieren, und er möchte von den Babyloniern Darius genannt werden. Lang lebe König Darius!"

Daniel massierte sich das Kinn und schaute in die Ferne. Rahel, die ihn begleitet hatte, schüttelte ungläubig den Kopf. „Hörst du das, Onkel? Wie sie ihm zujubeln? Noch vor drei Wochen haben sie seinen Kopf gefordert, haben die Perser verhöhnt und verspottet. Wie können die Leute nur so schnell umschwenken?"

Er zuckte die Achseln. „Das ist nun einmal die Gunst der Masse. Sie ist so flüchtig wie Tau in der Vormittagssonne. Heute jubeln sie, morgen fordern sie den Tod ihres Helden, und übermorgen tragen sie ihn auf ihren Schultern durch die Stadt."

„Diese Babylonier ...", murmelte sie verächtlich. „Sie haben kein Rückgrat."

„Liebe Rahel, meinst du vielleicht, unser Volk wäre besser?", lächelte Daniel. „Ich sehe keinen Unterschied zwischen Babyloniern und Juden. In dieser Hinsicht sind alle Menschen gleich."

Sie wollte ihm nicht glauben, bis sie eine Gruppe von Landsleuten beobachtete, die auf und nieder hüpften und dabei schrien: „Kyros – Kyros – Kyros!"

Daniel zeigte hinüber. „Siehst du? Sie haben sich angepasst. Das ist immer das Bequemere. Aber sie freuen sich noch aus einem anderen Grund: Sie sehen in Kyros den Befreier, der eines Tages unser Exil beenden könnte."

Rahel starrte ihn an. „Du glaubst, er lässt uns wieder nach Hause ziehen?"

Er wiegte den Kopf. „Wer weiß? Und außerdem ist Kyros ein außergewöhnlicher König. Er betrachtet die Völker, die er unterwirft, nicht als Feinde, sondern gewinnt sie zu Freunden. Kein Wunder, dass ihm alle zujubeln."

Die junge Frau schüttelte ihre schwarzen Locken. „Politik ist nichts für mich. Ich halte mich lieber an meine Arbeit. Jetzt geh ich, hab noch zu tun."

„Ich werde etwas später nach Hause kommen, Rahel. Auf dem Heimweg möchte ich Prinzessin Aspersi besuchen. Sie muss ja vor Freude außer sich sein."

Aber er hatte sich getäuscht. Aspersi saß über einigen Schriftrollen und war vertieft in ihren Lesestoff. Nichts deutete darauf hin, dass sie sich für das Wiedersehen mit ihrer ersten und großen Liebe gerüstet hatte. Sie schob den Stuhl zurück, als Daniel von der Zofe Denesu hereingeführt wurde, und stand auf.

„Wie schön, dass Sie mich besuchen, lieber Freund", lächelte sie.

„Ich habe Euch draußen vergeblich gesucht", gab Daniel zu. „Ganz Babylon ist auf den Beinen und feiert unseren neuen Herrscher."

Sie sah nachdenklich zum Fenster hinüber. „Deshalb dieser Lärm. Ich habe mich schon gewundert ..."

„Ihr habt ihn noch nicht gesehen?"

„Wen?"

Daniel seufzte. Manchmal fiel es ihm schwer, die Frauen zu verstehen.

„Aspersi", sagte er sanft. „Das Volk jubelt den beiden Königen zu, die dort auf dem Schlossbalkon stehen – Kyros ist dort und Euer Vater."

„Mein *Vater?*"

„Ja! Kyros hat ihn soeben zum König von Babylon ausgerufen!"

Sie hob die Hände an den Hals, als wollte sie sich schützen.

„Kyros – hat – ihn ..."

„Möchtet Ihr nicht dorthin? Diese Szene persönlich miterleben?"

Ein Schatten zog über ihre Augen. Sie wandte ihm den Rücken zu und ließ die Schultern hängen.

Daniel verstand und sagte: „Vielleicht ist es doch besser, wenn Ihr nicht geht, Hoheit. Wartet hier, bis er Euch holen lässt. Oder persönlich kommt."

Sie brachte ihn schweigend zur Tür, ihre Augen sahen durch ihn hindurch, als suchten sie etwas in der Ferne ...

Eine Stunde später klopfte König Darius an ihre Wohnungstür, und dann lagen sich Vater und Tochter in den Armen und feierten das Wiedersehen. Aber Kyros kam nicht. Er hatte die Stadt am Abend schon wieder verlassen.

Neuordnung

Nabonidus konnte mit knapper Not nach Arabien flüchten, aber die Beduinenstämme machten gemeinsame Sache mit Kyros und schnitten ihn von seinem Nachschub ab. Das unübersichtliche Terrain war für die Beduinen natürlich von Vorteil. Sie kannten die Dünen in- und auswendig, wussten um die Wasserstellen, während sich Nabonidus mit seinen Leuten halb verdurstet durch den Wüstensand schleppte. Er hatte kaum noch Vorräte für seine Soldaten. Tag und Nacht musste er mit Überfällen rechnen. Dabei ließen sich die Feinde niemals fassen. Schließlich gab er die Flucht auf und stellte sich dem Kampf mit Kyros.

Doch Kyros wollte nicht kämpfen. Stattdessen machte er ein Friedensangebot. Nabonidus akzeptierte und dankte ab, weil ihm keine andere Wahl blieb. Daraufhin rief ihn Kyros zum Herrscher von Karmanien aus. Dieses kleine Land lag weit hinter Persien, und Kyros ließ ihn in einer prachtvollen Prozession durch die südlichen Gebiete von Babylon und Anschan dorthin bringen.

In Babylon wunderte man sich zuerst, weshalb sich Kyros nicht selbst zum König von Babylon gekrönt hatte, sondern seinem Onkel den Thron überließ. Daniel, der schon bald wieder in den Palast gerufen wurde, wusste warum: Kyros war viel zu sehr Krieger und viel zu wenig Verwaltungsmensch, um sich auf Dauer in einem Palast wohl zu fühlen. Er musste seine Grenzen sichern und sein Reich erweitern. In Darius hatte er den vollkommenen Gefährten gefunden, der ihm die tägliche Routine des Regierens abnahm. Auf diese Weise konnte er die Völker seines Reiches zu einer einzigen Faust zusammenschmelzen, die freilich in einem eleganten Samthandschuh steckte: Diplomatie und Höflichkeit waren für Kyros genauso typisch wie die geniale Strategie seiner Feldzüge.

König Darius hatte den Thron von Babylon im Alter von 62 Jahren bestiegen. Er war ein friedlicher König, der dem Soldatenleben nichts abgewinnen konnte und die Stille seiner Schreibstube der Thronhalle vorzog. Er war belesen und vielseitig gebildet und ein guter Organisator. Vier Wochen nach seiner Thronbesteigung hatte er das gesamte Medo-Persische Reich in 120 Satrapien eingeteilt, deren Satrapen drei Ministern verantwortlich waren. Diese drei Minister, von denen einer Daniel war, gaben dem König täglich Bericht. So funktionierte das mächtige Reich wie ein riesiger Körper, dessen Herz in Babylon schlug, und es funktionierte gut.

Darius störte sich nicht daran, dass Daniel schon 84 Jahre alt war. Er hatte ihn am nächsten Tag nach seinem Amtsantritt zu sich in den Palast bestellt. Immerhin war Daniel im babylonischen Reich der dritte Mann im Staat gewesen, wenn auch nur für wenige Stunden. Aber er war für Darius kein Unbekannter, schließlich hatte Daniel unter Nebukadnezar einige Jahre als Botschafter in Ekbatana gedient. Der König befragte ihn eine Stunde lang kreuz und quer, während er mit ihm durch die königlichen Palastgärten marschierte – und Darius hatte lange Beine und zog ein flottes Tempo dem gemächlichen Dahintrotten vor. Dieser Nachmittag überzeugte ihn davon, dass Daniel trotz seiner Jahre frisch und belastbar war. Und Daniel nahm sich vor, sein Bestes zu geben. Nun ging er wieder im Palast aus und ein.

Gegen Abend, wenn die Bürozeit vorüber war, klopfte Aspersi an seine Tür.

„Wollen wir den Sonnenuntergang betrachten?", bat sie oft, und diesen Wunsch schlug er ihr niemals ab. Dann wanderten sie hinüber zu den Hängenden Gärten und stiegen bis auf die oberste Etage. Von dort aus konnte man die ganze Stadt überblicken, über die Mauern hinweg bis zum Rand der geheimnisvollen Wüste. Sie hörten dem Gesang der Abendvögel zu und sahen, wie der Himmel ein rotgoldenes Gewand anlegte, bis sich die Sonne dem Horizont zuneigte und mit ihm verschmolz. Wenn die Schatten lang wurden, brachte Daniel das Mädchen nach Hause. Oft saßen sie noch lange beim Schein einer Öllampe über den Heiligen Schriften, die Aspersi mit großem Interesse las. Sie hatte viel zu fragen, sie wollte alles verstehen, und Daniel gab ihr Auskunft, so gut er es vermochte. Aspersi spürte es, wenn er müde wurde; Daniel staunte oft über ihre Fähigkeit, sich in andere Menschen einzufühlen. Dann bestand sie darauf, dass er sich von ihrem Leibwächter Serpa in seine Wohnung begleiten ließ.

Serpa wirkte verschlossen und still; er sagte kaum mehr als Ja oder Nein, wenn Daniel ihn ins Gespräch verwickeln wollte, und er lächelte nie. Aber seinen Augen entging nichts, er hörte wie eine Katze und reagierte mit schnellen, harten Fäusten, wenn eine Gefahr drohte.

„Serpa", sagte Daniel oft zu ihm, „ich bin so froh, dass die Prinzessin einen tüchtigen Wächter hat. Man kann sich auf Sie verlassen." Dann spannte Serpa einen Wangenmuskel an und bemühte sich, ein Lächeln zustande zu bringen, aber es misslang; er sah aus, als hätte er Zahnschmerzen.

Eines Abends, als sie in Aspersis Wohnzimmer saßen, sagte die Prinzessin: „Eigentlich haben Sie ein einsames Leben geführt, Daniel. Sie hatten zwar Ihre drei Freunde und sicher auch einige Bekannte, aber kein Familienleben. Haben Sie das niemals vermisst?"

„Ich hatte ja keine andere Wahl ...", er spielte mit seinem Siegelring. „Unser Eid, den wir dem König Nebukadnezar damals geschworen haben, schloss ein Privatleben aus. Wir mussten damals versprechen, dass wir Nebukadnezar mit unserer ganzen Kraft und Zeit dienen würden. An eine Heirat war nicht zu denken."

„Ja, ich weiß. Das blieb den Palastbeamten damals verwehrt. Aber sie hatten trotzdem ihre Affären. Manche hielten sich sogar heimlich einen Harem."

Er zuckte die Achseln. „Ich habe davon gehört. Aber solche Geschichten liegen mir nicht."

Aspersi bohrte nach. „Am Hof wimmelt es von schönen Frauen. Und wenn ich Sie so ansehe, lieber Freund, so denke ich, dass Sie eine Menge Chancen hatten, als sie jünger waren."

Er neigte höflich den Kopf. „Vielen Dank für das Kompliment. Natürlich traf ich immer wieder mal eine Frau, zu der ich mich hingezogen fühlte", gab er zu. „Königin Amytis zum Beispiel ... wir haben sie alle bewundert und verehrt. Allerdings habe ich mir nie erlaubt, von ihr zu träumen und sie anders zu betrachten als das, was sie war: meine Königin."

Aspersi lächelte. „Das war bestimmt nicht immer einfach, vor allem in den sieben Jahren, als Nebukadnezar krank war. Damals waren Sie für Tante Amytis der einzige Halt. Sie hat mir davon erzählt, wie sehr sie sich auf Sie gestützt hat."

„Es kam für mich überhaupt nicht infrage, diese Situation auszunutzen."

„Ja. Das sieht Ihnen ähnlich. Aber es hätte vielleicht auch andere Möglichkeiten gegeben, die weniger verfänglich waren." Sie wickelte sich eine ihrer braunen Haarsträhnen um den Finger. „Neulich hörte ich, wie Denesu alten Hoftratsch auskramte. Sie erzählte von einem ganzen Schwarm von Mädchen und Frauen, die in all den Jahren Ihrem Charme verfallen waren. Haben Sie das gewusst?"

„Ich habe mich nie darum gekümmert, Aspersi."

„Und wie war das mit Prinzessin Belzalu?“

„Belzalu war eine gute Freundin. Wir haben viel miteinander erlebt, auch schwere Zeiten. Das verbindet eben. Aber sie war nie in mich verliebt.“ Er stand auf und ging zum Fenster, als wollte er eine Weile mit seinen Gedanken allein sein. Als er zurückkam, hatten seine Augen einen feuchten Glanz.

„Es muss sehr schwer für Sie gewesen sein, als sie so plötzlich starb.“

„Ja“, sagte er schlicht.

Aspersi ließ von ihrer Dienerin eine Schale mit Datteln und Trauben bringen, weil sie wusste, dass Daniel gerne Obst aß. Während er eine Traube nach der anderen von der Rebe pflückte und sie langsam in den Mund steckte, griff sie das Thema wieder auf.

„Vielleicht ist es Ihnen unangenehm, darüber zu reden, aber es interessiert mich sehr. Sagen Sie, Daniel, haben Sie sich eigentlich nie danach gesehnt, als Mann zu lieben und geliebt zu werden?“

Er seufzte. „Ich fühlte mich hin und wieder versucht, dieser Sehnsucht nachzugeben, vor allem, wenn entsprechende Angebote kamen. Aber wie hätte ich dann meinem Eid treu bleiben können?“

„So wie alle anderen Minister.“

„Ein Doppelleben führen? Das liegt mir nicht. Und ich hätte damit ja der Frau großen Schaden zugefügt. Ich kann sie doch nicht an mich binden und ihr nur mit halbem Herzen zugetan sein, weil die andere Hälfte meines Herzens dem König gehört. Wer die Liebe einer Frau erringt, der hat ein Geschenk vom höchsten Gott empfangen. Das darf man nicht geringschätzig behandeln.“

Aspersi wich seinem Blick aus und untersuchte die Borte ihres Umschlagtuches so eingehend, als wäre das Webmuster das Wichtigste auf der Welt ...

Daniel erklärte weiter: „Ich empfinde es als Unrecht, wenn Frauen in unserer Welt als Zeitvertreib betrachtet werden, denen man sich widmet, wenn man darauf Lust hat, und die man hinterher wieder sich selbst überlässt. In meinen Augen ist die Liebe zwischen Mann und Frau etwas Großes. Eine heilige Flamme, die der Schöpfer in den Herzen der Menschen entzündet hat.“

Die Prinzessin biss sich auf die Lippen und drehte den Kopf weg. Ob ihr dieses Gespräch zu nahe ging? Daniel zögerte. Sie hatte nie eine Silbe über ihre Liebe zu Kyros verloren, und doch ahnte er, dass sie noch immer an ihn dachte. Er wagte einen Vorstoß.

„Unser Philosoph Salomo hat viele Lieder geschrieben. Habt Ihr schon einmal sein Liebeslied gelesen? Darin drückt er diesen Gedanken meisterhaft aus.“

„Nein, ich habe das Hochzeitslied jedes Mal ausgelassen, wenn ich in den alten Schriften las", gestand sie und atmete tief, als müsste sie sich gegen einen Angriff wappnen.

„Ich zitiere jetzt aus dem Gedächtnis", kündete Daniel an. „Die Braut bittet: ‚Lege mich wie ein Siegel auf dein Herz, wie ein Siegel auf deinen Arm. Denn Liebe ist stark wie der Tod und Leidenschaft unwiderstehlich wie das Totenreich. Ihre Glut ist feurig und eine Flamme des Herrn, sodass auch viele Wasser die Liebe nicht auslöschen und Ströme sie nicht ertränken können.' Das ist die Liebe, Aspersi. Darf man mit einem solchen Feuer leichtfertig spielen?"

Die Prinzessin hatte den Kopf gehoben, ihre Augen schwammen in Tränen, die Unterlippe zitterte.

„Sie – Sie wissen es, nicht wahr?", flüsterte sie.

„Ich habe es mir zusammengereimt. Ihr seid nie darüber hinweggekommen ..."

Sie schluchzte auf, und er hätte sich gerne neben sie gesetzt und ihr den Arm um die Schulter gelegt, um sie zu trösten. Aber er wagte es nicht.

Sie murmelte: „Ich habe schon so lange dagegen angekämpft, aber ich werde es nicht los. Nicht einmal Gobryas konnte ... Es ist hoffnungslos."

Hoffnungslos? Daniel bezweifelte das.

Kollegen

Die drei Hauptminister saßen wie immer an der Kopfseite des langen Tisches, an dem schon bald auch alle anderen Minister Platz nehmen würden. Sie wechselten sich mit dem Vorsitz ab. Gestern war Luscharfas an der Reihe gewesen, der bärenstarke Riese aus Ekbatana, der schon unter Astyages als Premierminister gedient hatte. Sein Lächeln, das nur selten aus seinen Mundwinkeln ausbrach wie Sonnenschein durch Gewitterwolken, gewann ihm viele Sympathien. Er hatte eine polterige Stimme und einen dicken Bauch und wirkte gutmütig auf Leute, die ihn nicht kannten. Aber Daniel wusste, dass er messerscharf denken konnte und im Bedarfsfall auch über Leichen gehen würde, wenn er damit auf der Erfolgsleiter eine Sprosse höher klettern konnte. Insgeheim nannte er ihn den „Bären".

Auf der anderen Seite saß der Perser Drovili – zierlich und lebhaft, zeigte beim Lachen ein Grübchen in der Wange. Er sprach sanft und melodisch und brachte seine Vorschläge oft mit Schmeichelreden an den Mann. Allerdings hatte er bei aller zur Schau gestellten Sanftmut feste Vorstellungen von dem, was zu passieren hatte, und vor allem, wie es zu geschehen hätte. Daniel musste oft an eine Taube denken, die unter ihrem weichen Gefieder die scharfen Klauen eines Geiers verbarg. Manchmal hatte er auch etwas von einem Paradiesvogel an sich. Er kleidete sich gern auffällig und teuer. Im Palasthof wurden regelmäßig Wetten abgeschlossen, bei denen die Farbe seiner neuesten Tunika erraten werden sollte. Drovili stand in dem Ruf, ein Lebemann zu sein, trotzdem arbeitete er schnell und effizient.

Während die übrigen Satrapen ihre Plätze einnahmen, sortierte Daniel noch einige Notizen, denn er sollte diesmal die Sitzung leiten. Er legte Luscharfas die Hand auf den Arm und fragte leise: „Was meinen Sie, an welchen Punkt der Agenda sollten wir über das lydische Problem sprechen?"

Der Minister las die Notizen und machte einen Vorschlag.

Drovili schüttelte den Kopf, als er gefragt wurde. „Nein, diesen

Punkt sollten wir gleich zu Anfang ansprechen, sonst geht er unter. Bei den letzten Sitzungen haben wir dem lydischen Problem zu wenig Aufmerksamkeit eingeräumt. Wir sollten unbedingt ..."

Luscharfas sprang auf und widersprach, wobei er seine Argumente mit heftigen Gesten unterstrich. Daniel musste die Kollegen um Mäßigung bitten, sonst wäre der „Bär" am Ende noch auf die „Taube" losgegangen. „Meine Herren", sagte Daniel, „ich wäre Ihnen dankbar, wenn wir unsere Entscheidungen nach den Gesichtspunkten der politischen Zweckmäßigkeit fällen könnten. Es sollte uns doch nicht darum gehen, um jeden Preis Recht zu behalten. Das Wohl unseres Reiches hängt davon ab, dass wir besonnen und sachlich bleiben."

Die Minister in der Nähe spitzten die Ohren und warfen sich viel sagende Blicke zu. Daniel hatte leise gesprochen und doch nicht leise genug. Drovili presste kurz die Lippen zusammen und schoss einen scharfen Blick auf Daniel ab. Luscharfas brummelte in seinen Vollbart, dann setzte er sich wieder.

Die Sitzung begann.

Gegen Mittag kam die Rede auf Gelder, die der hungernden Bevölkerung an der Golfküste gesandt worden waren, aber die Empfänger nie erreicht hatten. Daniel versprach, eine Untersuchung einzuleiten. Dann strömten die Minister in den Speisesaal, wo sie der Palastkoch wieder einmal mit süßen, fetten Speisen verwöhnte. Daniel hatte wiederholt vorgeschlagen, an Sitzungstagen nur leichte Kost zu reichen, damit man auch nach dem Essen noch klar denken könnte, aber er konnte sich nicht durchsetzen. König Darius war ein toleranter Mann, der seinen Dienern viel Freiheit einräumte. Er selbst war zwar kein ausgesprochener Genussmensch, aber er gönnte allen anderen ihr Vergnügen. Deshalb gab es keinerlei Einschränkungen an der Tafel; jeder durfte essen, worauf er Lust hatte.

Daniel nutzte die Zeit, um wie gewohnt nach Hause zu gehen. Während Rahel die Äpfel und Birnen wusch, die er zum Essen bestellt hatte, Nüsse und Weinbeeren in eine kleine Schale füllte und das duftende Brot in den Korb legte, stieg Daniel die Treppe hinauf zu seinem Oberzimmer. Er kniete wie gewohnt auf dem Teppich nieder und begann mit Gott zu sprechen. Sein Blick flog durchs schmale Fenster, über die Bäume des Gartens hinweg in die Ferne. Dort lag Jerusalem, die Stadt seiner Väter, in Trümmern, dort waren die Überreste des salomonischen Tempels, den Nebukadnezars Soldaten in Schutt und Asche gelegt hatten. Aber Daniel wusste, dass diese tote Stadt eines Tages zu neuem Leben erwachen würde. Die Propheten hatten es vorhergesagt.

Auch an diesem Tag erinnerte Daniel seinen Gott an dieses Versprechen. Er dankte ihm für seine Liebe und Fürsorge. Er hatte sich angewöhnt, laut mit Gott zu sprechen, weil er dabei seine Gedanken besser sammeln konnte. Nach einer Weile wurde er still und versuchte, auf das zu hören, was Gott ihm antworten würde. Am Ende seiner Andacht sang er zwei oder drei Loblieder und erhob sich erfrischt und gestärkt von den Knien. Das tat er morgens, mittags und abends, und die Nachbarn, deren Häuser an seinen kleinen Garten stießen, hatten sich daran gewöhnt. Sie machten sich Sorgen, wenn an einem Tag kein Gebet aus dem Fenster schallte und kein Lied. Dann klopften sie ans Tor und fragten nach, ob es dem Minister gut ginge oder ob er vielleicht krank wäre. Und Rahel schüttelte dann den Kopf und meinte: „Der Minister ist verreist."

Daniel hatte nicht nur große Bitten, die sein Volk oder die ganze Welt betrafen. Er legte auch die kleinen Probleme vor Gott aus und fragte um Rat. „Herr, du weißt, dass Gelder veruntreut wurden. Lass uns herausfinden, welcher von den Ministern unehrlich gehandelt hat. Gib mir Geduld, damit ich mit diesem Mann freundlich umgehen kann, damit er sich besinnt und sein Unrecht einsieht. Ich möchte ihn gewinnen, nicht verurteilen. Ich danke dir schon im Voraus für deine Hilfe." So vertrauensvoll sprach Daniel mit seinem Schöpfer, denn er war mit ihm seit vielen Jahren gut befreundet.

Nach der Siesta, die er im Schatten seines Aprikosenbaumes verbracht hatte, mit einer Buchrolle auf den Knien, ging er wieder hinüber zum Palast. Die Minister hatten die Mittagspause im Weinkeller verbracht – „... im Park war es zu schwül". Daniel bedauerte das. Der Wein machte die Köpfe heiß und trübte den Blick für das Wesentliche. Luscharfas rülpste, als er sich auf seinen Stuhl fallen ließ.

„Sie konnten wohl wieder mal nicht rechtzeitig aufhören", spottete Drovili, der – wie viele Bürger aus Anschan – seit seiner Kindheit an große Mengen Alkohol gewöhnt war und sich damit brüstete, alle anderen Minister unter den Tisch zu trinken.

„Ich hatte eben Durst", knurrte der Bär, „aber ich wüsste nicht, was Sie das angeht!"

Daniel sagte schnell: „Wir sollten heute Nachmittag zügig arbeiten. Unsere Agenda ist noch lang. Also bitte, meine Herren, nehmen Sie Platz." Er winkte die anderen Minister heran, die sich ins Gespräch vertieft hatten und wenig Anstalten machten, wieder an die Arbeit zu gehen.

Als sie sich endlich gesetzt hatten, fielen dem einen die Augen zu, der andere gähnte ungeniert, zwei Satrapen aus Anschan führten Nebengespräche im Flüsterton. Daniel seufzte und nahm sich vor, den König noch einmal auf die allzu üppige Kost während der Sitzungstage anzusprechen.

Dann war die Sitzung vorüber, die Minister verließen den Raum, während Daniel seine beiden Kollegen noch eine Weile zurückhielt. „Ich möchte Sie bitten, mir die nötigen Unterlagen in mein Büro zu bringen, damit wir diese Unterschlagungsaffäre aufdecken können. Wen könnten wir noch in den Untersuchungsausschuss holen, damit wir möglichst rasch ...", das Wort blieb ihm in der Kehle stecken, als er den Blick auffing, den Drovili und Luscharfas tauschten.

„Was wollten Sie sagen, verehrter Kollege Daniel?", gurrte Drovili.

Luscharfas hatte Daniel den Rücken zugekehrt und rollte einen Papyrus zusammen.

Daniel zwinkerte, um den Nebel loszuwerden, der sich vor seinen Augen auszubreiten drohte. Die beiden Kollegen – nein, er musste sich getäuscht haben. Undenkbar!

Am nächsten Morgen musste Daniel dem König von der Sitzung berichten. Er beschränkte sich auf die Tatsachen und behielt seinen Verdacht für sich. Darius hörte aufmerksam zu, nickte, machte sich Notizen, bestätigte die Entscheidungen der Minister oder schlug hier und dort eine Änderung vor. Die Agenda war rasch erledigt, und Daniel verneigte sich zum Abschied und hielt schon den Türknauf in der Hand, als ihn Darius noch einmal zurückrief.

„Mir ist zu Ohren gekommen, dass Ihre beiden Kollegen zwischenmenschliche Probleme haben", sagte er beiläufig und pflückte eine Traube aus dem Korb.

„Übrigens ausgezeichnet, dieser Wein aus Syrien, probieren Sie einmal."

Daniel gehorchte und nahm einige der zuckersüßen Trauben.

„Sie haben meine Frage noch nicht beantwortet", beharrte Darius.

„Die beiden Herren müssen sich erst aneinander gewöhnen", sagte Daniel vorsichtig. „Minister Luscharfas war bisher gewohnt, in medischen Verhältnissen zu denken. Aber das Reich hat sich erweitert. Das erfordert eine Neuorientierung."

„Und Drovili?"

„Er konnte bis vor kurzem unabhängig entscheiden. Jetzt muss er sich mit zwei Kollegen abstimmen. Das fällt ihm nicht leicht. Aber er ist äußerst tüchtig und ..."

„Es stimmt also, was mir verschiedene Minister zugetragen haben. Luscharfas und Drovili rivalisieren miteinander und behindern dadurch die Politik unseres Landes. Das muss aufhören! Bringen Sie den beiden Vernunft bei, aber schleunigst. Sie sind doch der Ältere."

Daniel biss sich auf die Lippen und zwang sich zur Ruhe. „Majestät, ich bemühe mich, bei den beiden Verständnis füreinander zu wecken. Aber das braucht Zeit. Es lässt sich nicht – erzwingen."

Darius setzte sich hinter seinen Schreibtisch und lud Daniel ein, ebenfalls Platz zu nehmen.

„Ich habe Sie beobachtet und meine Schlüsse gezogen, Daniel. Dieses Triumvirat ist eine gute Lösung, wenn drei Männer gut miteinander auskommen. In unserem Fall funktioniert es nicht."

„Aber ..."

Der König hob die Hand und erklärte: „Mein Entschluss steht fest. Ich werde Sie zum Premierminister ernennen. Luscharfas und Drovili werden Ihnen unterstellt."

„Vielleicht wäre das zum gegenwärtigen Zeitpunkt etwas ungünstig", wagte Daniel einzuwenden. Darius zog ein Dokument heran, das bereits unterzeichnet war, wenn auch noch nicht gesiegelt.

„Das ist Ihre Ernennungsurkunde. Bei der nächsten Zusammenkunft unserer Satrapen wird Ihre neue Stellung verkündet und damit rechtskräftig. Nein, keine Widerrede. Ich weiß, was Sie leisten. Ich kenne Ihren Einsatz, Ihre Fähigkeiten." Er stand auf und ging um den Schreibtisch herum, bis er dicht vor Daniel stand. Daniel erhob sich ebenfalls. Der König legte ihm die Hände auf die Schultern.

„Ich weiß, was ich an Ihnen habe, Daniel", sagte Darius. Daniel erwiderte seinen Blick.

„Ich lege das Schicksal des Medo-Persischen Weltreiches in Ihre tüchtigen Hände."

„Und ich bete zu meinem Gott um Kraft, damit ich Euch nicht enttäusche, Majestät", sagte Daniel.

„Es muss ein guter Gott sein, dem Sie treu sind. Aspersi hat mir davon erzählt." Darius lächelte. „Sie ist Ihre eifrige Schülerin geworden. Wollen Sie eine Jüdin aus meiner Tochter machen?"

„Majestät, ich schätze Prinzessin Aspersi sehr und respektiere ihre Freiheit und Würde. Sie ist eine kluge Frau, die sich ihre eigenen Gedanken macht."

„Ja, so ist Aspersi. Sie lässt sich nicht manipulieren. Aber auf ihren Daniel lässt sie nichts kommen. Sie hat Sie ins Herz geschlossen, mein Lieber, und ich kann ihr nur zu dieser Wahl gratulieren. Fast beneide ich meine Tochter um einen solchen Freund."

„Majestät ...", flüsterte Daniel.

„Aber Sie dürfen nicht meinen, dass ich mich von solchen Überlegungen bei meiner Entscheidung beeinflussen ließ. Ich ernenne Sie zum Premierminister, weil Sie das Zeug dazu haben ..."

„Majestät, ich bedanke mich für die hohe Meinung, die Ihr von mir habt, aber ..."

„Aber?"

„Aber im Grunde ist es nicht meine eigene Klugheit, die mich richtig entscheiden lässt. Ich habe einen guten Ratgeber, der den absoluten Überblick besitzt. Er hilft mir bei meiner Arbeit."

„Sie meinen sicher Ihren Gott? Nun gut, dann ehren wir mit Ihnen auch Ihren Gott. Zufrieden?"

„Vielen Dank, Majestät. Trotzdem bin ich nicht sicher, ob meine Beförderung tatsächlich von Vorteil wäre."

„Mein lieber Daniel, Sie denken zu viel an andere und zu wenig an sich selbst. Genießen Sie es, wenn Ihnen das Glück lächelt. Es kommen auch wieder andere Tage."

Darius wusste nicht, wie Recht er damit behalten würde.

Berufsethos

Eine Woche später saßen die drei Minister wie gewohnt im Sitzungszimmer. Sie hatten zwei wichtige Probleme zu besprechen. Als Erstes ging es um den Untersuchungsausschuss, der herausfinden sollte, in welchen Kanälen die hohe Geldsumme versickert war, die für die hungernde Bevölkerung bestimmt gewesen war. Luscharfas und Drovili hatten sich sehr vage ausgedrückt, und die untergeordneten Minister widersprachen sich in ihren Aussagen. Daniel hatte das Gefühl, durch einen zähen Morast zu waten, während er sich Phrasen und Allgemeinplätze anhörte. Er beschloss, das Thema zu vertagen und persönliche Nachforschungen anzustellen. Wieder fing Daniel einen Blickwechsel zwischen Luscharfas und Drovili auf, der ihn irritierte.

Danach hörten sie den Bericht eines Spions aus dem Westteil des Landes. Er schilderte die gesteigerte Aktivität von ägyptischen Agenten, die sich an der Westküste festgesetzt hatten und die Bevölkerung gegen die medopersische Oberherrschaft aufhetzten. Diese Agenten waren nur schwer zu fassen, da sie gut getarnt im Untergrund arbeiteten. Ihr Einfluss erstreckte sich von Gaza bis hinauf nach Haran, und die Satrapen der betroffenen Länder forderten strenge Maßnahmen gegen die Agenten. Daniel ließ einige Minister holen, die sich mit solchen Problemen auskannten, und bat sie um Rat. Während sie noch gemeinsam darüber debattierten, wie man diese Agenten am besten enttarnen könnte, brachte ihm sein persönlicher Sekretär Elbane eine Nachricht von Prinzessin Aspersi. Sie wollte ihn jetzt gleich in seinem Büro treffen – es sei dringend. Er entschuldigte sich bei seinen Kollegen und eilte in sein Arbeitszimmer.

Aspersi stand am Fenster und sah hinunter auf den Prinzenbrunnen. Sie trug ein Reisecape und Reitstiefel. Als Daniel zur Tür hereinkam, kam sie ihm entgegen und streckte beide Hände aus.

„Was ist geschehen, Hoheit? Ich kam, so schnell ich konnte."

„Hoffentlich habe ich Sie nicht aus einer wichtigen Sitzung herausgeholt. Aber ich wollte nicht verreisen, ohne Bescheid zu sagen."

„Bitte nehmt Platz."

„Haben Sie so viel Zeit?"

Daniel schob ihr einen Stuhl zurecht und nahm selbst hinter seinem Schreibtisch Platz. „Die Staatsgeschäfte sind wichtig, aber sie sind nicht mein Ein und Alles, das wisst Ihr. Wenn Ihr mich braucht, dann bin ich für Euch da. Eure Freundschaft bedeutet mir viel."

Eine leichte Röte stieg ihr in die Wangen, und sie lächelte. „Ich empfinde genauso. Deshalb wollte ich Sie sehen, bevor ich reite. In einer Stunde geht ein Truppentransport nach Borsippa ab. Ich werde mich mit meinen Mitarbeiterinnen anschließen und dort eine Schule eröffnen. Sie kennen ja meine Leidenschaft."

„Eure Leidenschaft, die Not der anderen zu lindern. Prinzessin Aspersi kümmert sich um alle, die benachteiligt sind, die Kriegswaisen, die behinderten Kinder, die Blinden."

Sie nickte. „Wir haben in Borsippa ein Haus in Aussicht mit einem Garten und einem Hof, damit die Kinder spielen und herumtoben können."

„Wie lange bleibt Ihr fort?"

„Voraussichtlich zwei Wochen oder länger ..."

Daniel unterdrückte einen Seufzer. Er wollte ihr die Abreise nicht schwer machen. Er hatte kein Recht auf ihre Gesellschaft, auf ihre Freundschaft, wenn er auch beides genoss wie ein kostbares Geschenk.

Sie nahm die zwei Finger große Steinfigur vom Schreibtisch, die sie ihm vor einiger Zeit geschenkt hatte, und betrachtete sie von allen Seiten.

„Sie haben die Figur in Ihr Büro mitgenommen."

„Ich schaue sie gerne an."

„Woran denken Sie, wenn Sie die kleine Wasserträgerin sehen? An Ihre Jugendzeit, vielleicht an ein Mädchen in Jerusalem?"

Er schüttelte den Kopf. „Das ist lange her ... Und es bringt mir keine Kraft, wenn ich meine Gedanken immer wieder zurückwandern lasse in die Vergangenheit und darüber nachgrüble, was anders geworden wäre, wenn – oder wenn nicht."

Sie stellte die Figur auf die Tischplatte zurück und spielte mit den Fingern, zupfte an der Nagelhaut, untersuchte die Innenflächen ihrer Hände. Dann fragte sie: „Denken Sie gar nicht mehr an Ihre Heimat?"

„Ich habe niemals aufgehört, an Jerusalem zu denken."

„Aber sie haben mir doch gerade erklärt, Sie würden nicht in der Vergangenheit schwelgen?"

„Für mich ist Jerusalem nicht Vergangenheit, sondern Zukunft. Ich möchte wissen, was sein kann und was sein wird."

Sie runzelte die Stirn. „Ein Haufen verbrannter Steine und Ruinen? Überwuchert von Dornengestrüpp?"

„Ich glaube an eine Stadt, die neu gebaut wird. Aus lebendigen Steinen. Aus Menschen, die sich willig einfügen in den großen Plan des Schöpfers. Menschen, die nicht nur an sich selbst denken, sondern ihr Herz öffnen für andere. Menschen, die Liebe weitergeben. Daran denke ich, wenn ich diese Wasserträgerin betrachte. Sie gibt durstigen Menschen zu trinken. Sie bringt ihnen ein Stück Leben. So wie Ihr, Hoheit, wenn Ihr den Schülern ein Fenster zur Welt aufstoßt. Ihr baut an der Zukunft."

Die Prinzessin nickte. „Es ist ja nicht nur Lesen und Schreiben. Sie müssen begreifen, dass sie wertvoll sind, dass sie eine Würde besitzen, die ihnen niemand absprechen kann, auch wenn sie ohne Vater aufwachsen und ihre Mütter schwer arbeiten müssen, damit die Familie zu essen hat. Meine Kinder lernen, dass alle Menschen wichtig sind und ihren Platz haben, den nur sie ausfüllen können."

„Genau das meine ich. Und deshalb erinnert mich die kleine Wasserträgerin immer an Euch."

Sie streckte die Hand aus und berührte den winzigen Krug, der so elegant auf einer Schulter balanciert wurde. „Aber sie soll noch an etwas anderes erinnern. Sie ist unser Geheimzeichen, wenn Ihnen Gefahr droht. Bitte vergessen Sie das nicht, lieber Freund. Ich habe Macht und Einfluss, ich kann Ihnen helfen."

„Und Ihr glaubt, ich könnte Hilfe nötig haben?"

Aspersi legte ihre Hand auf die seine. „Bitte geben Sie auf sich Acht, Daniel. Sie haben mächtige Feinde am Hof, die sich durch Ihren persönlichen Charme nicht beeindrucken lassen."

Er zuckte die Achseln. „Das ist mir nicht neu. So war es schon immer. Ich rede mir nicht ein, dass ich durch meinen ‚persönlichen Charme' die Herzen aller Hofbeamten gewinnen könnte."

Doch Aspersi ging nicht auf seinen leichten Ton ein. Sie beugte sich vor: „Ich rede nicht von *allen Hofbeamten*. Ich meine Ihre beiden Kollegen. Vorsicht, lieber Freund. Gefahr!"

Daniel schüttelte den Kopf. „Aspersi, ich bin es gewöhnt, dass mir andere die Stellung neiden, in die ich gerufen wurde. Solange ich ein reines Gewissen habe, brauche ich nichts zu fürchten."

Sie seufzte und stand auf. „Ich bewundere Ihre Gelassenheit. Bei manchen Menschen beruht sie auf einem Mangel an Fantasie oder Temperament. Sie besitzen beides im Übermaß. Warum also sind Sie so ruhig?"

„Ihr wisst es, Aspersi. Ich habe einen mächtigen Beschützer."

Er brachte sie zur Tür und sah ihr nach, wie sie den Korridor entlangging. Als sie um die Ecke gebogen war, kam es ihm vor, als hätte sich die Sonne hinter einer Wolkenwand verzogen.

Danach ging Daniel sofort zum Sitzungssaal zurück. Aber er traf nur noch seinen persönlichen Sekretär Elbane an.

„Ich soll Ihnen berichten, Exzellenz", sagte er, „Minister Luscharfas und Minister Drovili haben mit den anderen Ministern zusammen einen Gesetzesentwurf erstellt, den sie heute Nachmittag und Abend noch mit den Satrapen beraten und dann dem König vorlegen wollen. Darin geht es um die Enttarnung der ägyptischen Agenten."

„Und welche Maßnahmen haben meine Kollegen geplant?"

„Leider konnte ich keinen Einblick in das Dokument bekommen. Die Herren hatten es sehr eilig." Elbane spielte mit einem Griffel, als müsste er Mut sammeln für das, was er noch zu sagen hatte. „Exzellenz, ich habe eine ganz persönliche Frage. Haben Sie in der letzten Zeit etwas getan, was Ihnen Minister Luscharfas oder Minister Drovili als – als unkollegiale Haltung auslegen könnten?"

„Elbane, Sie arbeiten seit beinahe 40 Jahren mit mir zusammen. Keiner kennt meine Arbeitsweise besser als Sie. Wenn ich falsch gehandelt habe, dann sagen Sie mir offen, worum es geht. Ich werde mich entschuldigen und die Sache aus der Welt schaffen. Also, heraus mit der Sprache!"

Elbane wand sich, als hätte er Schmerzen.

„Ich glaube nicht, dass hier ein Fehlverhalten Ihrerseits vorliegt, Exzellenz. Aber vielleicht haben Sie bei Ihren Gesprächen mit dem König etwas geäußert, was ihn gegen die beiden anderen Minister eingenommen hat."

Daniel schüttelte den Kopf. „Das ist nicht mein Stil, Elbane. Ich habe mich noch nie auf den Schultern meiner Mitarbeiter nach oben gehievt. Das wissen Sie doch."

„Aber wie kommt der König auf die Idee, Sie zum Premierminister zu befördern?"

Aha. Es hat sich also schon herumgesprochen, dachte Daniel. Laut sagte er: „Ich weiß nicht genau, weshalb er so entschieden hat. Wer immer ihn dazu bewogen haben mag – ich war es nicht. Im Gegenteil, ich habe ihm sogar abgeraten."

Elbane seufzte. „Das dachte ich mir. Der Entschluss des Königs hat also nichts mit dem Veruntreuungsskandal zu tun, den Sie gerade untersuchen?"

„Ich habe mit dem König noch nicht darüber gesprochen, weil ich bisher zu wenig Fakten in der Hand hatte. Sobald ich die Tatsachen kenne, werde ich entsprechende Schritte unternehmen."

Elbane erhob sich halb und näherte seinen Mund dem Ohr Daniels. „Ich habe einiges aufgeschnappt. Es könnte sein, dass ein großer Teil unserer Minister von dieser Affäre weiß und – mitbeteiligt ist."

„Das wäre fatal", sagte Daniel.

„Vielleicht hoffen Ihre Kollegen, dass Sie – nun, dass Sie die Angelegenheit auf sich beruhen lassen, wenn man Ihnen ein – ein entsprechendes Angebot unterbreitet?", fragte Elbane. Seine rechte Augenbraue zuckte nervös.

„Elbane, jeder am Hof weiß, dass ich nicht bestechlich bin."

Der Sekretär fuhr sich mit der Hand durch die Haare, bis sie nach allen Richtungen abstanden und ließ sich in den Stuhl zurücksinken. „Ich ahnte es, Exzellenz, aber ich dachte, dass Sie vielleicht in diesem Fall ... da es sich ja um Ihre Kollegen handelt ..."

„Lieber Elbane, es tut mir aufrichtig Leid, wenn ich Kollegen in Schwierigkeiten bringe, aber ich habe dem König Treue geschworen. Dazu gehört auch die zuverlässige und ehrliche Verwaltung der Finanzen. Ich bin jetzt bald 65 Jahre im Staatsdienst und habe noch nie auf Kosten des Staates in die eigene Tasche gewirtschaftet. Ich bin auch dagegen, dass einer meiner Kollegen Gelder veruntreut. Ein solches Verhalten ist schändlich, denn der König vertraut seinen Verwaltern und hat durch diese Affäre viele Golddariken verloren. Von den hungernden Menschen, die vergeblich auf die bewilligten Nahrungsmittel gewartet haben, wollen wir gar nicht reden. Wer weiß, wie viele sterben mussten ..."

„Ich dachte mir schon, dass Sie so argumentieren würden. Aber ich hatte den Auftrag, bei Ihnen vorzufühlen. Das habe ich getan und ..."

„Und jetzt sind Sie erleichtert?"

„Einerseits ja." Elbane tupfte sich die Schweißtropfen von der Stirn. „Andererseits fürchte ich, dass Ihre Kollegen nicht davor zurückschrecken werden, einen gewissen – äh – Druck auszuüben."

„Mit anderen Worten, man will mich mit allen Mitteln zum Schweigen bringen."

Elbane öffnete den Mund, um zu widersprechen, dann schloss er ihn wieder und nickte bekümmert.

Komplott

Daniel wurde am nächsten Vormittag in das Stadtviertel der Hebräer beordert. Dort hatte es angeblich Probleme mit der Selbstverwaltung seiner Landsleute gegeben. Aber er fand dafür keine Anzeichen, im Gegenteil, die Hebräer waren mit der Regierung ihrer selbst gewählten Ältesten und Gemeindevorsteher sehr zufrieden. Trotzdem verwickelten sie ihn in langwierige Gespräche, sodass er erst nach der Siesta in sein Büro kam. Dort fand er seinen Sekretär – der Mann hatte eine grünlich blasse Gesichtsfarbe und zitterte, als hätte er ein Gespenst gesehen.

„Exzellenz, das neue Gesetz!", keuchte er.

„Was für ein neues Gesetz?", wollte Daniel wissen.

„Mit dem die ägyptischen Agenten enttarnt werden sollen", erklärte Elbane. „Der König hat es heute Vormittag unterzeichnet. Es verbietet jedem Bürger des Reiches zu beten. Einen Monat lang."

Daniel starrte ihn an und war einen Augenblick lang versucht, laut hinauszulachen, so absurd erschien ihm diese Idee. Babylon mit seinen Tempeln und Schreinen, in denen zahllose Götter verehrt wurden, an jedem Tag, in jeder Stunde ... nein, das war unmöglich.

„Und wer sich nicht an dieses Verbot hält, dem droht die Todesstrafe."

Daniel betrachtete den Mann aufmerksam. Das war das erste Mal, dass er an ihm ein Zeichen geistiger Verwirrung wahrnahm. Wie traurig. So ein begabter Mann – nun würde er sich bald an einen neuen Sekretär gewöhnen müssen.

Elbane räusperte sich angestrengt und zitierte aus dem Dokument, das auf dem Schreibtisch lag: „In den nächsten 30 Tagen ist es jedermann strengstens untersagt, von einem Gott oder einem Menschen etwas zu erbitten. Nur König Darius vom Reich der Meder und Perser darf verehrt und angebetet werden. Wer sich diesem Befehl widersetzt, soll in die Löwengrube geworfen werden."

Der Minister beugte sich über den Papyrus und schüttelte den Kopf. „Wenn ich es nicht mit eigenen Augen lesen würde ...", murmelte er. Dann richtete er sich auf. „Was soll das, Elbane?"

„Ich traf gestern Abend auf die Minister, die mich beauftragt haben – Sie wissen schon. Als Luscharfas und Drovili erfuhren, dass Sie auf keinen Fall einlenken werden, sondern den Geldskandal unter allen Umständen aufdecken wollen, da wurden sie sehr ärgerlich. Drovili sagte: ‚Wenn er nicht nachgibt, müssen wir zu härteren Mitteln greifen. Wer sich nicht biegen will, muss brechen.' Und Luscharfas schrie: ‚Er wird sich noch wundern. Wir werden ihn kleinkriegen. Wir werden ihn mit seinen eigenen Waffen schlagen! Er wird schon sehen!'" Er fuchtelte nervös mit den Händen in der Luft herum.

Daniel mahnte: „Bleiben Sie ruhig, Mann, und erzählen Sie weiter."

Elbane seufzte. „Die beiden Minister schickten mich weg. Ich ging zurück in den Palast. Aber dann schlich ich mich auf einem anderen Weg zurück in den Park und versteckte mich hinter einer Hecke."

Er biss sich auf die Lippen und rang die Hände. „Ich weiß, dass Sie ein solches Verhalten nicht gutheißen, Exzellenz. Aber ich konnte nicht anders. Ich musste einfach wissen, was diese Männer vorhaben."

Daniel verzog keine Miene. Elbane befeuchtete seine Lippen und erzählte weiter. „Als ich mich versteckt hatte, hörte ich, wie einer der Minister sagte: ‚Wir müssen etwas finden. Da muss es doch eine Schwachstelle geben ...' Luscharfas widersprach: ‚Unmöglich. Wir haben seine Papiere durchsucht. Die Vorgänge der letzten Jahre herausgekramt. Dieser Kerl', Verzeihung, Exzellenz, wenn ich wörtlich zitiere, aber so hat er sich ausgedrückt, er sagte: ‚Dieser Kerl ist einfach empörend anständig.'" Elbane hüstelte nervös, während Daniel sich auf einen Stuhl sinken ließ.

„Erzählen Sie weiter, Elbane. Ich möchte alles wissen. Sie brauchen sich nicht zu genieren – ich bin nicht empfindlich."

Der Sekretär seufzte. „Danke, Exzellenz. Es ist mir peinlich, dieses Gespräch mitangehört zu haben, andererseits ist es nützlich, wenn man die Gedanken des Gegners kennt. Finden Sie nicht auch?"

„Was wurde noch gesagt?"

Einer der Minister fragte: ‚Dieser Jude nimmt sich an jedem siebten Wochentag frei. Könnten wir ihm vielleicht daraus einen Strick drehen?' Darauf sagte Drovili: ‚Ich glaube nicht, denn er sitzt an jedem Schamaschtag im Büro und auch noch oft am Abend. Er leistet mehr als wir beide zusammen.' Das hat er gesagt, Exzellenz!", beteuerte Elbane.

Daniel nickte und musste ein Lächeln unterdrücken, als ihm die Ironie dieser Situation bewusst wurde.

„Dann fragte ein anderer Minister: ‚Wenn er so tüchtig ist, warum wollen wir ihn dann loswerden?' Drovili sagte darauf: ‚Gerade *weil* er so tüchtig ist. Er ist zu tüchtig. Er steckt seine Nase in Dinge, die ihn nichts angehen.'"

„Er meint wohl die Veruntreuungsaffäre."

Elbane stieß die Luft aus und sagte gepresst: „Ich fürchte, der halbe Hof ist in diese Sache verwickelt. Aber das ist noch nicht alles. Luscharfas hat noch einen anderen Grund. Er sagte: ‚Solange dieser ausländische Bastard zu bestimmen hat, werden wir auf keinen grünen Zweig kommen.' Ja, das hat er gesagt." Elbane zog ängstlich den Kopf ein, als müsste er sich vor einem Schlag fürchten.

Daniel lächelte müde. „Ich kann mir vorstellen, dass ihn das ärgert. Ich bin kein Meder, ich bin kein Perser, ich bin noch nicht einmal Babylonier. Aber dass ein Mann von seinem Weitblick derart nationalistisch denkt, hätte ich nicht erwartet."

„Es ist sein Ehrgeiz, Exzellenz. Er möchte keinen über sich dulden. Es ärgert ihn, dass er Ihnen Rechenschaft ablegen muss."

„Ja, das ärgert viele Menschen", murmelte Daniel. „Sie vergessen, dass wir immer jemanden über uns haben, dem wir verantwortlich sind."

Elbane seufzte, dann sagte er: „Jeder weiß, dass Sie dreimal am Tag zu Ihrem Gott Jahwe beten. Aber ich denke, dass Ihr Gott Verständnis zeigen wird, wenn Sie es unter diesen Umständen etwas – äh – dezenter und unauffälliger ablaufen lassen, oder?"

„Elbane, ich habe keinen Grund, meine Lebensgewohnheiten zu ändern. Ich werde mich diesem Druck nicht beugen. Ich lasse mir nicht verbieten, mit meinem Gott zu reden. So wie ich es immer getan habe."

„Aber Exzellenz ...", stotterte Elbane. „Das könnte gefährlich werden. Lebensgefährlich!"

Daniel nahm die steinerne Wasserträgerin in die Hand und überlegte. Dann sagte er: „Ich muss es darauf ankommen lassen." Er stellte die Figur wieder auf den Schreibtisch und strich noch einmal über den Kopf des Mädchens, als wollte er Abschied nehmen.

„Und jetzt gehen Sie nach Hause, Elbane. Ich werde hier ein wenig aufräumen, dann gehe ich auch."

Es war beinahe dunkel geworden, als er seine Haustür öffnete. Rahel winkte ihm zu. „Das Essen steht schon bereit."

Er ging ins Zimmer, setzte sich an den Tisch und griff nach einem Granatapfel. Während er ihn zerteilte und den klebrigsüßen Saft aus dem Fruchtfleisch lutschte, machte sie sich am Regal zu schaffen, rückte Papyrusrollen hin und her, inspizierte den Docht einer bronzenen Öllampe, wischte sie mit dem Ärmel blank. Schließlich ließ sie sich auf einer Sessellehne nieder.

„Ich muss mit dir reden, Onkel. Du hast sicher schon von dem neuen Gesetz gehört. Der Herold hat es heute gegen Abend verlesen." Sie betrachtete ihre Hände, die sie im Schoß gefaltet hielt. „Was habt ihr euch dabei gedacht, als ihr dieses Gesetz geschrieben habt?"

Er zuckte die Achseln. „Ich bin daran nicht beteiligt."

Sie zog scharf die Luft ein. „Sie haben es ohne dich verabschiedet?"

„Ja. Ohne mein Wissen und ganz sicher ohne meine Zustimmung. Aber es ist nun einmal geschehen, und der König hat das Gesetz unterzeichnet. Damit ist es rechtskräftig."

„Kannst du nichts dagegen unternehmen?"

„Rahel, ein Gesetz der Meder und Perser ist unumstößlich. Niemand kann es ändern, nicht einmal der König selbst."

„Aber das bedeutet, dass 30 Tage lang keiner mehr beten darf. Oder etwas von einem anderen erbitten."

„Ja. Ganz recht."

„Und wer trotzdem betet, der wird in die Löwengrube geworfen."

„Ja. Wenn ihn Zeugen dabei ertappen, dass er betet."

Rahel sprang auf. „Jetzt wird mir alles klar – Sie haben es auf dich abgesehen, Onkel! Aber du wirst doch nicht ..." Sie biss sich auf die Lippen, als sie seinen ruhigen Blick auffing.

„Meine erste Treue gehört Jahwe, Rahel. Ich kann und ich will ihn nicht verleugnen."

„Du könntest auch hier unten beten. Da hört dich keiner. Und ich würde dich nie verraten."

Daniel lächelte und tätschelte ihr den Arm.

„Ich weiß, meine Liebe."

„Wenn du unbedingt in deinem Oberzimmer beten willst, dann könntest du wenigstens von den Fenstern wegbleiben. Hinten an der Tür ..." Ihr kamen die Tränen, als er den Kopf schüttelte.

„Nein, meine Liebe. Ich werde beten wie immer und Gott vertrauen. Ihm gehört mein Leben. Ich bin in seiner Hand." Er stand auf.

„Du weißt, wo du meinen letzten Willen findest. Dort drüben in dem Tonzylinder. Wenn mir – etwas zustoßen sollte, dann darfst du das Siegel brechen und mein Testament lesen. Ich habe alles sorgfältig vorbereitet."

Sie brach in Tränen aus und hängte sich an seinen Hals. „Nein! Bitte nicht! Geh nicht hinauf! Du darfst nicht – wir brauchen dich noch."

Er machte sich behutsam los und strich ihr über das Haar. „Weine nicht, Rahel. Ich tue, was ich tun muss."

Die Fenster seines Oberzimmers waren schmal wie alle Fenster in Babylon, und zeigten in die Richtung, in der die Stadt seiner Väter in Trümmern lag. Er sah hinunter in den Garten. Die Nacht hatte ihren Schatten über die Büsche und Blumenbeete gelegt. Eine Grille zirpte ein einsames Abendlied, der Wind spielte mit den Zweigen des Aprikosenbaumes. Eine Katze strich vorüber und verschwand im hohen Gras. Dann hatten sich seine Augen an die Dunkelheit gewöhnt und erkannten drei dunkle Gestalten im Garten des Nachbarn. Sie hielten sich hinter dem Stamm einer dicken Zeder verborgen, aber er sah sie doch. Als er sich absichtlich laut räusperte, hörte er sie miteinander flüstern. Er zögerte einen Augenblick, bevor er die Öllampe zur Hand nahm. Noch konnte er in die Tiefe seines Zimmers zurückweichen. Er konnte sich auf den Teppich knien und leise beten, in Gedanken, wie er das ohnehin oft tat. Er konnte sein Loblied, das er am Anfang und am Schluss seiner Andacht anstimmte, diesmal summen, sodass ihm keiner beweisen könnte, er hätte damit seinen Gott Jahwe verehrt. Ja, er konnte.

Und doch schlug er den Feuerstein und entzündete den Leuchter, stellte ihn ans Fenster wie an jedem Abend. Er blickte hinunter und fühlte sich versucht, grüßend die Hand zu heben. Aber er unterließ es.

Stattdessen kniete er auf dem Teppich vor dem Fenster nieder und stimmte ein Danklied an. Seine Stimme, die trotz seines Alters ihren Glanz und ihr weiches Timbre nicht verloren hatte, schwang sich hinaus und schwebte über den dunklen Garten, über die Intrigen und hinterlistigen Pläne seiner Feinde empor zum Thron Gottes. Während er sang und Gott lobte, wurden seine Sorgen klein, die Angst um das eigene Leben verblasste. Er dachte daran, wie er im Traum die Myriaden von Engeln gesehen hatten, die Gott dienten, er dachte an das Licht, an die unaussprechliche Schönheit des himmlischen Tempels, er dachte an den Strom von Feuer, der vom Thron ausgegangen war, und sein Herz füllte sich mit Liebe und Ehrfurcht.

Und dann begann er, mit Gott zu sprechen. Er dankte ihm für seine Güte und Fürsorge, er bewunderte seine Weisheit, dann bat er um Einsicht und Kraft für die Aufgaben, die sich ihm täglich stellten. Er betete für Kyros und Darius, für Aspersi und Rahel, und er senkte die Stimme nicht, als er für seine Kollegen Drovili und Luscharfas betete. Endlich stand er von den Knien auf und trat ans Fenster. Er hob die Arme und sang seine Sehnsucht nach Jerusalem in die Nacht hinaus, sein Heimweh nach einer Stadt, von Gott geplant und gebaut, einer Stadt mit erneuerten Menschen, die von der Liebe zu Gott entzündet sind. Und als er die Arme wieder sinken ließ, da hörte er sie triumphierend lachen, und am Lachen erkannte er Drovili und Luscharfas und einen anderen Minister, und da war ihm klar, dass diese Männer in dieser Nacht – ganz im Gegensatz zu ihm selber – ausgezeichnet schlafen würden.

Er setzte sich danach an seinen Schreibtisch und las seinen Lieblingspsalm. Er schrieb einige Briefe, vervollständigte seine Notizen im Tagebuch, hielt Gedanken fest, die ihm kamen, und als er den Griffel niederlegte und sich streckte, da sang schon der Morgenvogel sein Lied, und die ersten Sonnenstrahlen krochen durchs Fenster. Er trat hinaus in den Garten. Die Grashalme trugen schwer am Tau, und er berührte sie mit der Fingerspitze und sah zu, wie die Tropfen abliefen und im Boden versickerten. Gänseblumen öffneten ihre kleinen Gesichter und blinzelten ins Licht, und er musste an König Nebukadnezar denken, der seine prachtvollen Wandreliefs und Mauern mit Bildern dieser bescheidenen Blumen geziert hatte oder mir ihrer großen Schwester, der Margerite. In der Mitte seines Blumenbeetes war eine blaue Iris aus der Knospe geschlüpft, und Daniel bewunderte die zierlichen Blütenblätter und die feine gelbe Zeichnung und strich mit dem Finger über ihre seidige Glätte.

Im Garten nebenan wurde es lebendig. Daniel nickte den fünf Männern zu, die gerade aus dem Haus traten: es waren der Minister für Innere Angelegenheiten, der Finanzminister, der verantwortliche Minister für die fünfte Satrapie, die das Hungergebiet an der Golfküste einschloss, der Minister für Kultur und Religion und der oberste Polizeibeamte.

Schau an, sie haben sich gut vorbereitet, dachte Daniel, als er in sein Oberzimmer stieg. Normalerweise hätte er sich erst in aller Ruhe gewaschen und angekleidet, aber er wollte die Herren nicht so lang im nassen Gras stehen lassen. Als er zum Beten niederkniete, fühlte er sich schwach und unendlich müde. Er flehte zu Gott, ihm Kraft und Mut zu geben. Immer wieder stieg das Bild des Löwenzwingers vor ihm auf, er hörte wieder das Grollen der Löwin wie damals, als er hilflos gefesselt im Vorraum gelegen hatte, er roch ihren Raubtierdunst, spürte beinahe schon die scharfen Krallen in seinem Fleisch.

Nein, er war kein Held, und er wollte sich nicht als ein solcher aufspielen. Aber konnte er die Liebe zu seinem Gott verleugnen? Nein, auch nicht um den Preis seines Lebens. Seine Stimme versagte, als er das Loblied anstimmte, und er musste sich kräftig räuspern und hatte Mühe, die hohen Töne herauszubringen. Doch er sang weiter. Bei der zweiten Strophe hatte er das Empfinden, als hätte ihn ein Engel an der Schulter berührt. Der Kloß in seiner Kehle löste sich, der Druck auf der Brust ließ nach. Er spürte Kraft in seine Arme und Beine fließen und erhob sich, als wäre er um Jahre jünger geworden.

Daniel ging wie gewohnt in sein Büro und erledigte die Aufträge mit Schwung und Elan und bemühte sich, über die nervösen Zuckungen seines Sekretärs hinwegzusehen. Gegen Mittag verabschiedete er sich und setzte sich eine Weile an den Prinzenbrunnen, tauchte die Hand in das Wasser, sah die Goldfische herumflitzen, die Libellen geschäftig herumsausen. Langsam wanderte er nach Hause. Die Hitze flimmerte auf der Straße und trieb die Bürger Babylons in den Schatten. Rahel hatte ein leichtes Mittagessen bereitet – frisches Brot und Bohnen, eine kleine Scheibe Lammbraten und dazu Wurzelgemüse und Tomaten. Er zwang sich zum Essen, obwohl er keinen Hunger verspürte. Danach stieg er wieder hinauf in sein Gebetszimmer. Diesmal sah er nicht in den Nachbargarten hinunter. Er wusste, dass sie dort auf ihn lauerten. Nach der Siesta spazierte er zurück in den Palast und arbeitete weiter, als wäre nichts geschehen. Am Abend legte er Elbane eine sorgfältig eingewickelte Papyrusrolle auf den Schreibtisch.

„Das sind die Tatsachen und Indizien der Veruntreuungsaffäre, die ich bisher gesammelt habe. Es liegt nun an Ihnen, meine Arbeit weiterzuführen. Sollte ich morgen früh nicht hier erscheinen, dann bringen Sie das unverzüglich zum König. Und lassen Sie diese Unterlagen nicht herumliegen. Hüten Sie das wie Ihren Augapfel."

Elbane zitterte und streckte Daniel eine nasskalte Hand entgegen. „Aber ich habe Angst, Exzellenz."

Daniel seufzte. „Bitte nehmen Sie sich zusammen. Es steht viel auf dem Spiel. Der König ist schwer geschädigt worden, und nur Sie können diesen Skandal aufdecken und die Schuldigen überführen. Das Material liegt nun in Ihrer Hand."

Elbane holte tief Atem und sagte gepresst: „Sie können sich auf mich verlassen!"

Daniel unterdrückte ein Lächeln. „Davon gehe ich aus. Ich wünsche Ihnen eine gute Nacht."

Drei Soldaten brachen seine Wohnungstür auf, als er am nächsten Morgen im Oberzimmer sein Gebet zum Himmel sandte, und stürmten die Treppe hinauf. Schweigend standen sie an der Wand und warteten, bis der letzte Ton seines Lobliedes verklungen war und er sich von den Knien erhoben hatte.

„Guten Morgen, meine Herren", grüßte er höflich, aber sie starrten durch ihn hindurch, als wäre er aus Glas. Als er das Zimmer verlassen wollte, stellte sich ihm ein Soldat in den Weg und schüttelte den Kopf. Daniel zuckte die Achseln und ging ans Fenster. Unten im Nachbargarten standen Drovili und Luscharfas und diskutierten mit einigen anderen Ministern. Dann verschwanden sie im Haus. Daniel hörte ihre Stimmen auf der Straße und ahnte, wohin sie gingen ... Gegen Mittag erschien Elbane und drängelte sich an den Wachen vorüber zu ihm durch.

„Exzellenz, König Darius ist untröstlich. Man hat ihn mit diesem Gesetz überlistet. Er hat seine besten Rechtsgelehrten und Ratgeber aus dem Konzil der Weisen zusammengerufen, weil er Ihnen die Freiheit erhalten will. Aber er weiß nicht, ob es ihm gelingt." Er knetete seine Fingerknöchel. „Sie wissen ja, ein Gesetz der Meder und Perser ..."

„Ich weiß. Es darf nicht geändert werden."

„Der König wird Sie gegen Abend holen lassen. Übrigens habe ich ihm die Akten ausgehändigt, wie Sie es angeordnet haben."

„Gut, Elbane." Er klopfte seinem Sekretär auf die Schulter. „Lassen Sie den Kopf nicht hängen. Wir beide haben nichts zu verbergen."

Elbane errötete ein wenig, weil er unter einem chronisch schlechten Gewissen litt, auch wenn er gar nichts angestellt hatte, dann nickte er. „Ja Exzellenz. Ich kann bezeugen, dass Sie unschuldig sind, und nicht nur ich weiß das. Eine ganze Reihe von Ministern könnte das beschwören."

„Ich vermute, dass man diese Minister nicht fragen wird."

„Wahrscheinlich nicht ..."

„Nun gut. Wir beide wissen, wer den König geschädigt hat, nicht wahr? Und er wird es auch bald wissen", sagte Daniel.

„Aber ich fürchte, dann ist es für Sie zu spät", stöhnte Elbane.

„Wir werden sehen ... Jetzt gehen Sie, aber lassen Sie sich vorher von Rahel etwas zu essen geben. Sie sehen aus, als hätten Sie seit Tagen gefastet."

Der Sekretär zog die Schultern hoch. „Diese Sache schlägt mir gewaltig auf den Magen." Aber er ging gehorsam nach unten und ließ sich von Rahel versorgen. Daniel wünschte sich dringend, seinen Freund Abednego zu sehen. Aber der lag seit Tagen mit hohem Fieber im Bett und war nicht ansprechbar.

Am Spätnachmittag kam Enlil-Schazar die Treppe heraufgestapft, der Anführer der Palastwache. Daniel hatte diesen Offizier näher kennen gelernt, weil er früher ein Vertrauter des Generals Gobryas gewesen war. Er war ein kluger Mann mit einem ausgeprägten Gefühl für Recht und Unrecht. Als er die drei Wächter sah, die Daniel in seinem Zimmer gefangen hielten, baute er sich vor ihnen auf und brüllte: „Was habt ihr hier verloren?"

„Minister Drovili hat uns ...", versuchte der Erste zu erklären.

„Der Minister ist ein Zivilist und hat euch gar nichts zu befehlen!", bellte der Offizier. „Solange kein Haftbefehl vorlag, hattet ihr kein Recht, in dieses Haus einzudringen."

„Aber Minister Luscharfas sagte, wir müssten hier einen Fluchtversuch verhindern", plusterte sich der Zweite auf.

„Fluchtversuch! Lächerlich!", schnaubte der Offizier. „Ihr wisst wohl nicht, mit wem ihr es hier zu tun habt?"

Der Erste zuckte die Achseln, der Zweite kaute auf seiner Lippe herum, der Dritte starrte angestrengt seine Zehen an, die er in den Sandalen bewegte.

„Mit dem zukünftigen Premierminister!"

Sie zogen die Köpfe ein, und als er ihnen befahl: „Verschwindet! Aber schnell!", ließen sie sich nicht lange bitten.

Enlil-Schazar wandte sich an Daniel. „Verzeihen Sie dieses ungebührliche Verhalten, Exzellenz. Als ich davon hörte, bin ich sofort gekommen. Aber ich habe eine unangenehme Pflicht zu erfüllen."

„Ich weiß. Sie sollen mich verhaften und in den Palast bringen", sagte Daniel, und es klang gelassen, ja beinahe heiter.

„Verhaften klingt mir etwas zu dramatisch", murmelte Enlil-Schazar. „Sagen wir eher: Ich würde Ihnen gerne meine Begleitung anbieten."

Rahel starrte die beiden Männer fassungslos an, als sie an ihr vorüberkamen. Sie hatte die Hände vor den Mund geschlagen, als wollte sie einen Schrei ersticken.

„Leb wohl, liebe Nichte", sagte Daniel, aber sie war zu keiner Antwort fähig.

Man führte ihn in einen kleinen Raum, der neben dem Audienzsaal gelegen war. Enlil-Schazar ließ es nicht nehmen, Daniel persönlich zu bewachen, weil er ihn vor Repressalien schützen wollte. Er stellte sich am Fenster auf, mit dem Rücken zum Raum, und brütete vor sich hin. Daniel marschierte auf und ab, um seinen Kreislauf in Gang zu halten. Dann flog die Tür auf und Darius stürmte herein.

„Was ist das für ein Unsinn, den mir Drovili erzählt hat? Er behauptet, Sie wären ein Verräter, ein bezahlter Agent der Feinde."

„Darf ich fragen, wie er diese Anklage begründet?"

Darius seufzte. „Da ist doch dieses vermaledeite Gesetz, das ich gestern unterzeichnet habe. Sie wissen schon – 30 Tage lang darf nur zum König gebetet werden. Als ich das Gesetz siegelte, habe ich natürlich nicht an Sie und Ihre Landsleute gedacht. Das müssen Sie mir glauben. Es ging um die ägyptischen Agenten." Er schlug sich mit der Faust in die Hand. „Es klang so logisch, so einleuchtend. Diese Ägypter beten an jedem Morgen bei Sonnenaufgang zum Pharao. Das gehört zu ihrer Religion. Wir hätten sie in der Falle gehabt, verstehen Sie? Wenn diese Leute einen Monat lang zu König Darius beten müssen und ihn als Gott verehren, dann verlieren sie ihren Einfluss. Und beharren sie auf ihrer Religion, dann haben sie sich verraten, und wir können sie eliminieren."

Er trat zum Fenster und sah hinaus. Dort hinten im Park lag der Löwenzwinger. Darius spannte die Wangenmuskeln an.

„Ich muss gestehen, dass ich mich geschmeichelt fühlte. Drovili führte meinen Vorfahren Deioces von Medien an. Ihn hat man damals ebenfalls als Gott angebetet. Es hätte starken Eindruck gemacht, verstehen Sie? Meinen Namen mit dem des großen Deioces verknüpft ..."

Daniel nickte. „Eine Frage, Majestät. Wie wird König Kyros über dieses neue Gesetz denken? Könnte er es nicht als persönlichen Affront empfinden?"

„Dasselbe habe ich Drovili auch gefragt. Aber er hatte schon eine Antwort parat. Dieses Gesetz sollte nur im westlichen Teil des Reiches verkündet werden, nicht im Osten, wo sich König Kyros derzeit aufhält. Schließlich haben wir ja gerade im Westreich Probleme mit ägyptischen Agenten. Bis er davon erfährt, ist das Gesetz schon nicht mehr gültig."

Also bezieht sich das Gesetz nicht auf Persien und nicht auf Medien. Es hat gar nichts mit dem Gebiet zu tun, in dem damals der große Deioces regiert hatte. Das Argument scheint mir ziemlich an den Haaren herbeigezogen. Und Darius hat es nicht durchschaut. Das Gesetz zielt auf mich, auf keinen anderen. Natürlich werden sie auch ein paar Ägypter umbringen – zur Tarnung.

„Dieser Drovili kann wirklich Wasser bergauf reden", stöhnte der König. „Er beschwor mich, dieses Gesetz zu unterzeichnen. Er sprach von seiner Bereitschaft, um der Sicherheit des Reiches willen

Opfer zu bringen. Er meinte, es fiele ihm schwer, einen Monat lang nicht in den Tempel zu gehen und zu beten, aber er wüsste, was für das Reich auf dem Spiel stünde. Und er sei sicher, dass alle anderen Minister ebenso empfinden und handeln würden." Darius ließ sich auf einen Sessel fallen und verbarg das Gesicht in den Händen. „Ich habe überhaupt nicht an Sie gedacht, Daniel."

Enlil-Schazar riss die Augen auf. Wahrscheinlich war ihm erst jetzt die Tragweite dieses Gesetzes bewusst geworden.

„Aber eins kann ich nicht verstehen, Daniel", fuhr der König fort. „Dieses Gesetz wurde verabschiedet ohne Ihr Wissen, ohne Ihre Mitarbeit, so viel ist klar. Wann haben Sie davon erfahren? Gestern? Sie hätten protestieren können. Ich hätte Mittel und Wege gefunden, Ihnen zu helfen. Warum sind Sie nicht sofort zu mir gekommen? Ich hätte Sie unverzüglich auf eine Dienstreise geschickt. Ohne Spitzel und Spione!" Er beugte sich vor. „Oder betrachten Sie das als eine Prüfung Ihrer Treue zu Jahwe?"

Daniel schwieg.

„Außerdem hätten Sie nicht so auffällig beten müssen, Daniel. Diesen Vorwurf kann ich Ihnen nicht ersparen. Es wohnen viele Hebräer in Babylon. Denken Sie nur an Ihren Freund Abednego. Ich bin sicher, dass er trotz meines Gesetzes betet, aber ihn hat noch keiner angeklagt. Wahrscheinlich betet er dezent."

„Abednego liegt seit einigen Tagen mit Fieber im Bett", sagte Daniel leise.

„Ah so?" Darius war aus dem Konzept gebracht und musste seine Gedanken wieder sammeln. Er überlegte eine Weile, dann sagte er: „Ihre Religion in allen Ehren, aber warum mussten Sie die anderen Minister provozieren?"

„Majestät, ich konnte nicht anders handeln. Ich gehorche Euren Gesetzen, das wisst Ihr, aber meine erste und oberste Treue gehört meinem Schöpfer."

Darius nickte ungeduldig. „Jaja, dagegen habe ich auch nichts einzuwenden. Gerade Ihre Treue und Rechtschaffenheit macht Sie so wertvoll für den Staat. Ich bewundere Ihren Glauben, Daniel. Aber jetzt weiß ich wirklich nicht mehr weiter."

Enlil-Schazar räusperte sich. „Verzeihung, wenn ich das Wort ergreife, Majestät, aber vielleicht gibt es einen Ausweg. Ich könnte Daniel auf dem Weg zum Löwenzwinger – etwas weniger gut bewachen als nötig und mit meinen Leuten für – äh, für etwas Ablenkung sorgen, sodass ..."

Daniel warf ihm einen scharfen Blick zu. „Hauptmann, wir streichen Ihre Bemerkung aus dem Protokoll. Ein solcher Verstoß gegen die Dienstordnung würde Sie Ihren Kopf kosten. Ich möchte mein Leben nicht mit dem Ihren erkaufen. Majestät, ich bitte Euch, diesen Vorschlag zu überhören."

Darius nickte und stand langsam auf. „Ich habe noch eine letzte Besprechung mit den Räten. Aber ich fürchte, es wird nichts Neues dabei herauskommen. Man hat Ihnen die Schlinge um den Hals gelegt, Daniel, und sie zieht sich zu. Ja, ich weiß, was Sie jetzt denken. Ich hätte gründlicher nachdenken sollen, bevor ich den Gesetzesentwurf unterzeichnete. Sie haben Recht. Jetzt bin ich, ohne es zu wollen, Ihr Henker geworden. Dabei wäre ich viel lieber – Ihr Freund." Der König drehte sich abrupt um und lief hinaus, und als die Tür hinter ihm ins Schloss fiel, war es Daniel, als wäre es im Raum kälter geworden.

Löwengrube

Eine Stunde später schleppten die Diener Schüsseln und große Obstkörbe herbei und deckten den niedrigen Tisch in der Ecke. Enlil-Schazar deutete darauf und murmelte:

„Also konnte der König nichts erreichen ..."

„Ich habe eine Bitte", sagte Daniel zu ihm. „Würden Sie mir bei dieser Mahlzeit Gesellschaft leisten? Vielleicht finden Sie es seltsam, dass ich in dieser Situation essen möchte, aber ich fühle mich ein wenig schwach und habe das Gefühl, dass ich eine Stärkung nötig habe. Für diesen letzten Gang ..." Er lächelte.

Der Offizier nickte wortlos und zog zwei Stühle zum Tisch. Sie setzten sich, Daniel nahm einen Brotfladen in die Hand und schaute nach oben. „Ich danke dir für dieses Essen, Herr, mein Gott, der du die Welt geschaffen hast und alles, was darin ist."

„Sie beten auch jetzt noch", stöhnte der Offizier. „Sie lassen sich davon nicht abbringen, wie?" Eine Zeit lang stocherte er lustlos in der Fleischsoße herum, mit der er das Gemüse übergossen hatte. Dann schob er den Teller weg und lachte bitter auf. „Von einem solchen Essen träume ich jede Nacht, und jetzt, wo es vor mir steht, bringe ich keinen Bissen hinunter."

Daniel aß etwas Obst und Brot, eine Hand voll Nüsse und fühlte sich gestärkt. Dann trat er ans Fenster. Draußen wurden die Schatten länger, eine milde Abendbrise wehte herein. Die Türen des Palastes schwangen auf und spuckten eine Horde von Ministern und Satrapen aus. Einige liefen mit langen Schritten in Richtung Löwenzwinger davon, als müssten sie sich einen besonders guten Platz sichern. Andere schlenderten gemütlich durch den Park, plauderten über dies und das. Eine andere Gruppe ging nur widerwillig, als hätte man sie dazu gezwungen. Zum Schluss marschierte eine Ehrengarde unter dem Fenster auf. Der oberste Scharfrichter betrat den Palast. Gleich würde er hereinkommen.

Aber als sich die Tür öffnete, war es der König.

„Daniel, es tut mir Leid. Ich konnte nichts ändern." Er trat auf Daniel zu und nahm seine Hand. „Ich bin ein Gefangener meiner eigenen Gesetze. Was für eine Farce!“ Darius schüttelte den Kopf. „Der König, den alle Bürger des Westreiches 30 Tage lang verehren und anbeten sollen, als wäre er ein Gott – dieser König ist machtlos.“

Draußen gellte ein Trompetensignal. Enlil-Schazar straffte sich. „Wir müssen gehen, Majestät.“

„Ja.“ Darius hielt immer noch Daniels Hand. „Können Sie mir verzeihen?“

Daniel nickte. „Majestät, ich habe zwei Wünsche. Erstens bitte ich Euch, der Prinzessin Aspersi einen Gruß auszurichten. Sie ist mir sehr ans Herz gewachsen. Und zweitens empfehle ich Euch, die Unterlagen gründlich zu lesen, die Euch durch meinen Sekretär überbracht worden sind.“

Darius' Augen verengten sich. „Elbane hat angedeutet, dass Sie etwas entdeckt haben. Er sprach von einem Veruntreuungsskandal.“

„Ja, Majestät. Ich war den Tätern auf der Spur.“

Darius zog scharf die Luft ein. „Ich verstehe. Umso mehr schmerzt es mich, dass ich nichts mehr für Sie tun kann.“

„Also gehen wir“, sagte Daniel.

Sie gingen schweigend, flankiert von den Männern der Ehrengarde. Ihre Schritte knirschten auf dem Kies, und die Männer und Frauen, die Kinder, die sich vor dem Löwenzwinger aufgebaut hatten, um das Schauspiel zu genießen, machten ihnen bereitwillig eine Gasse frei. Dann waren sie an der Grube angekommen. Dort hatten sich die führenden Minister und Satrapen aufgestellt. Der Führer der Ehrengarde gab ein Handzeichen, worauf sich alle vor dem König bis zum Boden verneigten. Dann trat Drovili einen Schritt vor.

„Das Gesetz fordert den Tod des Ministers Daniel, der sich offen über den Befehl unserer Majestät hinweggesetzt hat. An ihm soll ein Exempel statuiert werden, damit sich alle Bürger unseres Reiches in Zukunft davor fürchten, unsere Gesetze leichtfertig zu übertreten. Deshalb wird Daniel nun ...“

Luscharfas unterbrach ihn. „Genug geschwafelt. Runter mit ihm!“ Er packte Daniel an den Schultern; der oberste Scharfrichter schrie: „Halt! Nicht so schnell!“ Enlil-Schazar fasste Luscharfas an den Armen, doch er konnte gegen dessen Bärenkräfte nichts ausrichten. Im allgemeinen Handgemenge wurde Daniel bis an den Rand der Grube gestoßen, wo er noch einen Augenblick die Balance halten konnte. Dann fiel er ins Dunkel.

Er landete beinahe weich auf einem Bündel Stroh und rang zitternd nach Atem. Als er die Augen öffnete und nach oben sah, schob sich das Gesicht des Darius über die Öffnung.

„Daniel!“, rief der König, und seine Stimme klang verzweifelt. „Hoffentlich hilft Ihnen Ihr Gott, dem Sie so standhaft dienen!“ Täuschte er sich, oder weinte der König? Während Daniel noch darüber nachdachte, hörte er, wie ein schwerer Stein herangerollt wurde. Er knirschte auf dem Sand und polterte auf die Öffnung.

Mit einem Schlag war es Nacht in der Löwengrube. Die Luft war schwer von der Ausdünstung der großen Tiere, die sich langsam anschlichen. Daniel kniete nieder und rief: „Herr, mein Gott, ich bin in deiner Hand!“ Als Antwort brüllte ein Löwe los, ein zweiter gab Antwort, sodass die Erde bebte. Daniel krümmte sich auf dem Boden zusammen, die Arme über dem Kopf verschränkt. Der Sand in der Grube wurde aufgewirbelt von scharfen Pranken, die die Erde aufrissen. Der Kampf begann.

Draußen vor der Grube hörten es die einen mit Grauen, die anderen mit Triumph. Sie steckten die Köpfe zusammen, die Minister, dann kam Drovili mit einem Gesicht, das unterwürfig wirken sollte, die Schadenfreude aber nur schlecht verbergen konnte, auf Darius zu.

„Majestät“, säuselte er, „wir sollten verhindern, dass sich die Landsleute des Delinquenten zu seiner Rettung zusammenrotten.“ Enlil-Schazar zerbiss einen Fluch zwischen den Zähnen. Gerade hatte er einige treue Leute instruiert, dass sie den Stein beiseite rollen und Daniel herausziehen sollten, sobald sich die Menschenmenge verlaufen hatte. Nun war dieser Plan vereitelt worden.

„Sie wollen also die Grube absichern? Wie Sie wünschen, meine Herren!“, sagte der König. „Ich werde sofort etwas Wachs holen lassen und ...“

„Das ist nicht nötig, Majestät“, fiel ihm Drovili ins Wort. Der Scharfrichter hielt den Atem an. Was war das für ein Benehmen? Aber der König reagierte nicht auf diesen Fauxpas. Er beobachtete Drovili, der eine lange Siegelkerze aus der Tunika zog.

„Wie ich sehe, hat man für alles gesorgt“, knurrte Darius, und Enlil-Schazar, der diesen Tonfall kannte, zog die Augenbrauen hoch.

„Hier!“, rief Luscharfas sprang diensteifrig hinzu und hielt einen brennenden Zunder an die Siegelkerze. Das Wachs tropfte über den Eisenstab, der den Stein auf der Öffnung festhielt. Darius drückte seinen Ring in das weiche Wachs und sagte: „Wir sind hier Zeugen eines Gottesurteils. Der nächste Tag wird zeigen, ob Daniel im Unrecht war, als er zu seinem Gott betete. Wenn dieser Gott tatsächlich lebt und die Macht hat, seine Diener zu retten, dann steht ihm Anbetung zu.“

Die Minister tuschelten. „Jetzt sind Sie an der Reihe, Drovili!“, befahl der König. „Drücken Sie Ihr Siegel ins Wachs. ... Und Sie auch, Luscharfas! Alle, die an diesem Urteil mitgewirkt haben, sollen das bekunden." Einer nach dem anderen trat vor und drückte sein Siegel in das Wachs. Darius winkte den Scharfrichter beiseite.

„Notieren Sie mir die Namen aller Minister, die das neue Gesetz verabschiedet haben. Mir scheint, dass diese Leute einen ungewöhnlichen Eifer an den Tag gelegt haben."

Der Scharfrichter nickte. „Man hätte etwas mehr Betroffenheit erwarten können. Schließlich war Daniel viele Jahre lang im Staatsdienst – ein fähiger Mann, sehr kollegial, von seinen Mitarbeitern geschätzt."

„Aber vielleicht nicht von allen?"

„Vielleicht nicht von allen!", bestätigte der Scharfrichter.

„Das wird seine Gründe haben", tastete sich Darius noch weiter vor.

„Mit Sicherheit", schloss der Scharfrichter. Sie wechselten einen langen Blick.

Gottesurteil

Es wurde eine lange Nacht. Darius ließ das Abendessen unberührt. Er brütete über den Akten, die ihm Elbane gebracht hatte, aber nach einer Stunde schob er sie mit allen Zeichen der Ungeduld beiseite. Der Hofmusikant spielte seine neueste Komposition, auch das konnte den König nicht aufheitern. Gegen zwei Uhr in der Nacht zog sich Darius in sein Schlafzimmer zurück, aber der Leibwächter hörte ihn dort umherwandern und vor sich hinbrummen. Seine Sandalen klatschten auf dem Fliesenboden, als würde der König von einer inneren Unruhe getrieben und wäre gezwungen, immer nur zu gehen, im Kreis herum. Stunden später verstummten die Schritte. Darius hatte sich auf sein Lager geworfen. Aber er wagte nicht, die Augen zu schließen. Immer sah er die Löwengrube vor sich und den alten, weißhaarigen Mann auf dem Strohballen liegen, er hörte das Knurren und Grollen, als wäre er persönlich dort, und er fürchtete sich davor, die Szene weiter auszumalen, die sich im Löwenzwinger abgespielt haben musste. Er verabscheute Blut, ihm wurde übel, wenn er nur daran dachte.

Als die Morgensonne ihre ersten Strahlen über die Palastmauer kriechen ließ, hielt er es nicht länger aus. Er sprang auf, schob den Diener beiseite, der ihm das Bad zurichten wollte, griff nach dem Kleiderbündel, das er am Abend in eine Ecke geworfen hatte und das im Dämmerlicht aussah wie eine Leiche. Er schauderte zusammen und warf sich die Tunika über das Nachtgewand. Als er die Sandalen schnüren wollte, verhaspelten sich seine Finger. Er schimpfte unterdrückt und rief nach einem Messer. Der Diener rannte und reichte ihm das Federmesser. Aber Darius hatte das Schuhband schon durchgerissen und verlangte ein neues. Da es nicht so schnell aufzutreiben war, verknotete er das alte Band und war schon aus dem Zimmer gestürmt, ehe der Diener Ersatz beschaffen konnte.

Der Leibwächter konnte kaum Schritt halten, so schnell lief Darius aus dem Palast und durch den Park hinüber zum Löwenzwinger.

Enlil-Schazar hatte sich vor dem Stein auf den Boden gekauert. Einen flüchtigen Augenblick lang fragte sich Darius, ob der Offizier vielleicht die ganze Nacht in dieser Trauerstellung verbracht hatte.

„Ist – ist etwas vorgefallen?", fragte Darius. Seine Stimme klang fremd, als gehörte sie einem anderen.

„Nein, Majestät. Ich hörte gestern Abend lautes Knurren und Brüllen, etwa eine Stunde lang."

„Schreie vielleicht oder ein Stöhnen?"

Der Offizier schüttelte den Kopf. „Nein. Aber einmal war mir, als hätte jemand gesungen."

„Gesungen?", fragte er ungläubig. „In der Löwengrube? Sie müssen sich getäuscht haben!"

Enlil-Schazar hob die Achseln. „Sollen wir – nachsehen?"

Darius nickte. Enlil-Schazar rappelte sich hoch und rief einen Befehl. Zehn Mann von der Palastwache, die sich in der Nähe postiert hatten, liefen zu ihm und fassten nach dem Stein.

„Wie ich sehe, ist das Siegel unverletzt. Das können Sie alle bezeugen", sagte der König. „Aber jetzt habe ich lange genug gewartet. Weg mit dem Stein!"

Die Wächter packten an, das Siegel zerbrach, der Stein rollte von der Öffnung weg. Der König kniete am Rand der Grube nieder. Er achtete nicht darauf, dass die taufeuchte Erde seine Tunika durchnässte. Er beugte sich so weit vor, dass Enlil-Schazar ihn – mit dem gebotenen Respekt – an der Schulter festhalten musste, um seinen Absturz zu verhindern.

„Daniel!", keuchte Darius, und seine Seelenqual spiegelte sich im Gesicht. Am liebsten hätte er die Augen verschlossen vor dem Anblick, den er fürchtete. Aber er nahm sich zusammen. „Daniel!", rief er wieder, diesmal lauter. „Du hast einem Gott gedient, der wirklich lebt. Inzwischen glaube ich das auch. Hat er dich – retten können?" Er dachte nicht darüber nach, dass er Daniel mit Du angesprochen hatte wie einen nahen Verwandten oder persönlichen Freund.

Aus dem Dunkel stieg eine ruhige Stimme empor. „Ich wünsche Euch ein langes Leben, Majestät."

„Daniel!", schrie Darius auf. „Du bist nicht tot?"

„Nein, Majestät", kam es von unten. Daniel trat in den Lichtschein und schirmte die Augen ab, als blende ihn die plötzliche Helle. „Mein Gott hat seinen Engel gesandt. Der hat die Löwen von mir abgehalten. Sie konnten mir nichts tun, denn vor ihm bin ich unschuldig. Auch gegen Euch, Majestät, habe ich mich nicht vergangen."

Darius atmete tief ein und richtete sich auf. „Rasch, ein Seil her!“ Enlil-Schazar hatte schon vorausgedacht und warf ein Bündel Stricke nach unten. Während er Daniel erklärte, wie er die Stricke unter den Achseln verknoten sollte und seine Männer am Rand der Grube aufstellte, kam der Scharfrichter herangetrabt.

„Was ist geschehen, Majestät?“ Er warf einen Blick in die offene Grube und fuhr zurück.

„Das ist nicht möglich!“

Darius atmete tief und sagte mit bewegter Stimme: „Es ist möglich. Daniel lebt.“

„Das ist ein Wunder!“, stieß der Scharfrichter hervor. „Hier hat eine andere Macht eingegriffen, um Minister Daniel zu schützen!“

„Davon bin ich überzeugt.“

„Für mich ist das der stärkste Beweis für die Unschuld des Verurteilten, Majestät.“

„Ich denke ebenso.“

„Das bedeutet aber, dass die Ankläger ...“

Wieder wechselten sie einen bedeutsamen Blick.

„Ich habe mir heute Nacht von Eurem Sekretär die Akten bringen lassen, die Elbane eingereicht hatte“, sagte der Scharfrichter. Äußerst aufschlussreich! Wir sollten uns diese Minister einmal aus der Nähe betrachten, die so fleißig auf Daniels Eliminierung hingearbeitet haben.“

Darius schlug die Arme um den Leib, als fröre er. „Ich hätte Drovili eine solche Bösartigkeit nicht zugetraut.“

„Majestät, wenn es Euch Recht ist, dann würde ich gerne alle Minister zu einer Sondersitzung rufen. Sie sollen ihre Frauen und Kinder mitbringen. Jedenfalls alle Schaulustigen, die sich an Daniels Sturz ergötzt haben.“

Der König nickte geistesabwesend. Er schaute zu, wie die Soldaten vorsichtig an den Seilen zogen.

„Bei dieser Sondersitzung werden alle belohnt, die das Komplott gegen die Krone aufgedeckt haben, sodass der König vor großem Schaden bewahrt blieb“, schlug der Scharfrichter vor. Sie werden alle kommen – und sie werden sich wundern ...“

„Gut. Tun Sie, was Sie für richtig halten“, sagte Darius und winkte zum Zeichen, dass der Scharfrichter entlassen wäre.

Einige Minuten später hatten die Männer den alten Minister vorsichtig aus der Grube herausgezogen. Kaum hatte sein Fuß den festen Boden berührt, als von unten her ein Löwengebrüll erscholl, das allen in die Knochen fuhr. Enlil-Schazar riss Daniel von der Öffnung fort, als fürchtete er immer noch um sein Leben. Schwer atmend standen die Männer um ihn, musterten ihn scheu, wie man ein Wesen von einem Stern betrachten würde.

„Daniel – du bist unverletzt“, stammelte Darius. Der Minister verneigte sich. „Jawohl, Majestät. Mir fehlt nichts. Außer – einem Bad, frischer Kleidung und etwas Salbe für mein Haar. Verzeiht mir, dass ich heute Morgen noch keine Gelegenheit hatte, mich für die Begegnung mit meinem König herzurichten.“

Darius schüttelte den Kopf, als hätte er nicht zugehört. „Du lebst ...“, flüsterte er. „Daniel, mein Freund!“ Und er schloss den Minister in die Arme. „Du hast deinem Gott nicht umsonst vertraut.“

Enlil-Schazar erhielt den Befehl, den Minister schleunigst in die Privatgemächer des Königs zu bringen. Dort wurden zwei Kammerherren des Königs auf absolute Geheimhaltung eingeschworen, bevor sie Daniel badeten, mit duftenden Salben eincremten. („Nein, dieser Raubtiergeruch! Wie aufregend!“) Der Hoffriseur löste behutsam die Strohhalme und Erdklumpen aus dem weißen Haar des Ministers, bevor er es wusch, und murmelte die ganze Zeit nur: „Es ist unglaublich. Es ist unglaublich!“

Dann wurde Daniel in den Nebenraum des Thronsaales geführt. Darius hatte inzwischen Daniels Akten von den obersten Richtern prüfen lassen. Alle Indizien führten zu Drovili und Luscharfas, die den Veruntreuungsskandal gedeckt und daran gut verdient hatten. Auch andere führende Minister waren beteiligt. Darius verglich die Indizien mit der Anklageschrift, die zu Daniels Hinrichtung geführt hatte.

„Sehen Sie sich das an!“, rief er und schob dem Scharfrichter die Liste hinüber.

Der nickte. „Das habe ich mir gleich gedacht. Es sind dieselben Männer, nicht wahr?“

Der König stand auf und befahl dem Scharfrichter. „Es geht los!“

Sie betraten die Audienzhalle. Während die Minister und Satrapen in einer bodentiefen Verneigung versanken, winkte Enlil-Schazar Daniel an die halb offene Tür. „Setzen Sie sich hierher, Exzellenz. Sie hören alles, aber Sie werden nicht gesehen.“

Daniel hob fragend die Augenbrauen.

„Der König möchte eine Überraschung daraus machen“, gab der Offizier zurück.

Die Stunden rauschten an Daniel vorbei, während er sich bemühte, den Gesprächen zu folgen. Elbane führte das Wort und bewies den

Angeklagten Punkt um Punkt ihre Schuld. Schließlich sprang Drovili auf und säuselte: „Ihre Bemühungen um die Belange der Krone in allen Ehren, Elbane. Aber ich fürchte, diesmal ist Ihre Fantasie mit Ihnen durchgegangen."
Er wandte sich an den König. „Majestät, gestattet mir ein offenes Wort. Ich vermute, dass Elbane in die finsteren Machenschaften seines ehemaligen Vorgesetzten verwickelt ist. Wie stark, das lässt sich kaum erahnen. Meiner Ansicht nach handelt Elbane aus Rachsucht. Er möchte die verräterischen Spuren verwischen, die die Schuld des verblichenen Ministers aufzeigen."

Darius konterte: „Sie irren sich, wenn Sie meinen, dass Elbane etwas erfunden oder konstruiert hätte. Diese Fakten stammen allesamt von Minister Daniel ..."

„... dessen Schuld zweifelsfrei erwiesen ist!", unterbrach Drovili.

Diesmal runzelte Darius die Brauen. Der Scharfrichter erhob sich und sagte schneidend: „Hat man Ihnen während Ihrer Ausbildung nicht beigebracht, dass ein König es nicht schätzt, wenn er laufend unterbrochen wird. Waren nicht gerade Sie es, die meinten, König Darius verdiene es, als Gott verehrt und angebetet zu werden?"

Drovili stotterte etwas Unverständliches.

„Und Sie irren sich außerdem, wenn Sie glauben, Daniels Schuld sei erwiesen." Er ging mit langen Schritten zur Tür und stieß sie auf. Daniel trat in den Audienzsaal.

Die Minister und Satrapen sprangen auf und starrten ihn an, als sähen sie eine Erscheinung. Drovilis Frau kreischte und fiel in Ohnmacht, einige Kinder weinten, weil sie das plötzliche Durcheinander nicht begriffen.

„Ja, meine Herren Minister, Daniel lebt, und er ist unschuldig. Die wahren Schuldigen aber sind ..."

Daniel drängte sich an den Wachen vorbei an die frische Luft. Ihm war schwindelig. Er wollte das Urteil nicht hörten, das seine Feinde dorthin verbannte, wo sie ihn hingezerrt hatten. Enlil-Schazar holte ihn ein und nahm ihn am Arm. „Ist Ihnen nicht gut, Minister? Es war zu viel für Sie, nicht wahr?"

Daniel holte tief Atem. „Gerechtigkeit muss sein, das verstehe ich. Aber mir tut es Leid um meine Kollegen. Um die Frauen und Kinder. Der – der König wird sie doch nicht ...?"

„Ich fürchte, der König wird", brummte der Offizier. „Sie sind Mitwisser. Sie haben das Geld verprasst, das ihre Väter abgezweigt haben. Sie haben sich daran gemästet. Ist Ihnen der Juwelenschmuck der Frau Drovili nicht aufgefallen? Und die Robe der Frau

Luscharfas? Mit Goldfäden durchwirkt, Daniel. So etwas trägt nicht einmal der König!"

„Zu Nebukadnezars Zeiten hätte es so etwas nicht gegeben", überlegte Daniel. „Die Räte des Königs und die führenden Minister waren unverheiratet."

„Zumindest auf dem Papyrus", fügte Enlil-Schazar hinzu.

Daniel blieb auf einer Bank im Park sitzen, während die Verurteilten gebunden aus dem Palast geführt wurden. Drovili wich seinem Blick aus, Luscharfas ließ den Kopf baumeln wie ein kranker Bär. Die Frauen und Kinder jammerten, aber die Soldaten, die sie an langen Stricken aneinander gefesselt hatten, kümmerten sich nicht darum. Als sie vorübergetaumelt waren, spürte Daniel eine feste Hand unter seinem Arm. Es war der König, der sich wieder einmal nicht an die Etikette hielt.

„Daniel, mein Freund", sagte Darius. „Du kommst mit mir."

Er wäre lieber auf der Bank sitzen geblieben, die Sonne auf dem Gesicht, hätte den leichten Wind mit seinen Haarsträhnen spielen lassen, hätte das Gurren der Tauben genossen. Aber er konnte sich nicht sträuben. Er war im Dienst.

So stand er unweit der Grube und wandte die Augen ab, als die Minister in die Grube gestoßen wurden, einer nach dem anderen, dann die Frauen, die Kinder. Doch seine Ohren konnte er nicht verschließen. Er hörte die Schreie, hörte das unheimliche Grollen und Knurren, hörte die Knochen splittern – und wünschte sich weit, weit weg.

Wie im Traum schritt er danach an der Seite seines Königs zurück in den Audienzsaal, wo ein neues Gesetz verabschiedet wurde. König Darius schrieb an alle Völker des Medo-Persischen Reiches:

„Friede allen Bürgern! Ich befehle, dass man in meinem ganzen Reich den Gott Daniels ehren und sich vor ihm scheuen soll. Denn er ist der lebendige Gott, der ewig bleibt, und sein Reich wird nie vergehen, und seine Herrschaft hat keine Grenze und kein Ende. Er rettet und hilft aus Lebensgefahr. Er tut Zeichen und Wunder im Himmel und auf Erden. Er hat Daniel von den Löwen errettet."

Daniel schloss die Augen, als er den Gesetzestext hörte, und bewegte die Lippen. Enlil-Schazar beobachtete ihn. Als ihn der Blick des Königs traf, flüsterte er: „Er betet."

Darius nickte und sagte: „Das sollten wir alle von ihm lernen."

Gnadenfrist

Eine Woche später wurde Daniel zum Premierminister über das ganze Reich befördert. Seine Ernennungsurkunde war sogar vom Großkönig Kyros unterzeichnet. Darius erteilte ihm Vollmachten über alle Regierungsgeschäfte. „Ich möchte mich ein wenig von der Politik zurückziehen", erklärte er. „Ich brauche Zeit zum Studium. Wer weiß, wie viel Zeit mir noch bleibt." Er beauftragte Daniel, die freigewordenen Stellen mit tüchtigen Männern zu besetzen. Daniel nahm sich Zeit und wählte seine Mitarbeiter sorgfältig aus. Er besuchte Abednego häufig und ließ sich von ihm beraten. Der Freund hatte einen guten Blick für Menschen. Aber er wollte nicht mehr in den Staatsdienst eintreten.

„Das Fieber hat mich geschwächt. Ich würde lieber in der zweiten Reihe bleiben", bat er. „Ich stehe dir selbstverständlich zur Seite, wenn du mich brauchst. Aber gib mir keinen Posten. Es wird mir zu viel."

Dann kam Aspersi von Borsippa zurück und sprudelte vor Begeisterung über: „Die neue Schule ist eingerichtet und läuft bereits!", strahlte sie. „Ich wäre gerne noch länger dort geblieben, aber dann hörte ich seltsame Gerüchte ... Wie gut, dass sie nicht wahr sind."

Daniel massierte sein Kinn und überlegte, wie viel er ihr erzählen sollte. Am Nachmittag suchte sie ihn in seinem Büro auf und zog ein vorwurfsvolles Gesicht.

„Sie waren in Lebensgefahr, Minister Daniel. Und ich habe es nicht gewusst!"

„Ihr hättet es nicht ändern können, Hoheit", sagte er freundlich. „Nicht einmal Euer Vater konnte mir helfen."

Sie stupste die Steinfigur an. „Warum haben Sie mich nicht verständigt?"

Daniel wiegte den Kopf. „Ich durfte mich in diesem Fall nicht auf Menschen verlassen."

„Ich verstehe", sagte sie nach einer Weile. „Sie haben Ihren Fall vor den obersten Gerichtshof gebracht."

„Und einen Freispruch erwirkt", lächelte Daniel.

Die nächsten Wochen wurden hektisch, denn Daniel musste die neuen Minister in ihr Amt einführen. Oft kam er erst gegen Mitternacht nach Hause und betete dann die halbe Nacht hindurch, weil er sich seiner Grenzen schmerzlich bewusst war. Doch am nächsten Morgen war er wieder wach. Sein Gehirn funktionierte zuverlässig und scharf wie eh und je. In den darauffolgenden Wochen fand er wenig Zeit für private Gedanken. Die Spaziergänge mit Aspersi wurden selten, und seinen Freund Abednego konnte er nur noch an jedem zweiten Tag besuchen.

Dann schickte ihn Darius auf eine Dienstreise, die ihn mehrere Tage in Susa festhielt. Dort stieß er in der Bibliothek des hebräischen Gemeindevorstehers auf Schriften des Propheten Jeremia. Er debattierte mit Joas darüber, der tausend Fragen stellte – und Daniel bemühte sich nach Kräften um eine richtige Antwort. Als er von dieser Dienstreise wieder nach Hause kam, nahm er sich einige Tage frei. Er wollte einmal in Ruhe die Schriften des Jeremia durchkämmen. Dabei stieß er wieder auf die Voraussage, dass Jerusalem 70 Jahre lang unbewohnt bleiben sollte. Er sprach mit Abednego darüber.

„Unser Volk ist von Gott in die Verbannung geschickt worden, weil unsere Landsleute nicht auf ihn gehört haben“, sagte Abednego. „Aber er will unserem Volk eine zweite Chance einräumen.“

„Glaubst du, wir werden sie diesmal besser nutzen?“, zweifelte Daniel. „Was hat sich denn verändert?“ Je länger er darüber nachdachte, umso klarer wurde ihm, dass manche Vorhersagen Gottes vom menschlichen Verhalten nicht zu trennen sind. Daniel rollte die Abschriften der fünf Bücher Mose auf und las nach, an welche Bedingungen Gott seine Versprechen geknüpft hatte: Vertrauen, Liebe zum Schöpfer und Liebe zum Nächsten, ein Lebensstil, der sich an Gottes Geboten orientiert und sie einhält.

Er las weiter, studierte die Geschichte seines Volkes im Buch der Richter, in den Büchern Samuel, den Chroniken der Könige, und da schämte er sich. Sein Stolz, ein Jude zu sein, zerbrach in tausend Scherben. Er spürte, dass er Gott nichts zu bieten hatte, trotz seiner Klugheit, trotz seiner Treue, trotz seiner Anständigkeit und Tüchtigkeit, die von allen hoch gelobt wurde. Da zog er seine weiße Tunika aus und warf sich einen rauen Sack über. Er streute Asche auf den Kopf und verzichtete auf Essen und Trinken. Er bekannte die Sünden seines Volkes, als hätte er das alles persönlich verschuldet.

„Neige dein Ohr, mein Gott, höre und schau dir die Stadt an, die nach deinem Namen genannt ist und die immer noch in Trümmern liegt. Denn wir liegen vor dir mit unserem Gebet und vertrauen nicht auf unsere Gerechtigkeit, sondern auf deine große Barmherzigkeit!"[4]

Und während er auf den Knien lag und Gott anflehte, da spürte er einen Luftzug – der Engel Gabriel, den er schon vorher einmal in einer Vision gesehen hatte, war zu ihm gekommen. Er sagte: „Daniel, ich will dir helfen, das alles besser zu verstehen. Schon als du anfingst zu beten, gab mir Gott eine Antwort für dich, denn du bist ihm lieb. Also gib Acht auf das, was ich dir erkläre. 70 Wochen sind abgeschnitten und für dein Volk und für Jerusalem bestimmt. Dann wird dem Frevel ein Ende gemacht, und die Sünde wird abgetan, die Schuld gesühnt. Es wird eine ewige Gerechtigkeit erwirkt. Die Prophezeiungen werden erfüllt und ein Allerheiligstes gesalbt."

Daniel riss die Augen auf. 70 prophetische Wochen, das waren 490 Jahre! Dann erst sollte das eigentliche Sühnopfer gebracht werden? Aber der versprochene Retter, der „Messias" würde in Jerusalem auftreten. Also hatte sein Volk doch eine Zukunft? Würden die Ruinen bald zu neuem Leben erweckt?

Gabriel setzte noch einmal an: „Ich erkläre es dir noch genauer. Von dem Zeitpunkt an, an dem erlaubt wird, dass Jerusalem wieder aufgebaut wird, bis zum Auftreten des Messias werden insgesamt sieben Wochen und 62 Wochen vergehen. Jawohl, deine Stadt wird wieder neu erstehen mit Plätzen und Gräben, wenn der Aufbau auch mit großer Mühe verbunden ist und mit vielen Widerständen. Danach wird der Messias getötet, obwohl man ihm keine Schuld nachweisen kann. Das Volk eines fremden Fürsten wird kommen und wird die Stadt und den Tempel zerstören. Bis zum Ende der Weltgeschichte wird es Krieg und Verwüstung geben. Aber das gehört alles zum Plan Gottes."

Krieg und Verwüstung. Würde das niemals aufhören? Und wer würde den Messias töten? Sollte er seinem Volk nicht helfen, den Bund mit Gott wieder zu erneuern? War es nicht seine Aufgabe, zu vermitteln, zu versöhnen, zu retten?

„Er wird eine Woche lang viele stärken, sodass sie ihren Bund mit Gott festigen. Und in der Mitte der Woche wird er die Schlachtopfer und Speisopfer abschaffen", fügte Gabriel hinzu.

Also würden die Opfer im Tempel eines Tages nicht mehr nötig sein? Welche Bedeutung hätte dann der Tempel?

Gabriel schloss seine Erklärung mit der geheimnisvollen Bemer-

---

[4] Nach Daniel 9,8.

kung: „Aber auf den, der das Heiligtum verwüstet, wird das Verderben ausgegossen, das für ihn bestimmt ist.“[5]

Daniel bewegte diese Worte in seinem Denken hin und her und versuchte, ihren Sinn zu ergründen. Einiges davon hatte er verstanden. Es müssten keine 2.300 Jahre vergehen, bis der Tempel in Jerusalem neu eingeweiht würde. Diese Reinigung des Heiligtums musste sich auf ein anderes Ereignis beziehen, hatte wohl eine tiefere Bedeutung, als er es erfassen konnte. Von diesem langen Zeitraum aber war eine kürzere Zeit abgeschnitten worden, eine Gnadenfrist für sein Volk. 490 Jahre lang sollte sich das jüdische Volk bewähren dürfen. Sie würden ihre Stadt und ihren Tempel aufbauen. Und am Ende dieser Zeit würde der versprochene Retter auftreten und die Menschheit mit Gott versöhnen. Er würde sein Leben als Sühnopfer hingeben und damit den sinnbildlichen Versöhnungsdienst erfüllen. Und viele aus dem Volk Gottes sollten durch seinen Dienst mit ihrem Schöpfer wieder fest verbunden werden.

Gott hatte sein Gebet erhört: es gab Vergebung und Barmherzigkeit für das jüdische Volk. Es gab Zukunft.

---

[5] Nach Daniel 9,22–27. Zur Interpretation dieser Stelle, die sehr unterschiedlich übersetzt werden kann, siehe Anhang.

Abschied

Das Neujahrsfest stand vor der Tür. König Darius, der sich seit dem Erlebnis an der Löwengrube entschieden von der Anbetung geschnitzter Bilder und Götterfiguren abgewandt hatte, weigerte sich, diese Zeremonie zu leiten. Die Priester waren aufgebracht und beschwerten sich bei König Kyros. Der schickte den Kronprinzen Kambyses als Stellvertreter. Der junge Prinz wurde vom Hohenpriester vor die Götterstatue des Marduk gebracht, und er führte auch die Prozession zum Akitu-Haus an. Mit seinen 22 Jahren wirkte er noch unsicher und gehemmt – keiner hätte in ihm den Sohn des großen Kyros vermutet.

Einen Monat später verstarb König Darius friedlich im Schlaf. Daniel verhängte Staatstrauer und sandte einen Eilkurier zu Kyros. Der Großkönig versprach, so schnell wie möglich zu kommen. Bis dahin sollten die Staatsgeschäfte ruhen.

Daniel kam ziemlich erschöpft von der Beisetzung nach Hause. Er hatte versucht, Prinzessin Aspersi zu trösten, aber sie hatte sich in ihren Kummer zurückgezogen und war für keinen zu sprechen. Als er sich an der Haustür zu schaffen machte, kam ihm Rahel entgegengelaufen. Sie war in Tränen aufgelöst. Er nahm ihre Hand und wartete, bis sich ihr Schluchzen gelegt hatte und sie wieder sprechen konnte. „Ich habe die schlechte Nachricht eben erst bekommen", sagte sie. „Asarja ist heute Nacht gestorben." Sie hatte sich nie an den Namen „Abednego" gewöhnen können.

„Heute Nacht ...", murmelte Daniel und fasste mit der Hand nach einer Stuhllehne, um sich zu stützen.

„War er krank?"

Rahel schüttelte den Kopf. „Ich traf ihn gestern noch auf dem Markt. Er war wie immer. Wer hätte ahnen können ..." Wieder überfiel sie das Schluchzen.

„Wann soll er – beerdigt werden?"

„Sein Diener sagt, heute Abend, eine Stunde vor Sonnenuntergang." Daniel schob die Tür auf und betrat seinen winzigen Garten, in dem die Margeriten mit den blauen Iris um die Vorherrschaft stritten. Er hatte nie das Herz, seine Blumen auf einen bestimmten Platz zu verweisen, sondern freute sich über jede einzelne Blüte. Aber heute konnten ihn die Blumen nicht aufheitern. Der Wind zerrte an den Blättern seines kleinen Aprikosenbaumes und ließ eines, das durch die heißen Sommertage vorzeitig vertrocknet war, in das Gras herabsegeln.

„Die Blume verwelkt, das Gras verdorrt", murmelte er, „die Jahre rinnen wie Sand durch die Stundenuhr ..." Er fühlte sich alt und verbraucht. Nachdenklich betrachtete er einen Grashalm, der umgeknickt war. Nun war auch der letzte der drei Freunde gegangen, die ihm während der beinahe 70 Jahre des Exils Trost und Halt gewesen waren.

Mit Abednego hatte er sich besonders verbunden gefühlt. Sie hatten in den letzten Jahren alle wichtigen Gedanken miteinander geteilt, gemeinsam in den Heiligen Schriften geforscht und gemeinsam zu Gott gebetet. Was den einen bedrückte, nahm der andere nicht leicht; sie konnten aber auch zusammen lachen und fröhlich sein. Sie waren miteinander verwachsen durch das, was sie erlebt hatten. Wie sollte er weiterleben ohne seinen Freund? Er seufzte und wandte sich zum Haus.

Am liebsten hätte er sich in eine stille Ecke verkrochen und geweint. Aber er musste seine Trauer verschieben, denn es gab noch viel zu tun. Abednego hatte keine Verwandten, die sein Begräbnis ausrichten konnten. Daniel bat Rahel, ihren Sohn zu holen, der ab und zu Botendienste für ihn erledigte. Der Junge kam sofort, und Daniel schickte ihn zum Gewürzhändler. Dann machte er sich selbst auf den Weg zum Weber. Er bestellte Leinenbinden. Der nächste Gang führte ihn zum Vorsteher der jüdischen Gemeinde in ihrem Stadtteil – er sollte alle Bekannten und Freunde verständigen. Die Söhne des Vorstehers, vier starke junge Männer, erklärten sich bereit, die Bahre zu tragen.

„Soll ich Klagefrauen bestellen?", erkundigte sich der Älteste. „Meine Frau versteht sich gut darauf. Sie hat eine kräftige Stimme und ..."

„Das kann ich bestätigen!", warf sein Bruder ein. „Wenn sie mit dir schimpft, dann hört man es im ganzen jüdischen Viertel." Die beiden anderen Brüder warfen sich Blicke zu und prusteten hinter vorgehaltener Hand.

„Also bitte!", sagte der Vater scharf. „Euch fehlt es am nötigen Respekt! Hier ist ein Mensch gestorben, den wir alle sehr geschätzt und verehrt haben."

„Verzeih mir, Vater“, sagte der älteste Bruder. „Ich habe es ja nur gut gemeint.“

Daniel schüttelte langsam den Kopf. „Ich glaube nicht, dass Abednego darüber glücklich wäre, wenn wir bei seinem Begräbnis laut schreien und heulen würden. Er war ein zurückhaltender Mann gewesen. Er stellte seine Gefühle nicht zur Schau.“

„Aber zu einem anständigen Begräbnis gehört nun mal die Trauer“, wandte der älteste Sohn ein.

„Wer aufrichtig über Abednegos Tod trauert, braucht keine Klagefrauen, die sich in eine künstliche Hysterie hineinsteigern. Wer weinen möchte, wird weinen, und wem danach zumute ist, einfach still zu bleiben, der darf das tun, ohne dass man ihm unterschieben sollte, er hätte Abednego nicht geschätzt“, sagte Daniel in einem Ton, der keinen Widerspruch duldete.

Der Gemeindevorsteher stand auf. „Ich werde mich darum kümmern, dass sich die Trauergäste eine Stunde vor Sonnenuntergang bei Abednegos Haus zusammenfinden. Ist die Grabhöhle schon ausgesucht worden?“

„Ich werde in den Unterlagen nachsehen, ob mein Freund irgendwelche Wünsche oder Verfügungen hinterlassen hat. Ansonsten werde ich ihn in mein Grab legen lassen.“ Er hob die Hand zum Abschied und ging wortlos hinaus.

Abednego lag auf dem Bett, als schliefe er. Sein Gesicht war entspannt, fast heiter, eine seiner Hände hing herab. Daniel versuchte sie zu heben, aber die Muskeln waren schon starr. Der alte Diener kam unter lautem Jammern herein. Er trug einen zerfetzten alten Sack als Trauergewand und hatte sich Asche aufs Haar gestreut. Sein Bart war nicht gekämmt, Staubflusen hatten sich darin verfangen.

„Weißt du, ob Abednego seinen letzten Willen schriftlich festgehalten hat?“, fragte Daniel.

„Ja, natürlich. Er hat schon vor Jahren alles für seinen Tod vorbereitet“, sagte der Diener. Er suchte unter den Tontafeln und Pergamentrollen und fand einen kleinen Tonzylinder, der versiegelt war.

Daniel zögerte, aber der Diener nickte ihm ermutigend zu.

„Wer anders als der beste Freund meines Herrn ...“, murmelte er.

Im Tonzylinder steckte ein Papyrusstreifen, eng beschrieben mit der feinen Handschrift Abednegos. Daniel stiegen die Tränen in die Augen, als er las:

„Mein lieber, bester Freund!

Ich hatte schon immer die leise Ahnung, du würdest mich eines Tages überleben. Es tut mir Leid, dass ich dich nun um den letzten

Freundschaftsdienst bitten muss, aber du weißt, ich hätte dasselbe für dich getan. Ich würde so gerne in deiner Grabhöhle ruhen. Eigentlich spielt es keine Rolle, wo man mich zur Ruhe legt, denn ich spüre sowieso nichts mehr davon. Aber die Vorstellung, in deiner Nähe zu sein, auch im Todesschlaf, gefällt mir. Ich weiß, dass du in deiner Höhle zwei Steinbänke aushauen ließest, so hätten wir beide genügend Platz.

Meine Bücher vermache ich dir, denn du kannst am meisten damit anfangen. Alles andere, die Möbel, die Teppiche, meine Kleider soll mein treuer Diener haben und an seine Familie verteilen. Im Krug neben der Feuerstelle liegt noch etwas Geld. Ich habe es für das Begräbnis zurückgelegt. Was übrig ist, soll armen Leuten unserer jüdischen Gemeinde gegeben werden. Du wirst das schon richtig aufteilen.

Ich hoffe, du trauerst nicht zu sehr um mich. Du wirst mich anfangs vermissen, so wie du mir auch fehlst, wenn du nicht da bist. Aber dann denke an die schönen, guten Jahre, die wir miteinander verlebt haben. Die Erinnerung kann dir keiner rauben.

Ich freue mich auf den Augenblick, in dem Gott mir wieder Leben schenkt, wie er es versprochen hat. Ich habe keine Angst vor dem Sterben, keine Furcht vor dem Tod, denn ich weiß, dass mein Erlöser lebt!"

Nachdem Daniel das Schreiben dreimal gelesen hatte, legte er es weg und stützte den Kopf in die Hände, schloss die Augen. Die Traurigkeit legte sich wie ein schwerer Sack auf seine Schultern, ein dicker Klumpen saß in seiner Kehle, sodass er nur schwer Atem holen konnte. Er wusste, dass der Leichnam so schnell wie möglich gewaschen und mit Gewürzen eingewickelt werden musste. Schon brannte die Vormittagssonne auf das Hausdach und die ersten Fliegen hatten sich auf Abednegos Gesicht niedergelassen.

„Ich muss, ich muss!", befahl sich Daniel, aber seine Beine gehorchten nicht. Er blieb sitzen, wo er war, und überließ sich dem dumpfen Schmerz, der sich in seiner Herzgegend ausbreitete und bis in die Arme, bis in den Kopf ausstrahlte. Die Augen brannten ihm vor ungeweinten Tränen.

Eine halbe Stunde später klopfte es. Der Botenjunge brachte einen Korb mit Gewürzen und drei hilfsbereite Frauen. Daniel kannte sie flüchtig; sie gehörten zu den Witwen, die Abednego regelmäßig unterstützt hatte. Eine von ihnen hatte sogar die bestellten Leinenbinden mitgebracht. Sie holten Wasser und Seife und Handtücher und begannen die Leiche zu waschen. Daniel wollte sie aufhalten:

„Lasst nur, ich möchte das lieber alleine machen", aber er hatte keine Kraft zum Protest. Von seinem Stuhl aus sah er zu, wie sie dem Freund die Kleider auszogen und seinen ausgemergelten Körper mit weichen Schwämmen wuschen und trocken tupften. Dann breiteten sie ein Leintuch unter ihm aus und bestreuten es mit duftenden Kräutern. Die Frauen arbeiteten schweigend, nur die mit den schwarzen Locken schluchzte ab und zu leise auf. Die Leiche wurde mit einer desinfizierenden Salbe eingecremt und mit Binden umwickelt. Als der Kopf an der Reihe war, stemmte sich Daniel mit beiden Händen vom Schreibtisch hoch und ging hinüber. Er beugte sich über den Freund. Lange schaute er Abednego ins Gesicht, so lieb, so vertraut, so still. Dann nickte er und wandte sich ab.

Auf der Straße wurde es unruhig. Bis zur verabredeten Zeit hatte sich eine große Menschenmenge versammelt. Der Gemeindevorsteher klopfte und kam mit seinen Söhnen ins Haus. Sie trugen die Bahre herein und legten den Toten darauf. Dann hoben sie an und schritten langsam hinaus. Daniel zwang seine Füße zum Gehen, aber dieser Gang wurde ihm schwer. Deshalb wehrte er sich nicht, als Rahel ihren Arm unter den seinen schob und ihr Sohn seinen anderen Arm stützte. Die jüdische Gemeinde formierte sich zu einem langen Zug und folgte der Bahre. Die Passanten machten Platz oder zogen die Hüte aus Respekt vor dem Toten. Manche schlossen sich an, als sie hörten, wer hier zu Grabe getragen wurde. Sie marschierten durch die Prozessionsstraße durchs Ischtartor hinaus bis zu einem kleinen Felsenhügel hinter der Stadt. Hier hatten die jüdischen Exilanten ihre Grabhöhlen in den weichen Stein gegraben. Die Reichen hatten Einzelgräber oder Familienhöhlen, die Armen ließen sich in Gemeinschaftsgruben bestatten. In Daniels Grabhöhle waren zwei Bänke ausgehauen. Darauf hatte er im Laufe der Jahre schon einige Verwandte bestattet. Was von ihnen übrig geblieben war, hatte ein Grabdiener vorher taktvoll in die Grube geschafft, die hinten in der Höhle ausgehoben worden war. Die Steinbänke waren frisch gescheuert und mit duftenden Gewürzen bestreut. Daniel zeigte auf die Bank auf der rechten Seite. Die Träger ließen den Leichnam von der Bahre gleiten und legten ihn auf der Steinbank zurecht. Dann verließen sie die Grabhöhle. Draußen las der Gemeindevorsteher einige Worte aus der ersten Buchrolle des Mose: „Staub von der Erde bist du, und zum Staub musst du wieder zurückkehren."

Die Frauen stimmten ein Klagelied an. Daniel konnte ihr Jammern nicht ertragen. Deshalb zog er sich in die Grabhöhle zurück und setzte sich auf die gegenüberliegende, jetzt noch leere Steinbank. Er war so müde, dass er sich am liebsten hingelegt hätte. Er schaute zur Grube hinüber, in der die Knochen und Schädel der früher Verstorbenen lagen. Die Luft war muffig und feucht. Er schauerte zusammen.

„Es geht dem Menschen wie dem Vieh", hatte der weise Salomo geschrieben. „Wie dies stirbt, so stirbt auch er, und sie haben alle denselben Odem, und der Mensch hat dem Vieh nichts voraus, denn es ist alles vergänglich. Alle fahren an einen Ort – werden wieder zu Staub ... Das ist das Unglück bei allem, was unter der Sonne geschieht, dass es dem einen geht wie dem andern – der gute Mensch hat kein anderes Schicksal als der Böse ... Und wer noch lebt, der hat Hoffnung. Die Lebenden wissen, dass sie sterben werden, aber die Toten wissen nichts ... ihr Lieben und ihr Hassen ist längst dahin. Sie haben keinen Anteil auf der Welt an dem, was unter der Sonne geschieht ..."[6]

„Asarja, mein Freund", flüsterte Daniel. Unwillkürlich benutzte er den Namen ihrer Kinderzeit. „Ich weiß, dass du mich nicht hören kannst. Du spürst nichts, du schläfst einen Schlaf, aus dem dich nur der Gott des Himmels wieder aufwecken kann. Und das ist so etwas wie eine Neuschöpfung. Wenn dieser Tag kommt, dann wird unser Schöpfer den Lebensgeist, den er zu sich genommen hat, wieder in uns hineinblasen. Wir werden zusammen aufstehen, du und ich, mit all den anderen Leuten, deren Knochen dort hinten in der Grube liegen. Ich weiß das, und es tröstet meinen Geist, aber mein Herz – blutet. Du fehlst mir so sehr ..."

Die Kälte kroch ihm in die Glieder, und er stand auf. Er spürte, dass dieser Abschied etwas Endgültiges hatte, deshalb zögerte er noch. Aber dann sah er, wie draußen die Abendschatten ihre langen Finger nach ihm ausstreckten. Die Sonne hatte sich längst schon über den Horizont gestürzt, die Trauernden waren nach Babylon zurückgekehrt. Nur zwei, drei Treue hielten noch draußen Wache und würden ihm helfen, den schweren, runden Stein vor den Höhleneingang zu rollen. Er seufzte wieder und riss sich los. Sechs Hände griffen nach dem Stein. Er knirschte und fiel schwer gegen die Öffnung, bevor Daniel noch zupacken konnte. Er bedankte sich bei den Helfern, die im Dämmerlicht nicht mehr zu erkennen waren. Rahel stand neben einer anderen jungen Frau, die sich dicht verschleiert hatte. Als er sich zum Gehen wandte, kamen die beiden auf ihn zu.

---

[6] Nach Prediger 3,19.20; 9,5.6.10.

„Daniel, lieber Freund“, sagte die Fremde leise und zog den Schleier zurück.

„Aspersi!“, rief er überrascht. „Was führt Euch hierher?“

„Es tut mir sehr Leid, dass Sie Ihren besten Freund verloren haben.“

Er nickte stumm.

„Ich habe nicht an der Beisetzung teilgenommen“, gestand sie. „Ich war noch zu stark aufgewühlt vom Tod meines Vaters. Aber jetzt würde ich Sie gerne nach Hause begleiten und eine Weile bei Ihnen bleiben.“

„Hoheit, mein Haus ist sehr einfach und ich weiß nicht, ob es sich für eine Prinzessin schickt ...“

„Sie wissen, dass ich nichts auf solche Konventionen gebe, Daniel. Ihr Ruf ist über allen Zweifel erhaben, außerdem weiß jedes Kind in Babylon, dass wir befreundet sind.“

Auf dem Heimweg erzählte Rahel, was Abednego für sie getan hatte. „Er war wie ein Vater für mich. Ohne ihn wären wir alle verhungert, als mein Mann starb. Er schickte uns an jedem zweiten Tag einen Korb mit Nahrungsmitteln herüber. Und als der Geldverleiher meine älteste Tochter als Sklavin verkaufen wollte, weil ich die Schulden nicht zurückzahlen konnte, da half er wieder.“ Sie wischte sich mit dem Handrücken über die Augen. „Er hat mir damals eine Arbeitsstelle als Dienerin besorgt bei einer reichen babylonischen Familie. Das half uns über die ersten Jahre hinweg. Und dann hat er meinem Sohn Lesen und Schreiben beigebracht.“

Seltsam, dachte Daniel. *Asarja hat nie davon gesprochen, wie viele Familien er unterstützt hat. Ich hatte keine Ahnung ...*

Aspersi lächelte. „Ja, er war ein guter Mensch. Und er wird nicht vergessen. Das ist das größte Denkmal, das man einem Menschen machen kann – die Liebe und Dankbarkeit aller Menschen, denen er geholfen hat.“

Dann waren sie vor Daniels Haus angekommen. Rahel legte Daniel kurz die Hand auf den Arm und sagte: „Wir vermissen ihn alle. Aber für dich ist es am schlimmsten, Onkel, weil er dein bester Freund war. Wahrscheinlich hat dich keiner so gut verstanden wie er.“ Sie seufzte. „Ich weiß, wie es ist, wenn man einen lieben Menschen verliert. Es reißt dir das Herz auseinander. Aber du musst den Schmerz zulassen, Onkel. Wehre dich nicht dagegen.“

Er nickte mechanisch und drehte sich nicht um, als sie ging.

Das Haus war dunkel, denn Rahel hatte keine Lampe angezündet. Daniel tappte mit der Hand auf dem Tisch im Flur herum. Es dauerte lange, bis er den Feuerstein gefunden hatte und den Docht zum Brennen gebracht hatte. Aspersi huschte mit dem Leuchter im Wohnraum umher und zündete alle Lampen an, die sie finden konnte. Sie drückte ihn in einen Sessel und verschwand in der Küche. Nach einer Weile kam sie mit zwei Bechern und einem Korb blauer Trauben zurück.

„Darf ich?“, fragte sie und drückte mit der Hand eine Rebe über dem Becher aus. Dann reichte sie ihm den Becher.

„Hoheit, Ihr bedient mich?“, fragte Daniel.

„Ja, warum nicht?“, lächelte sie. „Sie würden dasselbe für mich tun, wenn ich traurig und alleine wäre, nicht wahr?“

Daniel nickte.

„Es wird höchste Zeit, dass ich Sie einmal besuche, Daniel. Jetzt sind wir schon so lange befreundet, und ich wusste nicht einmal, wie Sie wohnen. Sie haben die Räume so hell und freundlich eingerichtet. Es gefällt mir hier. Ich möchte gern öfter kommen – wenn ich darf.“

Daniels Hand zitterte, sodass er den Becher abstellen musste. Er holte tief Atem. Ihm war schwindelig. *Ich bin so traurig – dabei sollte ich mich jetzt freuen.*

Als hätte Aspersi seine Gedanken erraten, stand sie auf.

„Sie sind erschöpft und sollten zur Ruhe gehen. Ich werde die Nacht über hier bleiben, falls Sie mich brauchen.“

„Aber Hoheit, Ihr ...“

„Keine Widerrede!“, sagte sie fest. „Dieses Sofa sieht bequem aus, und wenn Sie mir sagen, wo ich eine Decke finde, dann werde ich zurechtkommen.“

Er seufzte und ging mit schweren Schritten zu einer Truhe hinüber. Als er den Deckel aufgeklappt hatte, griff Aspersi hinein und wählte eine Decke aus Schafwolle. Dann nickte sie ihm freundlich zu:

„Gute Nacht, lieber Freund.“

Trauerarbeit

Daniel konnte nicht einschlafen. Immer wenn er die Augen schloss, sah er das stille, weiße Gesicht seines Freundes vor sich. Oder die Binden, mit denen sie ihn umwickelt hatten. Er sah die Grabkammer mit den Steinbänken, meinte den eiskalten Hauch zu spüren, das Knirschen der Steinplatte zu hören, die jetzt den Eingang versperrte. Seine Gedanken wanderten zurück bis nach Jerusalem, wo er mit Asarja auf den Hügeln herumgeklettert war. Sie hatten so viel miteinander geteilt, so vieles gemeinsam erlebt, auch wenn sie immer wieder getrennt wurden. Doch diese letzte Trennung war endgültig. Er presste die Zähne aufeinander, um nicht laut aufzuschluchzen. Nie mehr, nie mehr – pochte sein Herz. Der dumpfe Schmerz breitete sich in seiner Brust aus und presste ihm den Hals zusammen. Er kam in Wellen und drückte ihn tiefer in das Kissen. Er stöhnte laut. Nur verschwommen sah er das Nachtlicht, sah Aspersi mit einer Wasserschüssel zu seinem Lager treten. Sie legte ihm kalte Tücher auf die Stirn, sie hielt seine Hand, und das linderte die Qual ein wenig.

Am nächsten Morgen fühlte er sich, als hätte man ihn hinter einen Karren gebunden und durch die Prozessionsstraße geschleift – wund und zerschlagen an Leib und Seele. Rahel kam und blieb den Tag über bei ihm, flößte ihm Fruchtsäfte ein und eine milde Suppe. Der Tag reichte der Nacht die Hand, und diesmal versank er in einen Tiefschlaf, der zwei Tage und drei Nächte andauerte.

Als er wach wurde – es war am Spätnachmittag –, rief er nach Rahel. Sie kam in sein Schlafzimmer gelaufen und brachte ihm eine Rebe blauer Trauben mit.

„Du musst dich stärken, Onkel, du bist ganz entkräftet“, behauptete sie. Daniel schüttelte den Kopf.

„Nein, danke, Ich habe keinen Appetit auf Trauben.“

„Aber ich habe sie heute frisch auf dem Markt gekauft! Und morgen sind sie nicht mehr gut.“

„Dann nimm sie mit für deine Kinder“, murmelte Daniel und drehte sich zur Wand.

Eine Woche später besuchte ihn Aspersi. Sie zuckte bei seinem Anblick zusammen. Seine Lippen waren aufgesprungen, die Haare waren strähnig und verfilzt, und er trug immer noch seine Nachttunika, die er inzwischen gründlich durchgeschwitzt hatte. Rahel war hinter Aspersi in die Tür getreten.

„Er lässt sich gehen, Hoheit!", klagte sie. „Er will sich nicht waschen, er will nicht aufstehen, er will auch nichts essen. Ich kann ihm anbieten, was ich will, er lebt nur von Wasser und nagt nicht einmal an einer Nuss. Dabei bräuchte er Fleisch und blaue Trauben, damit er wieder Kraft bekommt. Aber er ist eigensinnig."

Daniel zog sich die Decke über die Schultern und schloss die Augen.

Aspersi ging zur Tür, die in den Garten führte, und öffnete sie weit. Die Abendbrise trug den Duft von frisch erblühten Rosen herein und bauschte die Vorhänge. Eine Amsel sang schmelzend. Daniel wischte sich eine Träne von der Wange.

Aspersi zog einen niedrigen Hocker an sein Kopfende und setzte sich. Sie betrachtete ihre Hände, als sähe sie sie zum ersten Mal. Dann holte sie tief Atem.

„Lieber Daniel, ich habe das Gefühl, als wollten Sie sich heimlich aus diesem Leben wegstehlen. Aber das geht nicht. Sie haben noch etwas zu tun."

„Ich – ich kann nicht. Alle Kraft hat mich verlassen", sagte Daniel langsam. „Meine Freunde sind tot, meine Arbeit kann von den Kollegen genauso gut erledigt werden wie von mir, meine Landsleute fühlen sich als Babylonier und haben Jerusalem vergessen. Ich habe die Hoffnung verloren."

„Aber das dürfen Sie nicht!", sagte Aspersi beschwörend. Sie hatte eine steile Falte zwischen den Brauen. Daniel wusste, jetzt würde sie sich in Eifer reden.

Und richtig: „Hören Sie. Gestern habe ich in der Buchrolle des Propheten Jeremia nachgelesen. Er spricht von einem Exil von 70 Jahren." Sie schob sich eine Haarsträhne aus der Stirn. „Ich habe nachgerechnet. Diese Frist ist beinahe verstrichen. Wissen sie, was das bedeutet? ... Daniel, Ihr Volk wird bald wieder in die Heimat zurückkehren!"

Aber Daniel reagierte nicht, sondern schwieg beharrlich. Aspersi seufzte und nahm ihren Beutel, wühlte darin. Sie zog die kleine Steinfigur heraus, die sie von seinem Schreibtisch im Palast mitgebracht hatte. Vielleicht konnte sie Daniel damit auf andere Gedanken bringen?

„Sehen Sie nur, wie sie lächelt. Vielleicht ist sie auch manchmal müde. Vielleicht fühlt sie sich entmutigt, weil sie weiß, dass ihr Wasser immer wieder ausgetrunken wird und sie dann neues holen muss. Aber sie lässt sich nicht gehen, Daniel. Nein, sie nimmt an jedem neuen Tag den Krug auf die Schulter und geht zum Brunnen. Sie füllt ihren Krug, damit sie andere erfrischen kann."

Daniel nickte müde. „Ich weiß, Aspersi. Aber mir fehlt die Kraft, den Krug zu tragen."

„Sie trauern um Abednego. Und um meinen Vater, nicht wahr? Aber das ist noch nicht alles. Ihre Traurigkeit hat noch eine andere Ursache. Ich glaube, Sie haben vergessen, in die Zukunft zu schauen. Sie brauchen eine neue Vision. Sie müssen wissen, wie es weitergeht, dann werden Sie sich dem Leben wieder öffnen."

Wieder lief ihm eine Träne über die Wange. Sie legte ihm ihre kühle Hand auf die Stirn und sagte leise: „Aber das braucht Zeit, lieber Freund. Ruhen Sie aus. Schlafen Sie."

Am nächsten Morgen hatte Rahel einen bequemen Sessel in den Garten gestellt und ihn beinahe gezwungen, sich hineinzusetzen. Sie legte ihm eine Decke über die Schulter und eine zweite über die Knie und begann, das Unkraut aus den Blumenbeeten auszujäten. Daniel schüttelte den Kopf.

„Rahel, willst du all meine Pflanzen ausrotten?"

„Aber sie nehmen den Blumen die Luft weg!", sagte sie eifrig.

„Lass sie wachsen. Ich mag es nicht, wenn die nackte Erde herausschaut", gab er zurück.

„Aber dein Garten ist so unordentlich!"

Daniel zuckte die Achseln. Sein Interesse war schon wieder abgeflaut. Er ließ die Augen in die Ferne schweifen und träumte.

Dann klopfte es an der Eingangstür. Rahel sprang auf, hilfsbereit wie immer, und öffnete.

„Onkel, du hast Besuch. Prinzessin Aspersi", sagte sie und brachte einen zweiten Sessel.

„Es freut mich, dass Sie aufgestanden sind, Daniel", sagte Aspersi und beobachtete ihn. Immer noch schauten seine Augen blicklos, als wäre er in Gedanken weit fort. Die Prinzessin biss sich auf die Lippen und spielte mit einem Band, das den Saum ihres Ärmels verzierte. Dann holte sie tief Luft.

„Rahel hat Sie vorhin Onkel genannt. Das – das hat mir gefallen. Ich wäre auch gern mit Ihnen verwandt."

Daniel wandte den Kopf und sah sie aufmerksam an.

„Ich würde Sie gerne ‚Väterchen' nennen und ‚Du' sagen", flüsterte sie. „Darf ich?"

Noch nie hat jemand „Väterchen“ zu mir gesagt. Es gefällt mir. Es klingt, als hätte ich eine Familie.

Aspersi sprach weiter: „Und ich wünsche mir, dass du mich einfach Aspersi nennst, als wäre ich wirklich deine Tochter.“

Die Tränen kamen ihm, und er hielt sie nicht zurück.

„Du bist nicht mehr allein“, lächelte Aspersi. „Du hast jetzt – mich.“ Sie nahm seine Hand in ihre beiden.

Daniel fühlte sich, als hätte man in einem dunkeln Zimmer ein Fenster vor ihm aufgestoßen. Plötzlich nahm er die Schönheit des blühenden Gartens wahr. Er seufzte tief auf.

„Aspersi ...“, sagte er leise. „Was du da sagst, das macht mich – glücklich. Ich bin immer noch sehr traurig, aber deine Freundschaft tröstet mich.“

„Das ist gut. Gott hat dir einen Freund genommen und eine Tochter geschenkt. Wenn du willst, Väterchen.“

Väterchen – sie sagt es so weich ..., dachte er, *wie ein kühles Rosenblatt auf wunder Haut. Wie ein Trunk Wasser in der Wüste.*

Großkönig

Am Tag nach seiner Ankunft rief Kyros die führenden Staatsbeamten in den Thronraum. Etwa 60 Minister hatten sich versammelt. Sie verneigten sich vor dem Mann, der den größten Teil der zivilisierten Welt erobert hatte und nun als unumschränkter Herrscher des Medo-Persischen Weltreiches galt.

„Meine Herren Minister und Beamten", sagte er, und seine Stimme klang voll und klar. „Ich habe viel Gutes über Sie erfahren. König Darius, der leider vor der Zeit verstorben ist, hat Sie alle lobend erwähnt. Und jetzt möchte ich jeden von Ihnen persönlich kennen lernen."

Er stieg vom Podest und schritt die Reihe der Minister ab.

„Ah, Premierminister Daniel!", sagte er und lächelte. „Wir kennen uns bereits, nicht wahr?"

„Ich hatte bereits die Ehre", sagte Daniel.

„Nach dieser Sitzung würde ich gerne Näheres über die Umstände erfahren, die zu Ihrer Ernennung geführt haben. Darius hat mir davon berichtet."

Daniel verneigte sich und trat beiseite. Er beobachtete Kyros, der jeden Minister beim Namen nannte, obwohl er doch kaum einen von ihnen schon einmal gesehen hatte. Doch er wusste über jeden Bescheid, kannte sein Ressort und lobte seine besonderen Verdienste.

Dann entließ er die übrigen Minister und lud Daniel ein, mit ihm auf dem Palastdach einen Spaziergang zu machen. Sie standen am Geländer und sahen hinüber zu den Hängenden Gärten, als Kyros murmelte:

„Damals sind Sie mit ihr aus den Hängenden Gärten gekommen. Sie waren auf dem Heimweg, nicht wahr?"

„Ja, Majestät. Wir haben den Sonnenuntergang betrachtet."

„Merab war so schön – wie eine reife Frucht."

„Ja, Majestät. Innen wie außen eine schöne Frau."

Er schwieg lange. Als er wieder sprach, hatte seine Stimme einen bitteren Klang. „Und ich war mit ihr so glücklich – bis sie starb."

„Als ich davon erfuhr, war ich sehr traurig. Sie stand mir nahe, Majestät."

„Ich weiß. Durch Sie habe ich Merab ja kennen gelernt. Damals war ich mit Aspersi – aber das sind alte Geschichten ..."

„26 Jahre, Majestät."

Er spielte mit seinem Gürtel. In die roten Locken hatten sich erste Spuren von Grau gemischt, und sein sommersprossiges Gesicht zeigte ein Grübchen, als er versonnen vor sich hinlächelte.

„Wie geht es der Prinzessin?"

„Der Tod ihres Vaters war ein harter Schlag für sie."

„Ist sie immer noch hier in Babylon?"

„Ja, Majestät. Sie hat viel zu tun mit ihrer Schule."

„Ich habe davon gehört. Sie unterrichtet Waisenkinder, nicht wahr?"

„Ja, und blinde und behinderte Kinder."

„Eine außergewöhnliche Frau ..." Er seufzte und presste die Lippen zusammen. Dann zuckte er die Achseln, als wollte er einen Gedanken abschütteln und fragte in geschäftsmäßigem Ton:

„Ist es wahr, dass Sie unverletzt aus der Löwengrube herauskamen?"

„Es ist wahr, Majestät."

„Hmm ..., wie erklären Sie sich das?"

Daniel sagte: „Mein Gott hat seinen Engel geschickt. Und der hat die Löwen zurückgehalten."

„Erstaunlich!" Kyros schüttelte den Kopf. „Ich hörte, dass Ihre Ankläger noch in der Luft von den Raubtieren zerrissen wurden. Also kann keiner behaupten, die Löwen wären satt und träge gewesen und hätten sich deshalb so desinteressiert verhalten."

„Nein, Majestät. Ich war dort unten und kann bezeugen, dass die Löwen ausgehungert waren und wild."

„Ich habe den Erlass des Darius gelesen, den er gleich nach dieser Episode verabschiedete. Der Gesetzestext klingt so, als hätte sich mein Onkel dazu entschieden, Ihren Gott Jahwe anzubeten."

„Ja, Majestät. Er war davon überzeugt, dass der Schöpfergott lebt und in das Leben der Menschen eingreift."

„Nun, so viel sollte man von einem Gott auch erwarten können", lächelte Kyros, aber seine Augen blieben ernst. „Und wie denkt Prinzessin Aspersi darüber?"

„Sie glaubt ebenfalls an Jahwe."

„Hochinteressant. Ich würde die Dame gerne einmal wieder sehen. Vielleicht – nach der Siesta. Könnten Sie das arrangieren?"

„Gerne, Majestät."

Daniel musste lange nach Aspersi suchen. Endlich entdeckte er sie in ihrem Garten, wo sie gerade vor einem Beet kniete und Blumenzwiebeln in die weiche Erde steckte.

„Meine Liebe, ich habe eine wichtige Einladung für dich!", rief er ihr schon von weitem entgegen. „Kyros möchte dich gerne sehen."

„Kyros?!"

„Ja. Ich habe gerade mit ihm gesprochen. Er wünscht deinen Besuch, und zwar nach der Siesta."

„Das ist sehr nett von ihm, aber ..." Sie setzte sich auf die Fersen und wischte sich mit dem Unterarm eine Haarsträhne aus dem Gesicht.

„Ich bin gerade sehr beschäftigt", sagte sie.

„Das sehe ich, aber das kann sicher warten." Daniel trat näher und suchte ihren Blick, aber sie wich seinen Augen aus.

„Was will er denn von mir?"

„Er möchte dir sein Beileid aussprechen."

„Das – das ist nett von ihm. Er kann ja eine Notiz schicken. Das würde mir reichen."

Sie wandte sich wieder dem Beet zu und grub mit ihrer kleinen Handschaufel ein tiefes Loch und stieß die Blumenzwiebel mit einer heftigen Bewegung hinein.

Daniel berührte sie an der Schulter. „Ich fürchte, diese Tulpenzwiebel wird nie ans Tageslicht finden, Aspersi. Du hast sie regelrecht begraben. Was ist denn mit dir los?"

Sie sah an ihm vorbei, dann stand sie langsam auf, eine steile Falte zwischen den Brauen. Sie hielt den Kopf gesenkt und fingerte mit den erdigen Händen an ihrem Kleid herum.

Schließlich sagte sie gepresst: „Wenn Kyros mich wirklich sehen will, dann soll er herkommen."

Daniel setzte sein strenges Gesicht auf und sagte scharf: „Mein liebes Mädchen, Kyros ist nicht mehr der junge Prinz aus Anschan. Er ist Großkönig. Er regiert ein Gebiet, das sich von Griechenland bis nach Indien erstreckt, von Ägypten bis zum Kaukasus. In seiner Hand liegt das Geschick ganzer Völker. Er ist zur Zeit der mächtigste Mann auf dieser Erde." Er musste innehalten und nach Luft schnappen. „Und du erwartest von ihm, dass er seine Besprechungen unterbricht, wichtige Entscheidungen aufschiebt, von denen das Wohl unseres Reiches abhängt, dass er von seinem Thron heruntersteigt, durch endlose Gänge und Flure marschiert, die Höfe und Parkanlagen durchquert und hierher zu deiner kleinen Wohnung kommt, dass er an deine Tür klopft und dasteht und wartet, bis du ihm öffnest?"

Das muss sie überzeugen!, dachte er. *Sieg der Vernunft!*

Aber was sagte Aspersi, als sie seine Argumente überdacht hatte? Sie lächelte sonnig und meinte: „Das wäre nett."

Frauen!, schrie es in Daniel. *Versteh einer die Frauen!* Als er beim Sekretär des Königs vorsprach und sich anmelden ließ, hatte er noch keine Ahnung, was er sagen sollte. Kyros brachte gerade zwei Generäle zur Tür und zog fragend die Augenbrauen hoch.

„Wo ist sie?", wollte er wissen.

„Majestät, ja, also, ähm", sagte Daniel, um Zeit zu gewinnen. „Ich bin Eurem Wunsch nachgekommen und habe Prinzessin Aspersi Eure Einladung überbracht. Leider ist sie im Augenblick nicht in der Lage, dieser Einladung zu folgen, obwohl sie die Beileidserklärung Eurer Majestät dankbar entgegengenommen hat. Aber sie ..."

Kyros hob die Hand. „Genug, Minister Daniel. Sie können sich diese Mühe ersparen. Kurz gesagt, die Prinzessin will nicht herkommen."

Daniel betrachtete angestrengt seine Schuhspitzen und biss sich auf die Unterlippe. *Wie peinlich!,* dachte er.

Aber Kyros war es überhaupt nicht peinlich. Er lachte laut heraus. Daniel hob ungläubig den Blick und entdeckte den Übermut, der in den Augen des Königs tanzte.

„Kommen Sie, zeigen Sie mir den Weg", sagte Kyros und griff nach Daniels Arm. Auf dem Weg nach draußen stockte er. „Warten Sie einen Augenblick. Ich werde mir schnell etwas anderes anziehen, damit man mich nicht gleich erkennt."

Wiedersehen

Kyros hatte den Spaziergang genossen und ausgiebig von seinen Problemen mit den eigensinnigen persischen Bergstämmen erzählt, als sie in Aspersis Garten traten. Sie drehte ihnen den Rücken zu und schnitzelte mit einem scharfen Messer an einem Rosenstrauch herum. Von hinten sah sie jung und sehr verletzlich aus. Ihre Taille war immer noch die eines Mädchens, und ihr braunes Haar schimmerte in der Sonne. Kyros blieb stehen wie angewurzelt und starrte zu ihr hinüber, hielt den Atem an.

Als hätte sie seinen intensiven Blick im Rücken gespürt, hob Aspersi den Kopf. Langsam drehte sie sich um und sah ihn an. Die Minuten tropften dahin. Die beiden, obwohl zwölf Schritte voneinander entfernt, schienen von einem Schweigen umarmt, das mehr sagte als tausend Worte.

„Aspersi ...", flüsterte er schließlich.

Daniel zog sich leise zurück, aber ein trockener Zweig knackte unter seiner Sohle.

„Bitte geh nicht, Väterchen!", seufzte Aspersi. „Bleib bei uns."

Kyros warf ihm einen Seitenblick zu und lächelte. Sein Grübchen vertiefte sich.

„Wir haben uns lange nicht gesehen", sagte er.

„Ja, Majestät."

„Majestät! Was soll das? Für dich immer noch Kyros."

„Also gut – Kyros. Es – es tut mir aufrichtig Leid, dass Merab gestorben ist."

Er nickte und fuhr sich mit der Hand über die Augen. „Sie war eine wunderbare Frau. Ich vermisse sie immer noch ..." Und, als würde ihm bewusst, dass es nicht besonders taktvoll war, einer Frau gegenüber die Vorzüge einer anderen zu preisen, setzte er hinzu: „Ich habe in der letzten Zeit oft an dich gedacht, Aspersi."

Sie zwinkerte ungläubig und zuckte die Achseln.

Kyros wandte sich ab und winkte Daniel. „Minister, würden Sie für heute Abend ein Essen organisieren? Alle Minister sind eingeladen, alle Hofbeamten. Etwa 60 bis 80 Personen."

„Und was soll heute gefeiert werden? Das Wiedersehen mit Prinzessin Aspersi?“

„Jawohl. Das ist Grund genug!“

„Wenn ich mir die Freiheit herausnehmen darf“, wandte Daniel ein, „so würde ich vorschlagen, dass Eure Majestät heute Abend mit Prinzessin Aspersi allein dinieren.“

„Das ist eine bessere Idee!“, strahlte Kyros. „Nicht wahr?“

Aspersi blickte zur Seite. „Ich weiß nicht – das kommt so ...“

„Überraschend?“, half Daniel. „Aber warum willst du dich hinter der Hofetikette verstecken? Du hast doch nichts zu verbergen.“

Vielleicht doch ..., sagten ihre Augen. *Vielleicht doch.*

Unruhe

Prinzessin Aspersi konnte nicht stillsitzen. Immer wieder sprang sie auf und schob die langstieligen Nelken in der eleganten Vase zurecht. Oder sie schüttelte ein Kissen auf und legte es in eine andere Ecke des Sofas. Sie lief zum Fenster und sah hinaus. Sie kam einfach nicht zur Ruhe. Daniel saß in einem Sessel, den er ein wenig aus dem Strahl der Abendsonne herausgerückt hatte, damit seine alten Augen nicht geblendet wurden. Er goss sich etwas Traubensaft in einen Becher und sagte:

„Liebe Aspersi, obwohl mich die Neugier fast verzehrt, verspreche ich dir, keine Fragen zu stellen."

Sie warf ihm einen vorwurfsvollen Blick zu und ließ sich auf das Sofa sinken.

„Dabei weißt du ganz genau, dass ich platze, wenn ich es dir nicht erzählen darf, Väterchen."

Immer noch durchfuhr es ihn mit einer süßen Freude, wenn sie ihn so herzlich ansprach. Es erinnerte ihn an das, was er in seinem Leben versäumt hatte. Er sah sie an und hoffte, dass ihm die Liebe nicht allzu deutlich aus den Augen sprang.

„Also, dann lass mich nicht länger warten, mein liebes Kind." Er formte dieses Wort mit Genuss, und erntete einen Blick, der so zärtlich war, dass ihm die Kehle trocken wurde.

„Ich fühlte mich gestern Abend ziemlich unbehaglich – aber Kyros war gut gelaunt. Wir wurden von zwei Serviermädchen bedient. Die beiden hatten solchen Respekt vor Kyros, dass ihnen die Hände zitterten. Sie verschütteten den roten Traubensaft, sie ließen eine Pastete auf Kyros' Schoß gleiten statt auf seinen Teller. Am Ende stießen sie auch noch zusammen und zerbrachen eine Schüssel. Es war mir unglaublich peinlich, aber er lachte die ganze Zeit und neckte die Mädchen. Er aß mit gutem Appetit und lobte alle Speisen, was die Mädchen natürlich ganz aus dem Häuschen brachte. Ich hätte das nicht für möglich gehalten. Er war genau wie damals – der fröhliche Prinz, fast ein bisschen übermütig.

Als dann die Mädchen hinausgegangen waren, fragte er mich, was ich in den letzten Jahren getan hätte. Er hörte aufmerksam zu. Ich wusste gar nicht mehr, wie gut er zuhören konnte. In seiner Gegenwart verliere ich meine Selbstzweifel, meine Hemmungen. Dann ..." Sie brach ab und spielte mit dem Becher, betrachtete ihn von allen Seiten. Daniel schwieg taktvoll.

„Dann nahm er meine Hand ... Er sprach davon, wie schwer ihm damals die Entscheidung gefallen war. Und dann erzählte er von Merab."

Sie schenkte sich aus der Karaffe neuen Traubensaft ein und nippte am Becher.

„Er hat sie mir beschrieben. Sie war unbefangen wie ein Kind, mit allem zufrieden. Niemals stellte sie Ansprüche oder Forderungen. Sie liebte ihn, aber gleichzeitig verlor sie nie ihre Zurückhaltung. Und das reizte ihn die Jahre hindurch. Er wusste nie, ob sie ihn wirklich und total liebte. Und als er endlich entdeckte, wie tief ihre Hingabe ging, da war es zu spät."

Daniel schreckte auf. „Zu spät?"

„Du hast nie erfahren, wie sie starb?"

„Nein."

„Kyros war gerade auf einen Feldzug an die Ostgrenze gezogen. Dort gab es Aufstände und Invasionen aus den Nachbarländern. Er hatte ihr gesagt, wie wichtig es für ihn war, dort Ordnung zu schaffen. Und sie hatte ihm verschwiegen, dass sie große Schmerzen litt. Sonst wäre er vielleicht gar nicht fortgeritten. Oder er hätte sich Sorgen gemacht und wäre abgelenkt worden, und das wollte sie nicht. Ihre Schmerzen verschlimmerten sich von Tag zu Tag, aber sie schickte ihm fröhliche Briefe. Sie weigerte sich, einen Arzt zu befragen, weil sie wusste, dass die Nachricht zu Kyros durchsickern würde. Der Feldzug dauerte mehrere Monate. Er hätte ihn abkürzen können, weil aber ihre Briefe so zuversichtlich klangen, dehnte er die Reise aus und hängte einen zweiten Feldzug daran, bei dem er weitere Gebiete eroberte."

„Und als er dann nach Hause kam ...", murmelte Daniel.

Sie nickte. „Er fand sie auf dem Sterbebett. Sie hatte sich verzehrt." Sie hielt ihre Hand an ihre Kehle und flüsterte: „Er war außer sich. Er holte die besten Ärzte. Sie lebte noch eine Woche."

Daniel verbarg das Gesicht in den Händen. Er spürte einen scharfen Schmerz in der Herzgegend. Der Schmerz ebbte ab, während ihm Schweiß auf die Stirn trat. Er stöhnte und konnte sein verzerrtes Gesicht nicht länger verbergen.

„Vater!", schrie Aspersi und sprang auf. Sie nahm seinen Kopf in die Hände und drückte ihn an sich.

Daniel fühlte sich wieder einmal unendlich müde. „Es geht schon wieder“, sagte er und holte tief und zitternd Atem.

„Es tut mir Leid. Ich habe dich zu stark aufgeregt. Hier, trink ein bisschen. Das wird dir gut tun.“

Daniel nahm den Becher und trank. Dann bat er: „Erzähl weiter.“

Sie beobachtete ihn scharf, dann setzte sie sich wieder auf ihren Platz. „Das war eigentlich schon alles. Als Kyros von Merab erzählte, da hatte ich das Gefühl, er würde vor meinen Augen älter. Er war sehr ernst, und er hatte feuchte Augen. Und danach – ging er.“

Daniel stellte den Becher beiseite. „Also kam er gut gelaunt, und er ging traurig weg, weil er sich an seine Frau erinnert hat.“

„Eine große Liebe, nicht wahr?“, sagte Aspersi mit einer kleinen, zerknitterten Stimme.

Daniel nickte. „Ein Mensch, der so lieben kann, hat innere Größe, Aspersi. Edelmut.“

Aspersi schwieg.

„Ich bin froh, dass er sich bei dir ausgesprochen hat. Wahrscheinlich fühlt er sich an Merabs Tod schuldig. Sicher hat es ihn entlastet, dass er mit dir darüber sprechen konnte. Nächstes Mal wird er schon wieder mehr er selbst sein, denke ich.“

Sie drehte ihren Becher in der Hand. „Wird es denn ein nächstes Mal geben?“

„Warum nicht? Es ist mir sehr wichtig. Ich möchte mit Kyros über Jerusalem sprechen, über den Tempel, der immer noch eine Ruine ist. Kannst du dich an die Vorhersagen des Propheten Jeremia erinnern? Gut. Aber ich habe noch eine Überraschung für dich. In der Schriftrolle des Jesaja steht etwas über Kyros.“

Aspersi zog scharf die Luft ein.

„Über Kyros?“

„Ja. Er wird sogar mit Namen genannt.“

„Aber – Jesaja ist doch schon lange tot.“

„Eben. Er hat das 100 Jahre vor der Geburt des Kyros geschrieben.“

Aspersi stand auf: „Das – das muss er wissen. Wann wollen wir es ihm sagen?“

Geheimsache

Es verging über eine Woche, bis sich die Gelegenheit zu einem persönlichen Gespräch ergab. Daniel kam zwar täglich mit dem König zusammen, doch in den Wochen seit Darius' Tod hatte sich viel Arbeit angehäuft. Dann saßen sie eines Tages zu dritt in einem hellen Raum mit großen Fenstern, die auf den Garten hinauszeigten. Für Aspersi musste dieser Raum traurige Erinnerungen heraufbeschwören, denn es war das Lieblingszimmer ihres Vaters gewesen.

Die Diener trugen das Essen auf, aber Daniel nahm sich nur wenig. Er betete in Gedanken: *Herr, mein Gott, ich bitte dich, bereite den König auf dieses Gespräch vor. Und gib mir die richtigen Worte.* Kyros hatte ihn beobachtet und zwinkerte Aspersi zu.

„Hast du dem ehrenwerten Minister Daniel verboten, sich richtig satt zu essen? Er pickt mit der Gabel auf seinem Teller herum wie ein Vogel."

Sie lachte, und Daniel sagte schnell: „Majestät, ich habe etwas Wichtiges mit Euch zu besprechen. Deshalb möchte ich mein Gehirn nicht mit übermäßigem Essen betäuben ... obwohl alles ganz ausgezeichnet schmeckt", fügte er hinzu.

„Sie haben eine mächtig dicke Schriftrolle mitgeschleppt", meinte Kyros. „Worum geht es? Möchten Sie das Reich neu organisieren?"

„Ich habe etwas mitgebracht, was Eure Majestät noch mehr interessieren wird."

Kyros flüsterte hinter vorgehaltener Hand: „Also haben Sie mir eine Frau ausgesucht?"

Daniel lächelte: „Noch interessanter!"

Kyros schob den Teller zurück. „Ist das möglich? Jetzt haben Sie mich neugierig gemacht. Aspersi, bist du an dieser Geheimsache beteiligt?"

„Ja, ich weiß Bescheid."

„Aha. Eine Verschwörung. Also heraus damit!"

Daniel stand auf und holte den riesigen Papyrus, der auf zwei Zylinder gerollt war. Auf einen Wink des Königs räumten die Diener den Tisch ab. Daniel legte die Rolle darauf und öffnete sie.

Daniel begann: „Dieses Buch wurde vor etwa 150 Jahren von einem jüdischen Fürsten geschrieben.

Es hat zwei Teile, die verschiedene Phasen seines Lebens und seines Wirkens widerspiegeln. Der letzte Teil sollte die Juden im babylonischen Exil trösten und ermutigen."

„Moment mal. Vor 150 Jahren gab es kein babylonisches Exil. Da lebte das jüdische Volk noch unbehelligt in Palästina. Damals regierte der König Hiskia in Jerusalem", wandte Kyros ein.

„Ich staune über Eure Kenntnis der jüdischen Geschichte, Majestät", sagte Daniel.

„Immerhin war ich mit einer jüdischen Prinzessin verheiratet", murmelte Kyros. „Ich habe mich für ihre Familiengeschichte interessiert. Aber wie kommt es, dass dieser Autor über Dinge schreibt, die sich erst viel später ereignet haben?"

Aspersi setzte sich kerzengerade hin und sagte: „Kyros, das nennt man ‚Prophetie'. Dieser Autor hatte Einblick in die Pläne des höchsten Gottes."

Kyros nickte. „Davon habe ich schon gehört. Minister Daniel, Sie sind auch einer von diesen begnadeten Menschen, die ab und zu einen Blick hinter die Kulissen werden dürfen. Sie haben damals König Nebukadnezar vorhergesagt, dass er sieben Jahre lang wie ein Tier leben würde. Und Ihre Voraussage hat sich erfüllt. Das werde ich nie vergessen ..." Sein Blick glitt aus dem Fenster in die Ferne. Aspersi und Daniel wagten kaum zu atmen, weil sie Kyros nicht in seinen Erinnerungen stören wollten. Nach einer Weile atmete der König tief ein und lächelte.

„Also gut. Zurück zu unserem Buch. Wie heißt der Autor?"

„Er heißt Jesaja, Majestät."

„Jesaja ... das habe ich schon einmal gehört ... Warten Sie ..." Kyros fuhr mit der Hand in die Innentasche seiner Tunika und holte etwas heraus. Als er die Hand öffnete, lagen da zwei kleine Miniaturen aus Stein – ein Löwe und ein Igel. Daniel und Aspersi beugten sich vor, um besser zu sehen. Kyros erklärte: „Das sind verkleinerte Ausgaben von Spielsachen, die man in Susa ausgegraben hat. Die Originale waren ungefähr so groß wie meine Hand – auf Fahrgestelle montiert. Sie kennen diese Dinger, die die Kinder hinter sich herziehen ... Der Igel – wie war das doch gleich? Zum Erbe ...", murmelte er und runzelte die Stirn. Er nahm den Igel und tupfte mit dem Zeigefinger auf die kleinen Räder. Sie drehten sich quietschend. Dann erhellte sich sein Gesicht. Jetzt hab ich's: ‚Babel wird zum Erbe für die Igel'", rief er triumphierend.

„Woher – woher wisst Ihr das, Majestät?", wollte Daniel wissen.

„Merab hat es mir gesagt. Als wir diese Figuren kauften. Und damals nahm ich mir fest vor, mit Ihnen über das Buch Jesaja zu sprechen. Aber ich habe die ganzen Jahre nicht mehr daran gedacht." Er strich zärtlich über den Löwen, über den Igel, dann verstaute er beides wieder in seiner Innentasche.

„Majestät, Merab hatte vollkommen Recht. Der jüdische Prophet Jesaja hat tatsächlich vorausgesagt, dass Babylon eines Tages zum Erbe der Igel werden würde. Aber er hat darüber hinaus vieles andere prophezeit, zum Beispiel auch, dass unser Volk dem babylonischen König ausgeliefert werden würde. Ich war ein junger Mann, als sich diese Prophezeiung erfüllte. Man brachte mich als Geisel nach Babylon. Einige Jahre später wurde Jerusalem bis auf die Grundmauern zerstört und das Volk hierher umgesiedelt. Aber ein anderer Prophet namens Jeremia – habt Ihr von ihm gehört?" Kyros nickte, und Daniel fuhr fort: „Jeremia sagte voraus, dass dieses Exil 70 Jahre lang dauern würde. Diese Frist ist jetzt verstrichen. Und nun hat der höchste Gott einen Mann geschickt, der sein Volk wieder befreit und ihm erlaubt, nach Jerusalem zurückzukehren."

„Tatsächlich?" Der König hatte die Brauen hochgezogen. „Und wer ist dieser Mann?"

„Majestät, bitte lest selbst, was der höchste Gott darüber gesagt hat. Das Buch ist in Hebräisch geschrieben, aber Ihr sprecht so gut aramäisch, dass Ihr den Text verstehen könnt.

Kyros zog die Schriftrolle zu sich heran und las die Stelle, auf die Daniel mit einem Griffel deutete:

„Der Herr sagt von Kyros: ‚Ich habe ihn erwählt und als meinen König eingesetzt. Ich stehe ihm zur Seite. Ich unterwerfe ihm die Völker und nehme ihren Königen die Macht; ich öffne ihm Türen und Tore." Der König schüttelte den Kopf. „Kyros? Welcher Kyros?"

Daniel erwiderte seinen Blick.

„Lies weiter!", drängte Aspersi.

„Und zu Kyros selbst sagt er: ‚Ich gehe vor dir her und beseitige alles, was dir im Weg steht. Die bronzenen Türen schlage ich in Stücke und zerbreche die eisernen Riegel. Ich liefere dir die verborgenen Schätze und die versteckten Vorräte aus. Daran sollst du erkennen, dass ich, Jahwe, der Gott Israels, dich in meinen Dienst genommen habe.'"

Er stützte den Kopf in die Arme und atmete tief durch. „Das ist nicht zu fassen. Jahwe, der höchste Gott, hat das über mich gesagt, als ich noch nicht geboren war."

Daniel las weiter: „Obwohl du mich nicht kennst, habe ich dich berufen und verleihe dir einen Ehrennamen; denn durch dich will ich meinem Volk Israel helfen, der Nachkommenschaft Jakobs, die ich erwählt habe, damit sie mir dient."

„Merabs Volk", murmelte Kyros. „Merabs Gott."

„Es ist nicht nur Merabs Gott", sagte Aspersi sanft. „Er ist der einzige Gott, der wirklich existiert. Der Gott des Lichts, der Weisheit, der das ganze Universum erschaffen hat."

„Wir nennen ihn Ahura-Mazda", nickte Kyros. „Bitte lesen Sie weiter, Daniel. Ich will alles wissen!"

„Gut, Majestät. Dieser Gott Jahwe sagt: ‚Ich bin Jahwe, sonst keiner, außer mir gibt es keinen Gott. Ich gebe dir die Macht, obwohl du nichts von mir weißt. Überall auf der ganzen Erde soll man erkennen, dass ich allein Gott bin, ich, Jahwe, und sonst keiner. Ich mache das Licht und ich mache die Dunkelheit; das Glück wie das Unglück kommt von mir. Ich, Jahwe, bin es, der dies alles vollbringt. Öffne dich, Himmel! Sende Rettung auf die Erde herab wie Regen. Die Erde lasse Heil und Frieden aufsprießen. Ich, Jahwe, lasse dies geschehen.'"[7]

Kyros war aufgestanden und wanderte durchs Zimmer.

„Ich habe noch einen anderen Text gefunden, der die Strategie beschreibt, mit der du Babylon erobert hast", sagte Aspersi. „Möchtest du es hören?"

Er baute sich vor ihr auf. „Du willst doch nicht behaupten, dass in diesem alten Buch alles vorhergesagt wurde?"

Aspersi nickte. „Doch, Kyros. Deine Soldaten konnten die Stadt kampflos einnehmen, weil ihnen die Tore geöffnet wurden. Sonst hättest du dich auf eine lange Belagerungszeit gefasst machen können."

„Das stimmt", gab Kyros zu. „Aber dass Gobryas den Euphrat umgeleitet hat und durchs Flussbett marschiert ist, das hat Jesaja bestimmt nicht gewusst."

Sie lächelte. „Ich habe eine Überraschung für dich. Gott sagt: ‚Der zu der Tiefe spricht: Versiege! Und deine Fluten trockne ich aus.' Im Vers vorher heißt es: „Der zu Jerusalem spricht: Werde bewohnt! Und zu den Städten Judas: Werdet wieder aufgebaut! Und Ihre Trümmer richte ich auf.'"

Kyros überkreuzte die Arme vor der Brust und trat einen Schritt zurück.

„Wenn der Gott Jahwe das alles tut, weshalb braucht er mich dazu?"

„So wie ein General Gobryas die Pläne seines Kriegsherrn Kyros ausgeführt hat", behauptete Aspersi.

---

[7] Jesaja 45,1–8 Gute Nachricht.

„Das sagst du!", knurrte Kyros. „Ich will es aber aus dem Mund Gottes hören. Ich mag mir nicht von Menschen diktieren lassen, was ich zu tun habe."

„Gut", sagte Aspersi. „Hier, lies es selbst!" Sie deutete auf die Stelle, die sie gerade gelesen hatte.

Kyros beugte sich über die Schriftrolle und las: „Der zu Kyros sagt: Mein Hirte. Er soll all meinen Willen vollenden und sagen zu Jerusalem: Werde wieder gebaut! Und zum Tempel: Werde gegründet!"

Kyros richtete sich auf und schoss einen scharfen Blick auf Daniel ab.

„Daniel, sind Sie absolut sicher, dass dieses Buch tatsächlich schon vor meiner Geburt geschrieben wurde?"

„Diese Frage ist leicht zu beantworten, Majestät. Als ich siebzehn Jahr alt war, also vor 68 Jahren, konnte ich dieses Buch auswendig rezitieren wie ein Gedicht, Wort für Wort. Dazu gehörte auch Euer Name, Majestät, und Eure Unternehmungen."

Kyros seufzte. „Welchen Beweis können Sie mir liefern, dass diese Buchrolle hier identisch ist mit dem, was Jesaja geschrieben hat?"

Aber nicht der Minister antwortete, sondern Aspersi. Sie stand auf und legte Kyros die Hand auf den Arm.

„Als du 23 Jahre alt warst und damals noch der Prinz eines unbedeutenden persischen Stammes, habe ich dieses Buch schon gekannt. Es gehörte unserer Kusine Belzalu. Nebukadnezar hat es für sie besorgt, weil sie sich durch verschiedene Ereignisse überzeugen ließ, dass Jahwe der wirkliche, der einzige Gott ist. Du weißt ja, dass Onkel Nebukadnezar derselben Ansicht war. Als Belzalu starb, ordnete ich ihren Nachlass und stieß auf diese Buchrolle. Sie stammt aus Jerusalem, wie du der Notiz am Ende des Buches entnehmen kannst. Ich nehme an, dass König Jojachin es mitgenommen hat."

„Oder sein Hauslehrer Kenaja", murmelte Kyros.

„Richtig! Ihr kanntet Kenaja!", rief Daniel. „Aber Majestät, wenn Ihr den Verdacht hegt, dass dieses Buch gefälscht sein könnte, dann braucht Ihr nur in der königlichen Bibliothek nachzusehen. Dort lagert noch eine andere Jesaja-Rolle. Sie ist mit dieser hier identisch, Wort für Wort. Unsere hebräischen Schreiber arbeiten sehr gründlich. Wenn ihnen beim Kopieren ein Fehler unterläuft, dann müssen sie die gesamte Seite vernichten und noch einmal von vorne beginnen. Sie können sich auf die Zuverlässigkeit dieser Schrift verlassen."

Kyros nickte.

„Und Kyros", warf Aspersi ein, „du könntest in der Bibliothek nachlesen. Die babylonischen Gelehrten bezeichnen Jesaja als den größten jüdischen Propheten der letzten 500 Jahre. Oder frage die jüdischen Bürger, die zu Millionen in unserem Reich leben. Sie alle werden dasselbe sagen: Jesaja prophezeite 70 Jahre lang und starb vor 150 Jahren."

Kyros lächelte über ihren Eifer. „Ich glaube dir, ich glaube dir ja!"

Er ließ sich wieder auf seinen Stuhl fallen. „Ich habe schon immer gewusst, dass unser Minister Daniel ein großer Staatsmann ist. Dass er richtig urteilt und Dinge voraussieht. Aber eins hat mich überwältigt – diese Sache mit der Löwengrube. Ich würde nicht einmal meinen Arm hineinstecken, und er hat eine ganze Nacht dort unten verbracht. Dabei waren die Löwen wild vor Hunger. Sie haben ihn trotzdem nicht angerührt ... ein Wunder. Aber dieses Buch hier ist genauso ein Wunder ..."

Er schwieg lange. Dann holte er noch einmal den Igel aus seiner Innentasche und sagte: „Was Jesaja über mich geschrieben hat, das hat sich bis jetzt erfüllt. Nun liegt es an mir, auch das andere wahr zu machen ... Wie viele Juden leben in meinem Reich?"

„Hmm", überlegte Daniel. „Das ist eine schwere Frage. Ich vermute, dass vor Nebukadnezars Feldzügen etwa 1 1/2 Millionen Menschen in Judäa lebten. Ungefähr eine Million ist während der drei Deportationen hierher gekommen. Sie haben normalerweise viele Kinder – ich schätze, dass es inzwischen zwei Millionen geworden sind."

„Gut. Sie können nach Judäa heimkehren", sagte Kyros trocken.

Daniel starrte ihn an. *Meint er das ernst? Weiß er, was er gerade gesagt hat?*

Aspersi sprang auf und lief an Daniels Seite. „Geht es dir gut, Väterchen? Du siehst so – so seltsam aus! Du hast doch gehört, was Kyros gesagt hat. Er hat es versprochen. Dein Volk kann in die Heimat zurückkehren."

„Jawohl, Minister. Ihr Volk ist frei. Ich werde das sofort schriftlich festhalten. Ich werde auch das nötige Geld bereitstellen. Die Juden können heimkehren und den Tempel für Jahwe aufbauen."

Daniel atmete tief durch. Dann versank er in einer tiefen Verneigung. „Ich danke Euch, Majestät, im Namen des Gottes, der Euch zu seinem Diener erwählt hat", flüsterte er.

Kyros nickte. Dann sagte er: „Können Sie mir einen Mann nennen, den ich zum Gouverneur über die jüdische Provinz machen könnte?"

Aspersi half Daniel wieder auf seinen Sessel. Der Minister sagte: „Ich würde Euren angeheirateten Neffen empfehlen."

„Wen?"

„Er ist Euch niemals vorgestellt worden. Er heißt Serubabel und ist Jojachins Enkel."

„Aha", sagte Kyros. „Also war Merab seine Tante."

„Ja. Sein Vater hieß Pedaja, aber er starb frühzeitig, sodass Serubabel von Sealtiel großgezogen wurde, einem anderen Bruder Merabs. Serubabel ist ein Prinz aus der königlichen Dynastie von Juda. Er ist Architekt, Ingenieur und arbeitet in der Staatsverwaltung."

„Klingt gut", sagte Kyros und rieb sich die Stirn. „Das war ein Abendessen ... Wirklich sehr interessant. Sie haben nicht zu viel versprochen, Daniel."

Er stand auf. „Wie lange ist es her, als Sie das letzte Mal als Schreiber fungierten? Auf meinem Ecktisch müsste etwas Schreibmaterial zu finden sein."

Daniel ging hinüber und bereitete die Tinte vor, er zog den Papyrus glatt und wartete auf das Diktat:

„Kyros, der König von Persien, gibt bekannt: Jahwe, der Gott des Himmels, hat alle Königreiche der Erde in meine Gewalt gegeben. Er hat mich beauftragt, ihm in Jerusalem in Judäa einen Tempel zu bauen. Hiermit ordne ich an: Wer von meinen Untertanen zum Volk dieses Gottes gehört, der möge im Schutz seines Gottes nach Jerusalem in Judäa zurückkehren und dort dessen Tempel bauen, denn Jahwe, der Gott Israels, will in Jerusalem verehrt werden.

Jeder Judäer in meinem Reich, der zurückkehren möchte, soll von seinen Nachbarn unterstützt werden. Sie sollen ihm Silber und Gold, Vieh und was er sonst noch braucht sowie freiwillige Gaben für den Tempel in Jerusalem mitgeben."

Daniel schrieb, danach hob er den Kopf.

„Was ist, Minister? Noch nicht zufrieden?"

„Doch, Majestät." Er holte tief Luft. „Es ist mehr, als ich zu hoffen gewagt habe."

Aspersi spielte mit einem Griffel. „Meine Schulen laufen auch ganz gut ohne mich. Ich glaube, ich werde auch nach Jerusalem übersiedeln."

Kyros schaute sie ungläubig an.

„Du – du willst weg von Babylon?"

„Ja. Ich möchte miterleben, wie eine tote Stadt zu neuem Leben erwacht."

Er kaute auf seiner Lippe und öffnete den Mund, als wollte er widersprechen. Aber dann besann er sich anders und sagte kurz: „Wie du möchtest."

Kämpfe

Der Erlass des Königs hatte große Begeisterung ausgelöst. Aber sie verpuffte innerhalb weniger Tage. Natürlich waren die jüdischen Exilanten stolz, dass ihr Gott öffentlich anerkannt wurde.

Natürlich freuten sie sich, dass der Tempel neu aufgebaut werden durfte. Aber sie fühlten sich hin- und hergerissen. Sie hatten sich in Babylon etabliert. Sie hatten ihre Geschäfte, ihre Häuser, ihre Gärten. Sie lebten im Zentrum der Kultur, der Zivilisation, sie hatten es bequem. Und nun sollten sie zurückkehren zu einem Haufen Steine, von Dornen überwuchert? In Zelten wohnen, durch die der Wüstenwind pfeift und tagsüber in der Sonne dörren und Steine schleppen, bis die Finger bluten? Man wusste ja, wie es nach 70 Jahren in Jerusalem aussah: ein einziges Trümmerfeld, mit Dornen und Disteln überwachsen. Alles neu aufbauen, den Angriffen ihrer Feinde hilflos ausgeliefert. Rundherum hatten sich Fremde angesiedelt, die wenig Lust hatten, das ohnehin karge Land mit Neuankömmlingen zu teilen. Wahrscheinlich würde man erst einmal gegen diese Leute kämpfen müssen. Und es gab keine Erfolgsgarantie, keine Sicherheit. Da musste der gesunde Menschenverstand Nein sagen.

Und doch gab es unter den Hebräern einige, die anders dachten. Für sie war das Versprechen ihres Gottes genauso real wie die äußeren Umstände. Sie vertrauten darauf, dass er seine Voraussagen wahr machen würde und sie wieder als eigenständige Nation in ihr Land einpflanzen könnte, und sie wollten an diesem Abenteuer teilhaben. Sie hatten eine kleine Vorhut vorausgeschickt. Allerdings war dieser Trupp auf harten Widerstand gestoßen. Die Samaritaner, die seit zwei Generationen im Land wohnten, griffen zu den Waffen, sodass die Juden zunächst einmal flüchten mussten. Die Reisewilligen in Babylon zögerten, als diese Nachricht zu ihnen durchsickerte. Sie fanden viele Gründe, um die Abreise zu verschieben.

König Kyros war enttäuscht. Er rief Daniel eines Vormittags in sein Arbeitszimmer. Der alte Minister verneigte sich und wartete. Kyros hatte die Hände auf dem Rücken übereinander gelegt und marschierte mit schnellen Schritten auf und ab, eine steile Falte zwischen den Brauen.

„Was ist mit Ihren Leuten los, Daniel?“, fragte er. „Warum ziehen sie nicht in ihr Land zurück? Ich habe ihnen alle Türen geöffnet.“

Daniel senkte den Kopf. „Meine Landsleute haben zu wenig Mut, Majestät. Sie fürchten den Widerstand der Samaritaner. Außerdem sind sie bequem geworden und scheuen die harte Arbeit, die ihnen bevorsteht.“

Kyros war stehen geblieben und starrte Daniel an. „Aber es geht doch um Ihr Volk! Haben die Juden ihre ruhmreiche Vergangenheit vergessen? Und ihre Zukunft? Denken sie nicht mehr an den Welterlöser, der in ihrem Land geboren werden soll?“

„Sie haben das Jesaja-Buch studiert?“, wunderte sich Daniel.

„Jawohl, und noch einige andere Ihrer Heiligen Schriften!“ , sagte Kyros, und es klang auf einmal bitter. „Was ich da las, hat mich beinahe überzeugt. Ich bin nahe dran, diesem Jahwe-Gott zu glauben. Aber wenn ich sehe, wie lauwarm Ihre Landsleute auf meinen Erlass reagieren, dann beginne ich zu zweifeln. Vielleicht ist das alles doch nur eine menschliche Erfindung? Sonst würden doch zumindest die Juden an ihren Gott glauben und tun, was er sagt?“

„Einige nehmen die Zusagen unseres Gottes ernst, Majestät.“

„Einige!“, schnaubte Kyros. „Einer von vierzig! Was ist das schon?! Ich frage mich, ob ich diese Sache nicht lieber abblasen sollte. Am Ende fallen die heiligen Tempelgeräte irgendwelchen Wüstenräubern in die Hände. Nein, da sind sie hier besser aufgehoben.“

Daniel schloss die Augen und schickte ein Stoßgebet zum Himmel. Dann seufzte er. „Majestät, ich bitte Euch um ein wenig Geduld. Ihr habt meinem Volk einen neuen Anfang ermöglicht. Aber es gibt hinter den Kulissen böse Mächte, die das verhindern wollen.“

„Glauben Sie etwa an Geister? Ich hätte Sie für aufgeklärter gehalten.“

„Majestät, ich glaube nicht an die Geister der Verstorbenen, die angeblich um uns herumschweben, wie einige meinen. Nach meinem Wissensstand schlafen die Toten in der Erde und haben keinen Anteil an dem, was auf der Erde geschieht. Darüber hinaus weiß ich aber, dass wir nicht die einzigen geistbegabten Wesen in Gottes Schöpfung sind. Ich habe wiederholt Engel gesehen, die Gott vom Himmel geschickt hat, damit sie mir eine Botschaft ausrichten. Als ich die Nacht in der Löwengrube verbrachte, habe ich Gottes Engel gespürt, die mich vor den Raubtieren beschützten. Das ist keine Einbildung, das ist kein Aberglaube, das ist Realität!“

„Nun gut, das kann ich akzeptieren. Die guten Engel stehen also auf der Seite Gottes und kämpfen für ihn. Woher kommen aber dann die bösen Geister, die ihm widerstehen?“

„Majestät, darf ich an ein Siegeslied in der Jesaja-Rolle erinnern? Dort wird über den Sturz des Königs von Babel triumphiert. Wenn man dieses Siegeslied gründlich liest, dann spürt man, dass der König von Babel als Symbol gebraucht wird. Er dient hier als Bild für einen Herrscher, der über das Böse herrscht, so wie auch das Reich Babylon als Sinnbild der bösen Macht verstanden wird, die das Volk Gottes bedrängt und gefangen hält.“

Kyros legte die Stirn in Falten und überlegte. Dann sagte er: „Ich glaube, ich erinnere mich an dieses Triumphlied. Wird darin nicht ein ‚Morgenstern‘ erwähnt, der vom Himmel gefallen ist? Ich habe mich sehr darüber gewundert.“

Daniel wurde eifrig. „Ja, Majestät. Dieser ‚Morgenstern‘ wollte immer höher steigen, ja er wollte dem Allerhöchsten gleich sein.“[8]

Kyros bedeckte die Augen mit den Händen und dachte nach.

„Ein anderer Autor, der übrigens hier im babylonischen Reich gelebt hat, beleuchtet diesen Gedanken noch näher“, führte Daniel weiter aus. „Vordergründig beschreibt er den König von Tyrus. Der gründliche Leser aber merkt, dass dieser König wieder nur als Allegorie dient für den Herrscher des Bösen.“

„Haben wir diese Schriften in der Bibliothek?“

„Ja, Majestät. Nebukadnezar ließ sie sammeln, weil darin auch einiges über ihn geschrieben wurde. Der Autor heißt Hesekiel und war Priester. Er lebte bis zu seinem Tod in Nippur. In seinem Klagelied über den König von Tyrus erzählt er im Auftrag Gottes von einem Geschöpf, das im Paradiesgarten lebte, unter den feurigen Steinen herumging und als Thronengel in Gottes Gegenwart diente. Er war vollkommen erschaffen worden, aber dann überhob er sich. Und Gott sagt ihm voraus, dass er stürzen und untergehen wird.“[9]

„Ich verstehe noch nicht ganz, wieso ein vollkommenes Geschöpf plötzlich böse werden kann“, grübelte Kyros.

„So ganz kann ich es auch nicht begreifen, Majestät. Wahrscheinlich hängt das mit der persönlichen Freiheit zusammen, die der Schöpfer seinen intelligenten Wesen gegeben hat“, erklärte Daniel. „Gott selbst ist das Licht, das Gute und die Liebe. Wenn sich aber eins seiner Geschöpfe gegen die Liebe wehrt und dagegen rebelliert, was bleibt anderes übrig als Finsternis und Egoismus?“

„Und daraus wächst dann das Böse“, nickte Kyros. „Das kann ich

---

[8] Jesaja 14.

[9] Hesekiel 28.

verstehen.“ Er fuhr sich mit der Hand durch die Haare. „Also gut. Der Gute wurde böse. Und seither bekämpft er das Gute. Und was hat das mit meinem Erlass zu tun? Und mit Ihren Landsleuten?“

„Ich glaube, dass die guten Engel ihren Einfluss ausüben, aber sie werden oft von den bösen Engeln daran gehindert. Und deshalb stagniert unser Projekt Jerusalem.“

„Und wie können wir das ändern?“

„Wir, Majestät? Ihr habt gesprochen, als wäre Jerusalem die Stadt *Eurer* Väter!“, staunte Daniel.

Kyros ging zum Fenster und sah hinaus. Draußen bellte ein Hund, im Hof unterhielten sich zwei Männer. Im Flur klirrte ein Schwert auf den Steinboden – Wachablösung. Dann wurde es wieder still. Als Daniel dachte, der König hätte ihn vergessen, sagte Kyros:

„Jahwe, der Gott der Hebräer, hat mich gerufen. Ich handle in seinem Auftrag.“

Er ging mit raschen Schritten zu seinem Schreibtisch und legte einen Lederstreifen zurecht. Dann rief er nach seinem Schreiber und diktierte:

„Ich befehle, dass der Tempel in Jerusalem neu aufgebaut wird, damit dort wieder geopfert werden kann. Das Fundament soll gelegt werden, und seine Höhe und seine Breite sollen jeweils sechzig Ellen betragen. Drei Schichten behauene Steine sollen sich mit einer Schicht Holz abwechseln. Das Geld, das zum Bau nötig ist, wird aus der Schatzkammer des Königs gegeben. Außerdem werden alle goldenen und silbernen Tempelgeräte zurückerstattet, die Nebukadnezar aus dem Haus Jahwes weggenommen und nach Babel gebracht hat. Sie gehören in den Tempel zu Jerusalem.“

Daniel wollte etwas sagen, aber Kyros war noch nicht fertig. Er rief nach Mitredat, dem Schatzmeister. Der kam mit einer langen Liste in Kyros‘ Arbeitszimmer und verneigte sich tief.

„Mitredat, wissen Sie, wie viele Gefäße aus dem Tempel von Jerusalem bei uns lagern?“

Mitredat zog seine Liste zu Rate und sagte: „Majestät, es sind insgesamt 5.400 Gegenstände, davon 30 goldene Becken und 1.000 silberne Schalen, 30 goldene Becher und 410 Silberbecher, 29 Messer und 1.000 ...“

Kyros hob abwehrend die Hände. „Ersparen Sie mir die Einzelheiten, Mitredat. Sie wissen, wo Serubabel sein Büro hat? Ja? Suchen Sie ihn auf. Er soll einige zuverlässige Träger nehmen und Sie in die Schatzkammer begleiten. Dort händigen Sie ihm diese Tempelgeräte vollständig aus. Er soll auf der Liste den Empfang quittieren.“

Mitredats Mundwinkel zuckten. Daniel wusste aus jahrelanger Erfahrung, dass es den Schatzmeister jedes Mal schmerzte, wenn er sich von seinen „Lieblingen“ trennen musste. Er pflegte die Schätze des Königs, als wären es seine persönlichen Schützlinge. Nur widerwillig gab er etwas aus der Schatzkammer heraus.

„Die Geräte werden gut verpackt, und zwar unauffällig. Kümmern Sie sich darum, Mitredat.“

Der Schatzmeister zog eine Leidensmiene und schlurfte davon.

„Und nun zu Ihnen, Minister Daniel. Sie gehen zu Serubabel und lassen sich von ihm einen Kostenvoranschlag machen. Er soll schätzen, wie teuer das Baumaterial für den Tempel kommen wird. Wahrscheinlich wird das erst in Jerusalem geschehen können. Er soll mir die Summe nennen, und ich werde das Geld mit einigen zuverlässigen Boten senden.“

„Tut Ihr das – um Merabs willen?“, fragte Daniel.

„Vielleicht ...“ Kyros hob die Achseln. „Vielleicht auch um Gottes willen.“

Zukunft

Aspersi saß mit hochrotem Kopf auf dem Podium des großen Festsaales. Die Reden der offiziellen Regierungsbeamten waren schon überstanden. Jetzt kamen Leute aus dem Volk, um sich bei Aspersi zu bedanken. Es waren einfache Menschen, Mütter, Großväter, auch Kinder. Manche brachten Blumen. Ein junges Mädchen reichte ihr schüchtern eine handgewebte Decke, ein Junge legte ihr eine Weidenflöte in die Hand. Einige Frauen konnten vor Rührung kaum sprechen und schnüffelten an ihren Taschentüchern. Alle waren sich darin einig: Aspersi hatte durch ihre Schulen, durch ihren Dienst an den Armen und Kranken die Sonne in ihr Leben gebracht.

Eigentlich hasste Aspersi solche Lobeshymnen. Sie arbeitete lieber im Verborgenen und scheute das Rampenlicht. Aber sie wusste, dass diese Feier für ihre Schützlinge wichtig war. So konnten sie ihr endlich etwas zurückgeben und ihre Liebe und Dankbarkeit ausdrücken. Außerdem war es ein Abschied, denn die Prinzessin hatte tüchtige Nachfolgerinnen ausgebildet, die ihre Arbeit weiterführten. Sie selbst wollte nach Jerusalem übersiedeln und mit den hebräischen Pionieren das Land neu erobern.

Dann war die Feier zu Ende. Daniel strebte dem Ausgang zu, aber wie üblich wurde er von Kollegen und Staatsbeamten ins Gespräch verwickelt und noch lange festgehalten. Die Schatten wurden lang, als er sich endlich losmachen konnte. Er ging zu Aspersis Wohnung hinüber. Serpa, der Leibwächter, grüßte mit einer Handbewegung. Worte waren ihm wie immer zu teuer, und er antwortete auf die Frage nach seinem Wohlergehen mit einem Achselzucken und einem halben Grinsen. Dann klopfte Daniel an. Die Zofe Denesu öffnete mit abgewandtem Gesicht.

„Aber, aber meine Liebe“, sagte Daniel nach einem prüfenden Blick auf ihre rot geweinten Augen. „Fällt Ihnen der Abschied von Babylon so schwer?“

Sie schluckte. „Ich hatte Angst vor der Reise und vor den Fremden, bei denen ich dann leben muss. Deshalb lässt mich die Herrin nicht mitgehen."

„Das ist auch besser so. Und machen Sie sich keine Sorgen, die Prinzessin wird schon zurechtkommen. Die jüdischen Frauen werden ihr helfen."

Denesu weinte auf. „Aber was wird aus mir?" Und dann, etwas leiser: „Sie wird mir fehlen!"

„Mir auch, Denesu, mir auch", sagte Daniel sanft. „Ist die Prinzessin schon da?"

Aspersi musste seine Stimme gehört haben, denn sie kam aus dem hinteren Zimmer gelaufen.

„Väterchen, du bist es!", rief sie. Es sollte fröhlich klingen, aber ihre Augen blieben dabei ernst.

„Ich möchte mich in Ruhe von dir verabschieden, Aspersi. Du reist morgen?"

Sie nickte. „Ja. Ich habe schon alles gepackt."

„Und alles, was mir von dir bleibt, ist das hier ...", murmelte er und zog die kleine Wasserträgerin aus der Tunika und stellte sie auf den Tisch. „Und meine Erinnerungen."

„Ach, Väterchen!", seufzte sie. „Mach es mir nicht noch schwerer." Sie ließ sich auf einen Sessel fallen und starrte auf die Decke, als sähe sie dort oben ein hochinteressantes Relief. Ihre Hände fuhren unruhig hin und her und zupften an der Borte, die ihren Ärmel verzierte. Daniel beobachtete sie eine Weile, dann setzte er an:

„Ich möchte dich etwas sehr Persönliches fragen."

Sie hob den Kopf, erwartungsvoll: „Ja?"

„*Warum* gehst du fort?"

„Aber das weißt du doch, Väterchen!", sagte sie. „Ich möchte dabei sein, wenn die Ruinen zu neuem Leben erwachen. Ich möchte miterleben, wie Gottes Zusagen wahr werden. Ich möchte mithelfen, ein Nest zu bereiten für das Volk, aus dem der Weltretter einmal geboren wird."

„Das sind alles sehr schöne Motive, und wenn ich jünger wäre, dann ginge ich an deiner Seite, Aspersi. Aber sind das deine echten Beweggründe?"

„Ja, natürlich. Weshalb fragst du?", sagte sie.

Er hielt ihren Blick, bis sie die Augen niederschlug und sich auf die Lippen biss.

„Ich weiß nicht, was du meinst", murmelte sie.

Daniel beugte sich vor und nahm ihre Hände. „Du bist damals nicht nach Ekbatana zurückgekehrt, als Kyros wegging. Du bist in Babylon geblieben. Du hast diese Stadt als deine eigentliche Heimat betrachtet. Und nun fühlst du dich nicht mehr hier zu Hause? Was ist geschehen? Was hat sich verändert?"

„Du glaubst also, dass ich fliehe ...", sie hielt inne, „und zwar vor – Kyros?"

Daniel nickte.

Sie sprang auf und schüttelte ein Kissen zurecht, drapierte es in der Sofaecke. Dann ging sie hinüber zur Vase und ordnete die Rosen neu. Sie hob eine davon an die Nase und schnupperte, schüttelte den Kopf. „Sie duften nicht ..." Sie drehte die Rose zwischen den Fingern, als sähe sie eine solche Blume zum ersten Mal, dann begann sie an den Blütenblättern zu ziehen und zu reißen. Eines nach dem anderen schwebte zu Boden, und sie merkte es nicht.

„Mädchen", seufzte Daniel. „Du bestrafst die Rose dafür, dass sie so schön ist und dich an die Liebe erinnert. Bestrafst du am Ende auch dich selbst?"

Aspersi bückte sich und sammelte die Blütenblätter auf. „Vielleicht hast du Recht ...", überlegte sie. „Vielleicht kann ich den Gedanken nicht ertragen, in seiner Nähe zu sein, obwohl er mich nicht ..."

„Bist du sicher, dass er dich nicht ...?", bohrte Daniel.

„Nein, aber ... Er hat nie etwas gesagt."

Daniel seufzte und stand auf. „Liebes Kind, ich glaube, er ist in dieser Hinsicht genauso blockiert wie du. Wenn du erlaubst, dann werde ich zu ihm gehen und offen mit ihm sprechen."

Sie schlug sich mit der Hand auf den Mund. „Aber wie kann ich ihm dann jemals wieder in die Augen schauen, wenn er weiß ..."

Daniel lächelte. „Wenn ich keinen Erfolg habe, dann brauchst du ihm nie wieder in die Augen zu schauen. Ich glaube nicht, dass er seinen zweiten Wohnsitz in Jerusalem aufschlagen wird."

„Und wenn du – doch Erfolg hast, Väterchen?", flüsterte sie. Sie war bis in die Lippen blass geworden.

„Dann wird meine liebe Aspersi schon bald sehr glücklich sein. Eine glückliche Braut."

Sie sprang auf und fiel ihm um den Hals.

„Ach Väterchen! Wenn das wahr wäre ..."

Daniel verließ ihre Wohnung mit weichen Knien. Aber er zwang sich zur Festigkeit und ging hinüber zu den Privaträumen des Königs. Kyros war nicht dort. Der Kammerherr meinte, der König brüte in seinem Arbeitszimmer noch über den Akten und ob der verehrte Minister sich eventuell der Mühe unterziehen wollte, ihn dort aufzusuchen? Daniel wollte und machte sich auf den langen

Weg, der ihn durch endlose Korridore und über verschwiegene Höfe zum Arbeitszimmer des Königs führte. Während er ging, betete er still: *Herr, hilf mir, dass ich das Richtige sage! Du hast den Überblick, du weißt, was das Beste für beide wäre. Bitte gib mir Kraft!*

Und dann stand er vor der Tür des Arbeitszimmers. Sein Herz klopfte einen wilden Wirbel. Noch konnte er umkehren. Aber er warf den Kopf in den Nacken und sagte energisch Ja, als der Sekretär fragte, ob der ehrwürdige Premierminister gerne beim König angemeldet werden wolle.

Dann schwang die Tür auf. Kyros saß am Schreibtisch, völlig vertieft in seine Lektüre, eine Lampe kämpfte gegen die Dämmerung an und malte Schatten auf sein Gesicht. Daniel räusperte sich, und der König blickte hoch. Ein jungenhaftes Lächeln flog über sein Gesicht.

„Mein lieber Freund!", rief er. „Sie sind noch so spät unterwegs? Lässt ihnen das Schicksal unseres Landes keine Ruhe, auch nicht am Abend?"

„Dieses Mal ist es nicht das Schicksal unseres Landes, Majestät, was mich beunruhigt."

„So?" Kyros zog die Brauen bis kurz unter den Haaransatz. „Dann beschäftigt Sie vielleicht das Schicksal Ihrer Landsleute, die morgen nach Jerusalem abreisen?"

„Das lässt mich natürlich nicht unbeteiligt, Majestät. Aber ich glaube doch, dass wir alles bedacht haben, was vorher zu organisieren war. Die Gruppen aus den verschiedenen Landesteilen sind gestern und heute hier eingetroffen. Sie wurden in verschiedenen hebräischen Familien aufgenommen und werden morgen früh mit Serubabel aufbrechen. Wahrscheinlich stoßen unterwegs noch andere Reisegruppen zu ihnen."

„Also wagen sie das Abenteuer doch", sagte Kyros und legte den Finger ans Kinn.

„Wir alle sind Euch dankbar, Majestät", sagte Daniel und verneigte sich.

„Aber wenn Sie ehrlich sind, alter Freund, dann geht Ihnen mein Befehl noch nicht weit genug. Sie hätten lieber eine Erlaubnis von mir, dass sich die Juden in Ihrem Land zu einem selbstständigen Staat formieren, nicht wahr?"

Daniel schwieg.

„Nun, das kann immer noch geschehen", versicherte Kyros. „Wenn Ihre Leute Rückgrat zeigen und das Land neu besiedeln, wenn Sie den Tempel und die Stadt Jerusalem tatsächlich aufbauen, dann werde ich weitere Gesetze erlassen, und eines Tages wird Jerusalem wieder unabhängig sein. Aber jetzt müssen sich Ihre Landsleute erst einmal bewähren."

„Das werde ich leider nicht mehr erleben", murmelte Daniel.

„Ach, kommen Sie, so alt sind Sie noch nicht. Darf ich fragen ...?"

„Ich bin 88, Majestät."

„Erstaunlich. Das hätte ich wirklich nicht geglaubt. Wir müssen in Zukunft etwas mehr Rücksicht auf Ihr Alter nehmen, lieber Freund." Die grüngrauen Augen des Königs verschleierten sich, er dachte eine ganze Weile nach. Dann seufzte er und fragte: „Und wo möchten Sie bestattet werden, wenn Ihre Zeit gekommen ist? In Jerusalem?"

Daniel lächelte. *Er ist immer noch so entwaffnend direkt. Aber man kann ihm nicht böse sein.* „Nein, Majestät. Ich möchte dort zur Ruhe gelegt werden, wo ich gerade bin. Hier in Babylon besitze ich meine eigene Grabhöhle. Dort sind einige Verwandte beerdigt, auch mein Freund Abednego liegt in diesem Grab. Aber es spielt eigentlich keine Rolle, ob hier oder dort ... Falls ich gerade in Susa sein sollte, dann lasst mich in Susa bestatten."

„Wie kommen Sie gerade auf Susa?"

„Ich werde in einigen Wochen dorthin reisen, weil vieles zu erledigen ist."

„Ach ja, der neue Palast ... Susa erinnert mich immer an meine Hochzeitsreise. Dort war ich so glücklich." Wieder einmal zog er den kleinen Igel und den Löwen aus seiner Tunika und betrachtete die Miniaturen. Als er Daniels Blick fühlte, sagte er, wie zur Entschuldigung:

„Ich trage sie immer bei mir. Sie haben Merab gehört – und wir haben sie in Susa gekauft." Die letzten Worte kamen leise, fast geflüstert.

„Sie war eine wunderbare Frau", sagte Daniel.

Kyros nickte. „Ein Juwel. Sie fühlte, was ich fühlte, sie wusste, was ich dachte, sie konnte meine Worte vorausahnen. Umso unverständlicher ist es mir, dass sich unsere Kinder so negativ entwickeln."

Daniel sagte nichts und dachte an den gehemmten Kronprinzen, der ständig über seine Füße stolperte und der die Mundwinkel ständig nach unten hängen ließ, als wäre er mit sich und der Welt unzufrieden. Sein Bruder Bardiya Smerdis hatte eine Frohnatur geerbt, die ihm die Zuneigung aller Leute am Hof sicherte, aber er war leichtfertig und hatte seinen eigenen Kopf. Die beiden Prinzen rivalisierten heftig miteinander. Kein Tag verging, an dem sie nicht miteinander stritten und zankten. Manchmal drang das Geschrei bis hinunter in den Palasthof. Dann warfen sich die Hofbeamten bedeutsame Blicke zu oder verdrehten die Augen. Kyros wusste das alles – und war hilflos.

„Aber Sie sind wahrscheinlich nicht in mein Arbeitszimmer gekommen, um sich Klagen über meine Kinder anzuhören", seufzte Kyros. „Ich habe Sie noch gar nicht nach Ihrem Anliegen gefragt. Geht es um eine Staatsangelegenheit?"

Daniel erwiderte seinen Blick und sagte vorsichtig: „Diesmal nicht, Majestät. Es geht um eine – Herzenssache."

„Oh!" Kyros machte große Augen. „Und betrifft es Ihr Herz?"

„Nein, Majestät. Ich dachte dabei eher an Euch."

Der König sprang auf und lachte. „Sie haben also eine Frau für mich gefunden? Großartig! Kenne ich die Dame schon?"

„Ja, Majestät. Schon seit langem."

Eine dunkle Röte stieg Kyros vom Hals ins Gesicht, aber es war kein Zorn in seinem Blick, nur leise Trauer.

„Sie sprechen von Aspersi, nicht wahr? Aber ich glaube, da täuschen Sie sich. Ich habe Aspersi damals so tief verletzt, dass sie nichts mehr für mich übrig hat. Sie behandelt mich abweisend und kalt."

Daniel schüttelte den Kopf. „Gestattet mir, dass ich widerspreche, Majestät. Ich weiß, wie die Prinzessin fühlt. Sie ist nicht kalt, im Gegenteil. Sie liebt Euch – immer noch."

Kyros fuhr auf. „Sie liebt mich? Warum flieht sie dann von mir? Warum will sie unbedingt nach Jerusalem übersiedeln, weit weg von mir?"

„Sie flieht nicht vor Euch, Majestät. Sie kann nur den Gedanken nicht ertragen, in Eurer Nähe zu leben, ohne ..."

„Also flieht sie eigentlich vor sich selbst? Vor ihrer Liebe zu mir?"

Daniel bestätigte es mit den Augen.

„Sie hat all die Jahre niemals aufgehört, Euch zu lieben", sagte er leise.

Kyros lief in seinem Arbeitszimmer auf und ab und brummelte vor sich hin. Dann blieb er abrupt stehen. „Und Sie glauben, Sie würde meine Werbung annehmen und mich ...?"

„Das hängt voll und ganz von Euch ab, Majestät."

Der König senkte den Kopf, und als er ihn wieder hob, waren seine Augen hell geworden. Eine große Freude stieg in sein Gesicht, und er ballte die Fäuste und schlug sie an die Brust. Er schöpfte Atem wie einer, der gerade aus einem schweren Traum erwacht ist. Dann glitt sein Blick über Daniels Gesicht hinauf über die Wand, durch das Fenster, als wollte er hinüberfliegen zu Aspersis Hof. Und dann war er mit zwei, drei Panthersätzen an der Tür und riss sie auf. Draußen war es dunkel geworden. Der Wind warf einen Schwall Oleanderduft ins Zimmer und der Nachtvogel sang sein Lied, süß und lockend. Kyros schritt hinaus, ohne sich noch einmal umzudrehen.

Daniel sah ihm nach und lächelte.

Anhang

Schwer verständliche Bibelstellen aus dem Buch Daniel, die in den verschiedenen Bibelübersetzungen unterschiedlich verstanden und interpretiert werden, sind direkt aus dem Grundtext übersetzt von Dr. Gerhard Hasel, Andrews Universität, Michigan, USA, Professor für Altes Testament.

Daniel 8, 10–14

„Und es (das Horn) wurde groß bis zu dem/an das Heer des Himmels und warf einige von dem Heer und den Sternen zur Erde (auf den Boden) und zertrat sie. Und er machte sich selbst groß bis zum Fürsten des Heeres, und von ihm wurde das Beständige/Tägliche ‹wörtlich: tamid, ein Begriff, der sich auf den täglichen Versöhnungs- und Opferdienst bezog› weggenommen, und der Ort seines Heiligtums wurde niedergeworfen. Und Krieg (ein Heer) wird (wurde) gehalten (beauftragt) gegen das Beständige/Tägliche mit (wegen) Auflehnung (Rebellion), und es wird die Wahrheit zur Erde (auf den Boden) werfen. Und es handelte und es gelang ihm.

Und ich hörte einen Heiligen sprechen, und ein anderer Heiliger sagte zu dem gewissen Sprechenden: „Bis wann (wird) die Vision (dauern)? Das Beständige/Tägliche ‹bzw. Der tägliche Dienst› und der Frevel (die Rebellion), der verödet, zu machen sowohl Heiliges (oder Heiligen, Heiligtum) als auch Heer (eine) Zertretung? Und er antwortete ihm: „Bis 2.300 Abend-Morgen um sind, dann wird das Heiligtum gereinigt (gerechtfertigt, zu seinem Recht gebracht) werden."

Daniel 9, 24–27

„70 Wochen sind bestimmt/abgeschnitten bezüglich deines Volkes und deiner heiligen Stadt, um die Übertretung zu vollenden, ein Ende den Sünden (dem Sündopfer) zu machen, die Missetat zu sühnen (versöhnen), ewige Gerechtigkeit herbeizubringen, Gesicht (Vision) und Prophetie zu bekräftigen, (das) Hochheilige zu salben, und wisse daher und verstehe: Vom Ausgehen des Wortes, Jerusalem wiederherzustellen und wieder aufzubauen bis zum Kommen eines Gesalbten, eines Fürsten, werden es sieben und zweiundsechzig Wochen sein. Es soll wieder aufgebaut werden mit Plätzen und Gräben, jedoch in trübseliger Zeit. Und nach zweiundsechzig Wochen soll der Gesalbte ausgerottet werden und (soll) nichts haben. Und das Volk des Fürsten, der kommen soll, wird die Stadt und das Heiligtum zerstören. Und sein Ende wird mit einer Flut sein, und bis zum Ende (ist) Krieg, Bestimmung von Verödungen.

Und er wird einen starken Bund mit vielen schließen für eine Woche. Und in der Mitte der Woche wird er Schlachtopfer und Speisopfer aufhören lassen.

Und auf dem Flügel der Greuel (wird) ein Veröder (kommen) bis zur vollendeten Zerstörung. Und was bestimmt ist, ist auf die Verödete ausgegossen."

Über diese Bibelstellen ist schon viel gerätselt worden. Einige beziehen diese Stellen – wie auch das „kleine Horn" aus den früheren Visionen – auf Antiochus Epiphanes, der die Juden eine Zeit lang verfolgte und die Gottesdienste im Tempel verbot. Allerdings zeigt der Hinweis des Engels Gabriel, dass es sich hier um einen viel weiteren Rahmen handeln muss, denn „das Gesicht bezieht sich auf die Zeit des Endes". Eine weitaus befriedigendere Interpretation verbindet die Vision aus Daniel 9 mit der aus Daniel 8 und knüpft daran an. Nur so macht es Sinn, dass die 70 Wochen „abgeschnitten" sind, nämlich von der größeren Zeitspanne der 2.300 Abend-Morgen.

Im Jahr *457 v. Chr.* gab der persische König Artaxerxes (Artahsasta, siehe Nehemia und Esra) ein Gesetz heraus, nachdem den Juden in Jerusalem wieder die volle Gerichtsbarkeit zuerkannt wurde. Dadurch wurden sie wieder zu einer selbstständigen Nation, die zwar Persien tributpflichtig war, aber sich ansonsten selbst verwaltete. Erst damit bekamen die Erlasse des Kyros und seines Nachfolgers Darius ihre volle Gültigkeit, denn erst dieser Befehl erfüllt seinen Zweck. Außerdem ist dieser Erlass der einzige, auf den ein Segen und ein Lob Gottes folgt und auch der einzige, der Gottes Eingreifen ausdrücklich erwähnt (siehe Esra 7, 27). An dieser Stelle geht der Text im Esra-Buch übrigens vom Aramäischen ins Hebräische über. Dadurch soll deutlich werden, dass die *nationale Wiederherstellung hier ihren Anfang nahm.*

70 prophetische Wochen sind 490 buchstäbliche Tage. Wenn man sie an diesem Datum ansetzt, dem einzigen zeitlichen Fixpunkt der beiden zusammengehörenden Visionen von Daniel 8 und 9, dann führen sie uns in das Jahr *27 n. Chr.* (Das Jahr 0 wird nicht gezählt.)

Hier sollte das „Hochheilige gesalbt“ werden. Lukas berichtet in Kapitel 3 von der Taufe des „Messias“, also des „Gesalbten“, und datiert dieses Ereignis genau auf das Jahr 27 unserer Zeitrechnung. Damit begann also die letzte „Woche“ der Gnadenfrist, die den Israeliten als exklusives Werkzeug in der Hand Gottes eingeräumt worden war. Exakt in der Mitte dieser „Woche“ wurden die Schlachtopfer und Speisopfer „abgeschafft“, das heißt durch das vollkommene Sühnopfer des Messias erfüllt und damit ersetzt. Dieses Ereignis, die Kreuzigung Jesu Christi, lässt sich auf das Jahr *31 n. Chr.* datieren. 3 1/2 Jahre später lässt die jüdische Obrigkeit den Diakon Stephanus steinigen und wendet sich damit offiziell von ihrem Messias ab. Von dieser Zeit an wurde auch den Nichtjuden die Frohe Botschaft verkündet, und das jüdische Volk hat als Gesamtnation seinen exklusiven Heilsauftrag eingebüßt, obwohl der einzelne Jude natürlich ebenso wie alle anderen Menschen eingeladen ist, den Messias als persönlichen Retter anzunehmen.

Das Heiligtum, von dem im Buch Daniel die Rede ist, bezieht sich nicht nur auf den Tempel in Jerusalem, sondern bekommt eine weltumspannende Bedeutung. Der Hebräerbrief und auch die Offenbarung des Johannes zeigen auf, dass unser Erlöser im himmlischen Heiligtum für uns einen Vermittlungsdienst ausführt. Die Vision in Daniel 7 macht bewusst, dass ein Gericht im Himmel tagt. Es wird die bösen, aufrührerischen Mächte, die sich gegen den Schöpfer empört haben, schließlich verurteilen und vernichten (siehe Daniel 7, 26–27). Die Wahrheit, dass Jahwe, der Schöpfergott, auch der Richter ist, der am Ende alles wieder zu seinem Recht bringt, zieht sich durch das gesamte Daniel-Buch. Das ist sehr tiefsinnig, denn der Name Daniel bedeutet: „Richter ist Gott.“

Die Vision aus Daniel 11 und 12 historisch auszudeuten, sprengt den Rahmen dieses Buches. Zum gründlichen Studium empfiehlt sich das Buch „Die Vision vom Ende“, AV-Verlag Zürich, ISBN 3-905008-22-2. Der Autor, Prof. Dr. Jacques B. Doukhan, ist selbst gebürtiger Jude und studierte an der Hebräischen Universität in Jerusalem. Er unterrichtet zurzeit an der Andrews Universität in Michigan Hebräisch und Altes Testament.

Geschichtlicher Hintergrund

In der babylonischen und persischen Zeit wurde der Kalender anders geführt als heute. Deshalb kann man die Jahreszahlen von damals nicht ohne Weiteres in unseren julianischen Kalender übertragen; die Daten differieren in verschiedenen Geschichtswerken um ein Jahr, da manchmal das Thronbesteigungsjahr des Nachfolgers schon als sein 1. Regierungsjahr gezählt wurde, manchmal aber auch nicht.

Nach dem Tod Nebukadnezars im Jahre *560 v. Chr.* kam sein Sohn Amelmarduk auf den Thron, in der Bibel auch Evil-Merodach genannt. Er regierte nur 2 Jahre. Sein Schwager Neriglissar regierte von 558–554; sein Sohn wurde bei einem Putsch getötet, dann kam Nebukadnezars zweiter Schwiegersohn Nabonidus auf den Thron, der bis 539 regierte. Ab wann sein Sohn Belsazar mitregierte, kann geschichtlich nicht genau festgemacht werden.

Kyros (auch Cyrus II., in der Bibel Kores genannt, hebräisch Koresch, persisch Kurasch) Begründer des persischen Weltreichs *(559–530)* war der Sohn von Kambyses I. und der medischen Prinzessin Mandane, einer Kusine der Königin Amytis von Babylon. Zunächst passte er sich der Politik seines Vaters an, der von Medien abhängig war. Dann erhob sich Kyros gegen seinen Großvater und Lehnsherrn Astyages. Der gegen ihn entsandte Heerführer Harpagos trat zu ihm über, die Hauptstadt Ekbatana öffnete ihm *553* ihre Pforte. Astyages dankte ab, und Kyros setzte dessen Sohn Kyaxares II. als Mitregenten ein.

Als Herr des medischen Reiches eroberte Kyros Zilizien, Kapadozien und Armenien, ein Bündnis zwischen Lydien, Ägypten, Sparta und Babylonien hinderte ihn nicht am weiteren Vordringen. Der König Krösus von Lydien erlebte in seiner Hauptstadt Sardes das Ende seines Reiches *(547)*. Auch Susa, damals von Babylon abhängig, schloss sich Kyros an.

Im *Oktober 539* kam es zur Entscheidungsschlacht mit Nabonidus bei Opis. Babel kapitulierte, als General Gobryas mit seinen Soldaten durch das Flussbett des Euphrat in die Stadt einmarschiert war, nachdem er das Wasser umgeleitet hatte. Belsazar, der Sohn Nabonidus und zu dieser Zeit schon Mitregent, wurde von den Persern in seinem Palast getötet, wo er gerade ein Fest feierte. Kyros rief seinen Onkel Kyaxares II., auch Darius genannt, zum König von Babylon aus. Darius lebte nicht mehr lange. Nach seinem Tod regierte Kyros das Medo-Persische Weltreich alleine weiter.

Im ersten Jahr seiner Herrschaft gab Kyros ein Gesetz heraus, das den Juden die Rückkehr in ihre Heimat erlaubte. Er beauftragte sie, den Tempel und die Stadt Jerusalem wieder aufzubauen und gab auch die Tempelgefäße zurück, die Nebukadnezar seinerzeit mitgenommen hatte (siehe 2. Chronik 36, 22; Esra 1, 1; 6, 2). Allerdings nutzten nur wenige diese Chance (ca. 50.000).

537–530 eroberte Kyros Teile des Ostiran und Zentralasiens.

530 fiel er im Kampf mit dem Reiter- und Steppenvolk der Massageten jenseits des Jaxartes (Sir Darja).

Die jüdischen Exilanten in Babylon setzten die größten Hoffnungen auf Kyros. Er wird in Jesaja 44, 28 als „mein Hirte“ und „sein Gesalbter“ (45, 1) bezeichnet.

Nach einer Inschrift hat Kyros auch der babylonischen Religion Respekt erwiesen:

„Als ich friedlich in Babel eingezogen war ... machte mir Marduk, der große Herr, das weite Herz der Babylonier geneigt, während ich täglich auf seine Verehrung bedacht war.“ Kyros behandelte die unterworfenen Völker nicht als Feinde und achtete deren Götter, was bisher im Orient nicht Brauch gewesen war. Man weiß nicht mit Bestimmtheit, ob Kyros ein Anhänger Zarathustras war; anscheinend konnte die Bezeichnung „Ahura Mazda“ als Himmelsgott auch auf Jahwe angewandt werden. Jedenfalls nannten so die Judäer ihren Gott in amtlichen Schreiben an die Perser (Calwer Bibellexikon).

„Sein Ruhm eilte dem Kyros vor seiner Ankunft in jedes Land und jede Stadt voraus. Wo immer er erschien, wurde er als Befreier und Freund begrüßt. Wir wissen aus den geschichtlichen Quellen, dass nicht nur verschleppte Völker (z.B. die Juden in Babylon) ihn als Befreier bejubelten: sogar die Babylonier selbst, unzufrieden mit der Missregierung eines Nabonidus und Belsazar, waren froh, in ihm einen neuen Herrn zu haben. Die Völker wurden nicht enttäuscht. So gab er zu Gunsten der Juden den Erlass heraus: „Der Herr, der Gott des Himmels, hat mir alle Königreiche der Erde gegeben, und er hat mir befohlen, ihm ein Haus zu Jerusalem, in Juda, zu bauen ..." (Esra 1, 2–4). Darin gestattete er den deportierten Juden die Heimkehr.

In einer ähnlichen Proklamation an die Babylonier, erhalten in Keilschrift auf einem Tonzylinder, der 1897 in Babylon ausgegraben wurde, ließ Kyros verlauten:

„Alle Länder insgesamt musterte er (Marduk), er hielt Umschau unter seinen Freunden, einen gerechten Fürsten nach seinem Herzen fasste er mit seiner Hand: Kyros, den König von Anschan, berief er zur Herrschaft, über das ganze All nannte er seinen Namen ... Die Städte jenseits des Tigris, deren Wohnsitze von altersher verfallen waren – überall brachte ich die dort wohnenden Götter an ihren Ort zurück und ließ sie eine ewige Wohnung beziehen. Alle ihre Leute versammelte ich und brachte sie zurück zu ihren Wohnsitzen."

So erfüllte Kyros überall die Erwartungen und Hoffnungen unterdrückter Völker, und er beherrschte sie mit einer Toleranz und humanen Gesinnung, wie sie die Welt zuvor nie erlebt hatte.

Tragisch für das Reich und die ganze Welt war es deshalb, dass er bereits neun Jahre nach der Eroberung Babylons bei einem Feldzug gegen aufständische Stämme den Tod fand.

Er bekam den Beinamen „Der Große" nicht nur seiner erwähnten Verdienste und Erfolge wegen, sondern mehr noch, weil er dem Reich, das er errichtete, eine so sichere Grundlage gab, dass es ihn um zwei Jahrhunderte überdauerte (Nebukadnezars Reich zerbrach schon 20 Jahre nach dem Tode seines Schöpfers; Alexanders riesiges Imperium fiel kaum ein Jahr nach dem Tode seines Gründers auseinander). Misst man einen Reichsgründer nicht nur nach der geographischen Ausdehnung seines Reiches, sondern auch nach dessen innerer Festigkeit und Dauerhaftigkeit, dann verdient Kyros mit Recht, zu den wenigen großen Königen dieser Welt gezählt zu werden. ...

Sein Grabmal steht in den Ruinen der Stadt Pasargadai, etwa 50 km nördlich von Persepolis an der Straße von Teheran zum Persischen Golf. ... Das Grab ist aus Kalksteinblöcken in der Form eines Giebelhauses erbaut und steht auf einer pyramidenartigen Basis aus sechs Stufen. Dieses insgesamt elf Meter hohe Bauwerk ist in seiner Einfachheit ein eindrucksvolles und würdiges Monument ... Eine Inschrift in altpersischer Sprache auf Steintafeln an der Wand über dem Eingang und an seinen beiden Seiten lautet nach einer altgriechischen Wiedergabe (Strabon 15, 3, 7): „O Mensch, ich bin Kyros, der den Persern die Herrschaft erwarb, König von Asien. Neide mir also nicht dieses Grabmal." In islamischer Zeit galt das Kyros-Grab lange Zeit als das „Grab der Mutter Salomos". ... Inschriften, die Kyros ausführen ließ, bevor er König des Gesamtreiches geworden war, lauten schlicht: „Ich, Kyros, der König, der Achaimenide." Die aus späterer Zeit lauten: „Kyros, der Großkönig, der Achaimenide." Sie sind in persischer, elamitischer und babylonischer Keilschrift ausgeführt worden.[10]

Eine riesige Säule erinnert in Susa daran, dass Daniel hier begraben liegen soll.[11]

[10] Aus Siegfried H. Horn, Auf den Spuren alter Völker, Saatkorn-Verlag Hamburg, S. 128–131.
[11] Ebd., S. 147.

Literatur

Calwer Bibellexikon, 2. Auflage 1967

Siegfried Horn, Auf den Spuren alter Völker, Saatkorn Verlag, S. 39–60, 117–133.

Ellen G. White, Propheten und Könige, Saatkorn Verlag

Menschen in ihrer Zeit, Verlag Das Beste, S. 61f.

Auf der Suche nach der Vergangenheit, Verlag Das Beste, S. 14–21, 120–125, 140

Mervin Maxwell, God Cares I, Pacific Press

Jacques Doukhan, Die Vision vom Ende, AV-Verlag Zürich

Die Bibel, Luther Übersetzung 1984

Die Bibel, Die Gute Nachricht in heutigem Deutsch 1982

Weitere in der Saatkorn-Edition erschienene Bücher:

Siegfried Wittwer

Wortgefechte und Debatten

Wurden Sie schon einmal von einem „Redegenie" mit Worten in Grund und Boden gestampft? Dann sind Sie wahrscheinlich jemandem in die Hände gefallen, der die Dialektik für seine eigenen Zwecke missbraucht. Diese Leute versuchen nämlich, ihre Gesprächspartner in Diskussionen bis auf die Knochen zu blamieren.

Damit Ihnen das beim nächsten Mal nicht wieder passiert, macht Sie dieses Buch mit den Methoden der Dialektiker vertraut und zeigt Ihnen, wie man solchen Zeitgenossen erfolgreich begegnen kann.

Durch die treffsicheren Illustrationen von Detlef Müller wird das Buch zum Lesespaß.

Paperback · 160 Seiten · DM 19,80 · öS 145,00 · Sfr 19,00

Weitere in der Saatkorn-Edition erschienene Bücher:

Siegfried Wittwer

Glücklichsein kann man lernen

Glücklichsein ist für viele Menschen reine Glücksache, dem blinden Zufall unterworfen. Glück – das hat man oder man hat es eben nicht.

Dem hält der Autor entgegen: Glücklichsein ist erlernbar. Denn unser Glück hängt zu einem guten Teil von unserer Art, unserem Denken und unserer Einstellung uns selbst und anderen gegenüber ab.

Anhand nachvollziehbarer Lernschritte leitet das Buch an, die eigenen Einstellungen kritisch zu überprüfen und aktiv auf das eigene Glück hinzuarbeiten.

Ein lesenswertes Buch, das sowohl eine persönliche Hilfe sein kann, aber auch für Gesprächskreise bestens geeignet ist.

Und durch Illustrationen von Dragutin Lipohar auf den Punkt gebracht.

Paperback · 160 Seiten · DM 19,80 · öS 145,00 · Sfr 19,00